Moje Życie,
Moja Wiara II

„Powstań! Świeć,
bo przyszło Twe światło i chwała Pańska rozbłysła nad Tobą."
(Izajasz 60:1)

Dowód mocy i istnienia
Ducha Świętego

Czas nie czeka na nikogo. Jednak Bóg okazuje cierpliwość i czeka do samego końca, aby rodzaj ludzki upamiętał się i przyjął zbawienie. Dzisiaj ludzie współczesnego świata nie znają prawdziwej głębokiej miłości Bożej. Nawet chrześcijanie i pastorzy podążają za świeckimi trendami i zapominają o miłości oraz woli Boga. Dlaczego nie są w stanie przybliżyć się do Boga i dlaczego myślą o tym, aby oddalić się od kościoła? Możemy znaleźć ku temu powodu we współczesnej nauce.

Ludzie próbują rozwiązywać problemy w swoim życiu za pomocą nauki. Silniej wierzą wnioskom podsuwanym przez naukę niż mocy wiary. Ma to również miejsce wśród chrześcijan. Zamiast akceptować i wierzyć, nawet pastorzy wykazują tendencję do tego, aby wierzyć tylko, jeśli mogą zobaczyć coś na własne oczy. Akceptują to, co jest zgodne z ich rozsądkiem i rozumują zgodnie z własnymi myślami i opiniami. Narzucają również swoim wyznawcom wiarę poprzez naukę. Próbują zaszczepić wiarę w ludziach zgodnie z doktrynami wyznaniowymi.

Chrześcijanie współczesnego świata próbują zrozumieć Boga i doświadczyć Jego mocy poprzez tego rodzaju wiarę. Jednak, wiara zbudowana na drodze błędnej indoktrynacji prowadzi do krytykowania mocy Ducha Świętego i postrzegania jej jako mistycyzmu. Innymi słowy, to nie kościół prowadzi świat, a raczej jest przez niego prowadzony.

Często działanie Ducha Świętego jest postrzegane jako mistycyzm. Jeżeli moc Boża nie manifestuje się w sposób tajemniczy, jaka jest jej wartość? Dzieła Boże są cudownie tajemnicze i muszą takie być. Jedynie wtedy Bóg jest rzeczywiście wszechmocny i ratuje rodzaj ludzki.

Starszy Jaerock Lee nie ma nic wspólnego z takim świeckim podejściem do wiary, zamiast tego zawsze pozostaje z bliskości z Duchem Świętym, Synem Jezusem i Bogiem Ojcem. Zawsze zwraca uwagę na działanie Boże przez modlitwy i Ducha Świętego.

Jego autobiografia „*Moje Życie, Moja Wiara I i II*"

to poruszająca historia, ukazująca prawdziwą wiarę i życie prowadzone według rzeczywistej wiary. Być może niniejsza książka zawiera żywy dowód na istnienie Ducha Świętego, istnienie, o którym ludzie współczesnego świata zapomnieli. W zasadzie, wiara i nauka nie są zupełnie od siebie odosobnione. Bóg stworzył wszystko we wszechświecie i wszystko, co przed nami odkrywa to właśnie nauka. Dlatego też, kiedy Dr Jaerock Lee uzdrawia chorych, rozwiązuje problemy i napełnia ludzi inspiracją Ducha Świętego przez modlitwę, jest to nauka, ponieważ taka moc pochodzi od Boga. Jednak tym samym jest to również wiara.

Jego wspomnienia były co tydzień publikowane w „Christian Press" (magazyn chrześcijański) i poruszały serca wielu wierzących i pastorów. Teraz wszystko to zostało zebrane w książce, która ukazuje życie zgodne z wiarą oraz dowody działania żyjącego Ducha Świętego. Niniejsza książka zawiera szczere i rzeczywiste historie, które poruszają czytelnika do głębi. Jest to historia służby oraz założenia i rozwoju Centralnego Kościoła Manmin. Z tego względu służy jako przewodnik, który ukazuje zarówno pastorom, jak i laikom czy początkującym wierzącym, czym jest prawdziwa służba.

Słyszałem, jak bardzo niniejsza autobiografia dotknęła
serc i wpłynęła na wielu pastorów i wierzących. Pastorzy byli
zainteresowani wzrostem kościoła oraz mocą Ducha Świętego.
Wierzący zostali dotknięci jego uzdrawiającą służbą oraz
działaniem Ducha Świętego. Dzisiejsze kościoły w Korei utraciły
moc Ducha Świętego. Wiele kościołów nie jest prawdziwie
żyjącymi kościołami, ponieważ uznały działanie Ducha
Świętego za mistycyzm. Duch Święty nie ma nic wspólnego z
mistycyzmem. Duch Święty jest prawdziwy i obecny.

Mogę z pewnością powiedzieć, że starszy Jaerock Lee jest
jednym z najprawdziwszych pastorów w Korei. Wiele osób
zgodzi się ze mną, że niniejsza autobiografia „Moje Życie, Moja
Wiara I i II" wpłynęła na życie ludzi, którzy bardziej pokochali
Pana Jezusa Chrystusa i wzmocnili swoją słabą wiarę dzięki
jego historii. Wielu pastorów zrozumiało, czym jest prawdziwy
kościół i w jakim kościele działa Duch Święty.

Ponadto, pragnę wspomnieć, że prawda oraz prawdziwa historia o wydarzeniu związanym z korporacją MBC zostaje w niniejszej książce odkryta. Pokazuje również, dlaczego pastor Jaerock Lee przeszedł tyle prześladowań ze strony kościołów koreańskich. Te kościoły powinny zaprzestać krytyki i prześladowań przeciwko niemu natychmiast. Co więcej, żądam, aby korporacja MBC (Munhwa Broadcasting Corporation) przeprosiła Centralny Kościół Manmin.

Jest to moją najszczerszą nadzieją po przeczytaniu autobiografii straszego Jaerocka Lee. Mam nadzieję, że wszyscy pastorzy i wierzący przeczytają tę książkę i otworzą swoje serca na Ducha Świętego.

Rev. Jongman Lee

(Kościół Metodystów; Przewodniczący Kościoła,
Stowarzyszenie Ewangelizacyjne Chrześcijaństwa na Świecie
– World Christian Revival Mission Association)

Spis Treści

Rekomendacja
Dowód mocy i istnienia Ducha Świętego

Rozdział 1
Jak ziemia utwardza się po deszczu

Rozdział 2
Kogo powinniśmy słuchać?

Rozdział 3
Jakie było nastawienie Jezusa, kiedy wspinał się na wzgórze Golgoty z krzyżem na plecach?

Rozdział 4
Jeśli tylko mogę wypełniać wolę Boga

Spis Treści

Rozdział 7
Narody przyjdą do Twojego światła

Rozdział 1

Jak ziemia utwardza się po deszczu

Siejąc ziarno wiary

Nie minęło wiele czasu odkąd przenieśliśmy się do sanktuarium Guro Dong, a na nabożeństwa przybywało tyle osób, że sanktuarium było pełne. Nie wiedzieliśmy, gdzie pomieścić samochody oraz przyjeżdżających ludzi.

Musieliśmy szybko powiększyć sanktuarium. Na szczęście niedaleko znajdowało się osiedle, które zostało wystawione na sprzedaż o powierzchni około 14 000 metrów kwadratowych. Jednak ze względu na to, iż nadal mieliśmy do spłacenia dług związany z zakupem obecnego sanktuarium, trudno było nam kupić kolejną nieruchomość.

Modliłem się gorąco do Boga w tej sprawie I otrzymałem odpowiedź, że powinniśmy dokonać zakupu. Aby kupić tę ziemię, potrzebowaliśmy około 20 miliardów won lub około 20 milionów dolarów amerykańskich. Jednak dla nas problemem było zgromadzenie nawet 1 miliarda won, który był potrzebny, abyśmy mogli w ogóle podpisać umowę o zakup ziemi. Jednakże doświadczaliśmy już działania Bożego nawet w sytuacjach, które wydawały się niemożliwe, jeśli byliśmy Mu posłuszni. Jedyne, czego potrzebowaliśmy tym razem, to wiara.

Zdecydowałem się zasiać 100 milionów won jako ziarno wiary z miliarda won, przeznaczonych na podpisanie umowy. Aby podpisać umowę przedwstępną, potrzebowaliśmy 100 milionów won. Bóg zawsze obficie mi błogosławił, jednak ponieważ duże kwoty pieniędzy przeznaczałem na dary kościelne, misję oraz działalność charytatywną, nie miałem zbyt dużo gotówki. Jednak czy jest coś niemożliwego, jeżeli Bóg jest po naszej stronie?

Kiedy modliłem się o przygotowanie 100 milionów won, Bóg rozpoczął swoje działanie z nieoczekiwanej strony. Osoby, które zostały uzdrowione dzięki modlitwom i ci, którym udało mi się wcześniej pomóc przybywali z różnych miejsc i wyrażali swoje podziękowania.

W sierpniu 1995 roku, byłem w stanie przygotować 100 milionów won I podpisać przedwczesną umowę. Do kościoła zaczęli uczęszczać dzieci, młodzież, dorośli i osoby starsze. W zasadzie nie ogłosiliśmy w żaden sposób, że potrzebne są dary na rozbudowę kościoła, jednak Bóg i tak poruszał serca uczestników. Członkowie kościoła z radością i chęcią brali udział w nabożeństwach i składali dary.

Otrzymywaliśmy dary z całego kraju i z zagranicy. Wkrótce byliśmy w pełni gotowi na podpisanie umowy. Byliśmy posłuszni słowu Bożemu, a on pomnożył zebrane dary już po tygodniu od podpisania umowy.

Zjednoczeni z sercu

W maju 1996 roku stały już konstrukcje stalowe, a budowa ruszyła na całego. Mieliśmy zaplanowany szczególny dwutygodniowy zjazd ewangelizacyjny na początek czerwca 2010 roku. Pragnęliśmy, aby zjazd odbył się w nowym sanktuarium, byśmy mogli zapewnić jak największej liczbie uczestników wygodę i nocleg, jednak potrzebowaliśmy dwa dodatkowe miesiące, aby wszystko udało się ukończyć. Członkowie znali sytuację i chętnie zgłosili się do pomocy w budowie.

Niektórzy członkowie kościoła wzięli wolne z pracy, a inni przychodzili pomagać zaraz po pracy. Nosili cement i piasek, układali cegły i kładli płytki oraz malowali ściany. Setki osób pracowało wspólnie, a budowa została zakończona przed zbliżającym się zjazdem ewangelizacyjnym.

Pomimo, że sufit nie był jeszcze skończony, byliśmy w stanie przeprowadzić czwarty dwutygodniowy szczególny zjazd ewangelizacyjny w nowym sanktuarium. A wszystko dzięki wierze! Pierwszy dzień naszego zjazdu był bardzo poruszający.

Bóg przekazał nam piętnaście poselstw, a głównym fragmentem był Jan 3:6. Cykl został zatytułowany „Ciało i Duch". Bóg dał nam słowo życia, aby członkowie mogli dostrzec różnicę między ciałem i duchem. Miało to na celu odrzucenie życia w ciele i zmianę na życie w duchu. Miało również miejsce wiele uzdrowień, które przyniosły chwałę Bogu.

Założenie kościoła w Japonii dzięki błogosławieństwom

Kiedy widzę chorych, często modlę się: „Boże, pozwól mi zabrać ból tego człowieka i uzdrowić go".

Ponieważ sam doświadczyłem ogromnego bólu, jestem w stanie odczuwać ból chorych ludzi głęboko w sercu. Gdyby było to możliwe naprawdę chciałbym móc zabrać ich choroby. Podobnie jest w sytuacji, kiedy niektórzy wierzący grzeszą. Naprawdę chętnie poświęciłbym swoje życie, jeżeli tylko dzięki temu Bóg dałby im ducha pokory, a oni sami skorzystaliby z daru zbawienia.

„Boże! Jeżeli oni przestaną grzeszyć, jeżeli pozbawisz mnie życia, uczyń to nawet teraz. Pozwól im wszystkim otrzymać zbawienie".

Mojżesz pragnął, aby lud izraelski otrzymał zbawienie, nawet jeżeli miało to oznaczać, że jego imię zostanie wykreślone z księgi życia, a on miałby znaleźć się w piekle (Ks. Wyjścia 32:32).

Apostoł Paweł wyznał swoją miłość mówiąc, że pragnie, aby jego ludzie zostali zbawieni, nawet jeżeli miało to oznaczać, że ona sam miałby zostać przeklęty i oddzielony od Chrystusa. Chciałbym posiadać taki rodzaj duchowej miłości. Jeżeli członkowie kościoła mogliby zyskać zbawienie dzięki mojemu poświeceniu, zdecydowałbym się poświęcić.

W zjeździe, który odbył się w nowym sanktuarium, wzięło udział około tysiąca chorych ludzi. Były dla nich organizowane szczególne spotkania każdego dnia. Modliłem się za nich każdego dnia. I kiedy modliłem się za nich z całej siły przez ponad dwie godziny, nastawała chwila rozpoczęcie spotkań wieczornych.

Wierzę, że Bóg odpowiedział na moje błagalne modlitwy i każdego dnia byliśmy świadkami niezwykłego działania Ducha Świętego.

Była to ciężka praca, która trwała przez dwa tygodnie, jednak kiedy modliłem się za każdą chorą osobę i prosiłem o uzdrowienie z nadzieją otrzymania Bożej łaski, Bóg uzdrawiał nawet choroby nieuleczalne i bardzo rzadkie przypadki. Komórki rakowe były niszczone, uleczeni zostali ludzie chorzy na raka płuc, macicy, krtani. Ludzie sparaliżowani z porażeniem mózgowym zostali uleczeni.

Na naszym zjeździe obecny był Jekyoo Ju, sekretarz generalny Federacji Mieszkańców Korei w Japonii oraz jego żona. Doświadczyli oni cudu Bożego podobnie jak rok wcześniej. Już przed przybyciem na zjazd mieli oni niezwykłą historię do opowiedzenia.

Ju.

W maju 1995 roku żona diakona Ju miała wysoką gorączkę oraz silne bole głowy, które pojawiły się w środku nocy. Następnego dnia diakon Ju musiał wyruszyć w interesach do Korei. Zabrał ze sobą żonę. Lekarze w Seulu postawili jej diagnozę: perlakowe zapalenie ucha środkowego. Zalecono natychmiastową operację.

Mogła całkowicie stracić słuch, a zapalenie ucha mogło rozwinąć się nawet w zapalenie opon mózgowych. Żona diakona Ju cierpiała na zapalenie ucha już w szkole podstawowej. Miała upławy z ucha i od zawsze musiała przyjmować lekarstwa.

Z powodu nacisków matki, uczęszczała do szkółki niedzielnej i przybyła na spotkanie, by otrzymać moją modlitwę. Opowiedziała później swoją historię, że kiedy modliłem się za nią, poczuła na ciele delikatny chłód niczym orzeźwiającej mięty, a zaraz później ból zniknął. Od tamtego momentu nie miała już żadnych upławów z ucha. Nie odczuwała również bólów głowy ani nie cierpiała z powodu komplikacji.

Na początku kolejnego dnia zjazdu, ona i jej mąż uczęszczali w spotkaniu ewangelizacyjnym. Żałowali swoich grzechów ze łzami. Otrzymali również dar mówienia językami poprzez Ducha Świętego. W czerwcu 1995 roku, kobieta wróciła do Japonii, a jej zapalenie zostało całkowicie uleczone dzięki łasce Bożej. Oboje byli wypełnieni Duchem Świętym i oddawali Bogu chwałę w podziękowaniach.

Kiedy wróciła do domu, poczuła, że z jej ciałem dzieje się coś dziwnego. Kiedy po trzech tygodniach udała się do szpitala na badania, okazało się, że jest w ciąży. Od momentu, kiedy wyszła za mąż w 1991 roku, była świadoma, że trudno będzie jej zajść w ciążę. Miała wcześniej przeprowadzoną operację serca I lekarz powiedział jej, że może nie mieć już dzieci, ponieważ nawet jeżeli zajdzie w ciążę, trudno będzie ją utrzymać.

Byli już małżeństwem od pięciu lat, lecz dopiero osiem miesięcy minęło od operacji serca. Jednak wiedzieli, że było to błogosławieństwo Boże, że uleczył on nawet chorobę nieuleczalną. W marcu 1996 roku, na świecie pojawił się ich pierwszy syn Shiyoung. Jednak ich radość nie trwała długo, ponieważ okazało się, że chłopiec cierpi na wrodzony zespół niedoboru jodu (tzw. Kretynizm).

Była to choroba bardzo wyniszczająca, która uniemożliwiała wydzielanie hormonów, więc chłopiec mógł rosnąć jedynie dzięki sztucznym lekom hormonalnym. Jeżeli nie przyjmowałby lekarstw, dolna część ciała nie rosłaby wcale, a zwiększałaby się jedynie jego głowa, co powodowałoby zniekształcenie. Choroba mogła nawet pozbawić go życia.

W maju 1996 małżeństwo poprosiło o szczególne modlitwy za ich synem Shiyoungiem. Przybyli do Korei w następnym roku, aby wziąć udział w zjeździe ewangelizacyjnym. Byli poruszeni przesłaniem oraz pewni, że ich syn zostanie uzdrowiony. Modlili się i medytowali za swoim synem, pozostawiając wszystko w rękach Boga. Kiedy wrócili do Japonii, Shiyoung był zdrowy i zaczął normalnie rosnąć. Po kilku miesiącach lekarze w szpitalu zrobili mu badania i okazało się, że poziom hormonów był w normie.

To małżeństwo było pełne wdzięczności. Nigdy nie przestali głosić ewangelii i modlić się. W lipcu 1997 roku sześć osób zgromadziło się u nich w domu i odbyło się pierwsze nabożeństwo. Od tamtej pory, liczba uczestników nabożeństw wzrosła, i poprosili oni o to, aby wysłać do nich misjonarza. Tak więc we wrześniu 1999 roku wyznaczyliśmy pastora Kangsupa Janga z naszego kościoła, aby wyjechał na misję. Obecnie w Yamagata jest duży kościół, który wykonuje niezwykłą misję. Diakonowi Ju urodził się jeszcze jeden syn i córka. Są zdrową i szczęśliwą rodziną.

Rozbudowanie misji zagranicznych

Moja nazwisko zaczęło być rozpoznawalne na terenie stanu Waszyngton. Każdego roku zapraszano mnie do Stanów Zjednoczonych. W lutym 1996 roku przybyłem, aby głosić poselstwo podczas Misji Zjednoczonej Korei oraz Konferencji Pastorów zorganizowanych przez Stowarzyszenie Koreańskich Kościołów Chrześcijańskich na Hawajach. Spotkanie miało miejsce w Honolulu w Koreańskim Kościele Baptystów i nosiło tytuł „Odnów nas".

Ze względu na fakt, iż pierwszy koreański prezydent, Syngman Rhee, założył kościół na Hawajach, pomyślałem, że jego członkowie mieli płomienną wiarę. Jednak kiedy udałem się na miejsce, przekonałem się, że nie ma tam wielu kościołów, a zamiast tego było dużo problemów. Według tego, co powiedzieli mi pastorzy, zamknięto już wiele kościołów z powodu kłótni między pastorami a członkami kościoła.

Stowarzyszenie Koreańskich Kościołów Chrześcijańskich

na Hawajach prowadził biskup John Park z Kościoła Anglikańskiego. Był on poetą i wydawał się być bardzo nieśmiałą osobą. Już od pierwszej sesji, otrzymywał on wiele łaski.

Zmiana kościoła

Przez trzy dni głosiłem poselstwo na temat tego, dlaczego Jezus jest Zbawicielem, na temat wiary cielesnej i duchowej, oraz życia wiecznego poprzez spożywanie ciała i picie krwi Syna Człowieczego.

Misja na Hawajach.

Słyszałem, że początkowo członkowie kościoła sprzeciwiali się wykorzystywaniu z ich kościoła jak miejsca spotkań. Jednak już po zakończeniu pierwszej sesji, wielu wierzących było poruszonych, i ogólne nastawienie zmieniło się całkowicie. Dostarczali nam dobrego jedzenia oraz innych potrzebnych rzeczy.

Po zakończeniu całej serii spotkań, jeden z pastorów kościoła wyznał mi ze łzami w oczach: „Kościół ten ma problem, ponieważ ja byłem arogancki. To wszystko moja wina". W chwili, kiedy pastor wziął na siebie winę i zmienił swoje nastawienie, zmienili się również członkowie kościoła. Wierzyłem, że Bóg rozwiąże wszystkie ich problemy i dziękowałem Mu.

Wielka Kampania Ewangelizacyjna w Waszyngtonie.

W tamtym czasie odbywały się również dwie konferencje pastorów. Pragnąłem zaszczepić pewność w sercach pastorów, że poradzą sobie z różnymi problemami. Po zakończeniu konferencji jeden ze starszych pastorów wyznał ze łzami w oczach: „To nie moja trzoda postępowała niewłaściwie. To moja wina. To wszystko dlatego, że ja jestem zły".

Inny pastor powiedział: „Nie miałem dokąd pójść I myślałem, że zwyczajnie umrę. Jednak otrzymałem łaskę i siłę, i teraz mam pewność. Dam sobie radę". Kolejny z pastorów, który wyraził swoją opinię: „Wierzyłem w siebie samego jako duchowego nauczyciela, jednak teraz chcę uczyć się od nowa". Były to bardzo poruszające wyznania, wypływające ze skruszonego serca.

Kiedy skończyły się już wszystkie spotkania, pożegnałem się z pastorami. Biskup John Park rzekł: „Słyszałem jedynie o apostołach, którzy żyli 2000 lat temu, ale teraz, widzę apostoła również w Tobie". Wielu pastorów przybyło na lotnisko, aby się pożegnać i wyrazić poczucie straty w powodu mojego wyjazdu. Było to dla mnie bardzo wzruszające.

Uzdrowiony we śnie

Od 26 do 28 września 1997 roku Chrześcijańskie Radio w Waszyngtonie w kościele w Stanie Wirginia prowadziło „Wielką Kampanię Ewangelizacyjną" pod tytułem „Panie, odnów Waszyngton i Baltimore".

Wielu Koreańczyków w Stanach Zjednoczonych przybyło na spotkanie z Waszyngtonu, Maryland, Wirginii, Nowego Jorku, a nawet z Toronto w Kanadzie. Głosiłem poselstwo na temat, dlaczego Jezus jest naszym Zbawicielem, wiary cielesnej i duchowej, oraz życia wiecznego poprzez spożywanie ciała i krwi

Syna Człowieczego.

Podczas konferencji pastorów, która odbyła się podczas nabożeństwa ewangelizacyjnego, wygłosiłem kazanie pod tytułem: „Tajemnica wzrostu kościoła". Na konferencji było obecnych wielu pastorów z różnych wyznań.

Następnego dnia, 29 września, Stowarzyszenie Koreańskich Kościołów Maryland w zjednoczonym prezbiteriańskim kościele koreańskim w Baltimore przeprowadziło Zjednoczoną Misję Koreańsko-Amerykańską. Na spotkanie przybyli nie tylko Koreańczycy, ale również około 1500 mieszkańców innego pochodzenia, co uczyniło spotkanie festiwalem zjednoczenia ludzi z różnych środowisk.

Jednak szatan również wykonywał swoją złą pracę, aby przeszkodzić mi w głoszeniu poselstwa na spotkaniu. Spotkanie miało się odbyć w kościele jednego z pastorów. Jednak doszło do nieporozumienia, kiedy usłyszał on wypowiadane na mój temat oszczerstwa. W konsekwencji, sprzeciwił się mojemu wystąpieniu podczas spotkania, ani nie zgodził się, aby spotkanie odbyło się w jego kościele.

Jednakże, Bóg rozwiał przeszkody Szatana poprzez sen, który przyśnił się temu pastorowi. Pastor cierpiał na przewlekłą chorobę związaną z jego kręgosłupem. W jego kręgosłupie wszczepionych było więcej niż dziesięć metalowych szpilek. Odczuwał bardzo dokuczliwe bóle pleców.

Jednak przed mającym się odbyć spotkaniem, pojawiłem się w jego śnie i podałem mu aspirynę. Kiedy się obudził, ból zniknął całkowicie. Został cudownie uzdrowiony, co wywołało u niego wielkie zaskoczenie. Później powiedział: „Wolą Bożą jest, aby odbyło się to spotkanie. Pastor Jaerock Lee nie jest zwyczajną osobą. Jest sługą, przez którego działa Bóg".

Przekonał innych pastorów i doprowadził do tego, że spotkanie było olbrzymim sukcesem.

Spotkanie odbyło się zgodnie z planem w przepięknym kościele zbudowanym z drzewa cedrowego. Był również bardzo zaskoczony moim widokiem, kiedy przekonał się, że jestem tą samą osobą, którą zobaczył we śnie. Powitał nam bardzo serdecznie i ciepło.

Tego dnia wygłosiłem poselstwo pod tytułem: „Bądźmy jedno w Panu". Niestety pomiędzy Koreańczykami oraz pewną grupą Afro-Amerykanów zaistniał konflikt, który mógł zostać rozwiązany jedynie w Bogu. Dlatego nawoływałem, aby przezwyciężyli barierę rasową dzięki miłości naszego Pana.

Taki wkład w rozwój lokalny oraz zmniejszenie napięcia rasowego zostało natychmiast zauważone przez stan Maryland. Gubernator stanu Maryland podarował mi z wdzięczności tabliczkę pamiątkową. Otrzymałem również certyfikat honorowego obywatelstwa od prezydenta Baltimore. Wszystko to dzięki łasce Bożej.

Duchowo spragnieni Pastorzy Argentyńscy

Od 21 do 23 lipca 1996 roku, głosiłem poselstwo pod tytułem „Tajemnica wzrostu kościoła" na konferencji dla pastorów oraz spotkaniach ewangelizacyjnych dla Koreańczyków w Buenos Aires. Całe przedsięwzięcie cieszyło się ogromnym poparciem wielu organizacji chrześcijańskich w Argentynie.

Ponad tysiąc pastorów uczestniczyło w konferencji I było bardzo poruszonych głoszonym poselstwem. W następnym roku na ich życzenie odbyła się kolejna konferencja.

Na uniwersytecie Matansa National University w Buenos

Konferencja pastorów w Argentynie (1996)

Poświęcenie kościoła z Mayorem Barella

Misja w Argentynie

Aires od 15 do 16 października odbyła się druga konferencja pastorów połączona ze spotkaniem ewangelizacyjnym. Organizatorzy spodziewali się, że przybędzie na nią około 300 pastorów, jednak okazało się, że ogólna liczba uczestników przekroczyła tysiąc i konieczna była zmiana lokalizacji na największy kościół znajdujący się w okolicy.

Tęsknota i pragnienie pastorów były tak wielkie, że kontynuowaliśmy konferencję do godziny trzeciej popołudniu, nawet odpuszczając sobie obiad. Pastorzy pragnęli słychać poselstwa tak bardzo, że spotkanie mogło się zakończyć pod warunkiem złożenia przeze mnie obietnicy przeprowadzenia kolejnej konferencji. Na następnej konferencji pastorów oraz spotkaniu ewangelizacyjnym obecnych było około 8000 osób.

Ambasador Korei w Argentynie, który w tamtym czasie wziął

udział w spotkaniu, powiedział: „Dziękuję starszemu Jaerockowi Lee za głoszenie poselstwa w Argentynie, poselstwa pewnego żywej wiary kościołów koreańskich". Bardzo wysoko cenił nasze spotkanie ewangelizacyjne, które było niezwykłym wkładem dyplomatycznym ze strony sektora cywilnego.

Wielu ludzi zostało uzdrowionych dzięki działaniu Ducha Świętego podczas naszego spotkania. Było to bardzo rzeczywiste szczególnie w przypadku pastora Eduador Lecio, przewodniczącego stowarzyszenia kościołów chrześcijańskich w Argentynie. Doświadczył on uzdrowienia. Dzięki łasce Bożej rak skóry oraz przewlekłe problemy z żołądkiem zniknęły.

Życie pełne rozpaczy zmienia się w życie pełne nadziei

Każdy z nas przeżywa lepsze i gorsze chwile. Jednak jeżeli ktoś choruje na nieuleczalną chorobę lub dowiaduje się o swojej chorobie zbyt późno, aby leczyć się za pomocą lekarstw, może popaść w rozpacz. Jednakże miłość Boża nie łamie zniszczonej trzciny ani nie gasi tlącego się knota. W swojej miłości Bóg zawsze czyni cuda dla tych, którzy maszerują w wierze.

Trzykilogramowy guz znika

Diakonisa Soonshim Kang zaczęła uczęszczać do kościoła Manmin Yeosu. W czerwcu 1997 roku czuła, że zrobił się jej guz wielkości jajka. Kiedy budziła się rano, jej ciało było opuchnięte. Odczuwała ciężar w dole żołądka. Miała trudności w chodzeniu oraz szybko traciła oddech.

14 czerwca została zdiagnozowana w szpitalu Jeonnam.

Miała wielkiego guza ważącego 3 kg. Był to nowotwór zwany mięśniakiem macicy. Było to ostatnie stadium nowotworu macicy. Doktor oświadczył, że nawet jeżeli usuną guza, ma on ponad dziesięć małych korzeni wokół, więc jest nieuleczalny i śmiertelny.

Diakonisa mogła chodzić jedynie z czyjąś pomocą. Kiedy leżała, jej brzuch nie zapadał się, a raczej uwypuklał z powodu guza. Nie zdecydowała się na operację i wołała raczej prosić o łaskę Bożą i modlitwę w intencji chorych nagraną na automatyczną sekretarkę. Ponieważ widziała i słyszała o działaniu Boga, kiedy uczęszczała na nabożeństwa w kościele Manmin Yeosu, miała wiarę , że może zostać uzdrowiona, jeśli będzie polegać na Bogu.

Dwa lata wcześniej w maju 1995 roku, diakonisa Soonshim Kang nawróciła swoją ciocię Eumjeon Kim i wspólnie uczęszczały na nabożeństwa ewangelizacyjne. Starsza kobieta, której usunięto dwie chrząstki z kręgosłupa, nie była w stanie chodzić, ponieważ jej kręgosłup był zgięty o 90 stopni przez ostatnich 10 lat.

Nie było żadnego lekarstwa na jej kręgosłup, jednak jej kręgosłup wyprostował się, kiedy otrzymała modlitwę podczas jednego z nabożeństw ewangelizacyjnych. Od tamtego czasu Eumjeon Kim swobodnie się poruszała – chodziła i stała prosto.

25 lipca 1997 roku, diakonisa Kang usłyszała, że będę prowadził spotkanie ewangelizacyjne w ramach inauguracji I otwarcia nowego sanktuarium kościoła Manmin Ulsan. Postanowiła przyjść na to spotkanie. Miała wiarę, że może zostać uzdrowiona, jeżeli będę się za nią modlił. I Bóg uzdrowił ją zgodnie z jej wiarą.

Kiedy modliłem się za nią, ogień Ducha Świętego zadziałał.

Od tamtego czasu, nie czuła już guza w swoim brzuchu, a wszystkie objawy ustały. Po miesiącu udała się do szpitala i lekarze byli bardzo zaskoczeni.

„Kiedy miałaś operację i usunęłaś guza?"

Odpowiedziała: „Nie miałam operacji. Zostałam uzdrowiona dzięki mocy modlitwy pastora. Bóg mnie uzdrowił".

Całkowicie powróciła do zdrowia i rozpoczęła pracę dla Pana.

Uzdrowiony z zatrucia nawozami

Podczas inauguracji nowego kościoła Manmin Ulsan, na nabożeństwo przybyła Okja Kim w swoich szpitalnych ubraniach. Chciała opowiedzieć swoją historię.

Wyszła za mąż w wieku 18 lat i zamieszkała na farmie. Ponieważ była ofiarą wypadku, okazało się, że nie może mieć dzieci, dlatego każdy dzień przepełniony był poczuciem winy.

W swojej rodzinie miała wiele problemów. 17 lipca 1997 roku uczestniczyła w dużej kłótni rodzinnej. Ku zaskoczeniu członków rodziny, wypiła całą butelkę nawozu zwanego „Gramoxone". Natychmiast zabrali ją do szpitala.

Lekarz stwierdził, że była to bardzo silna trucizna, które może doprowadzić do śmierci nawet jedynie po zetknięciu się z ustami. Nie było na nie żadnego antidotum, dlatego Okji pozostało maksymalnie piętnaście dni życia. Lekarz powiedział członkom rodziny, że mogą przygotowywać pogrzeb. Jednak jej młodszy brat, który uczęszczał do naszego kościoła, zaczął głosić jej ewangelię oraz puszczał jej z kasety kazania „Poselstwo z krzyża". Zorganizował również dla niej to, aby otrzymała modlitwy za chorych.

Pastor oraz członkowie kościoła Manmin Gwangju dbali o nią z miłością oraz próbowali zasiać wiarę w jej sercu. Odzyskała pragnienie życia i 25 lipca przybyła do kościoła Manmin Ulsan. Kiedy zacząłem się za nią modlić, Okja pociła się obficie.

Kiedy wracała do Gwangju po zakończonym spotkaniu ewangelizacyjnym, nadal pociła się obficie do tego stopnia, że przemoczyła swoje ubrania. Było jej bardzo gorąco i odczuwała uciążliwy ból. Później dowiedziała się, że ból był spowodowany tym, iż środki chemiczne, którymi się zatruła, wychodziły z jej

Okja Kim, która została cierpiała z powodu zatrucia została uzdrowiona i wydała na świat swoje pierwsze dziecko po 21 latach małżeństwa

organizmu. To moc Ducha Świętego wypalała truciznę.

Następnego poranka stał się cud, Jej ból zniknął i czuła się komfortowo. Również w sercu miała pokój. Lekarze także byli bardzo zaskoczeni i przeprowadzili dokładne badania. Jej uszkodzony przełyk, wątroba oraz płuca, jak również inne części ciała zostały uleczone i funkcjonowanie jej organizmu wróciło do normy.

Ponadto, ponieważ kiedy piła nawóz, jego kropla dostała się do oka i prawie całkowicie zniszczyła gałkę oczną. Straciłaby wzrok lub miałaby poważne problemy ze wzrokiem, jednak kilka dni po tym, jak modliłem się za nią, jej oko zostało uleczone i wzrok wrócił do normy.

W listopadzie 1997 roku przybyła na całonocne nabożeństwo do Seulu wraz z innymi członkami kościoła Manmin Gwangju. Ponownie modliłem się za nią. Po miesiącu poczuła, że coś dziwnego dzieje się z jej ciałem. Udała się do szpitala, by sprawdzić. Była w ciąży! Wcześniej, ze względu na problem zdrowotne nie mogła mieć dzieci. Jednak teraz dzięki Bożemu błogosławieństwu, zaszła w ciążę po 21 latach małżeństwa.

Przeszła wiele trudnych sytuacji, jednak była załamana, że nie może mieć dzieci. Jednak kiedy dotknął jej Bóg, została natychmiast uzdrowiona. Urodziła synka i jest teraz bardzo szczęśliwa.

Działanie Ducha Świętego dzięki modlitwom przez telefon

Wszechmocny Bóg działa nawet przez przedmioty, takie jak telefony. Ilgon Cho zaoferował kościołowi automatyczny system telefoniczny (ARS) z nagranymi modlitwami za chorych.

Kiedy zaczął uczęszczać do naszego kościoła, jego córka został uzdrowiona. Cierpiała na zapalenie ucha środkowego, a on sam miał przewlekłą chorobę skóry, z której również został uleczony. Bóg wielokrotnie pokazał swoją moc poprzez modlitwy nagrane w systemie ARS.

W 1996 roku w rodzinie Dalyong Lee następująca historia miała miejsce. Jego siostra Boksoon Lee opiekowała się swoim dwumiesięcznym siostrzeńcem Jungtaekiem. Do ust dziecka dostało się duże winogrono.

Takie wydarzenia miały miejsce w rodzinie Dalyong Lee w 1996. Jej siostra Boksoon Lee opiekowała się jej dwumiesięcznym siostrzeńcem Jungtaek. Duże winogrono dostało się do ust

Dalyong Lee i jego syn Jungtaek, ożywiony dzięki Bożej łasce (1996)

Jungtaek jest teraz zdrowym chłopcem.

dziecka, które połknęło je, tym samy powodując jego utknięcie w drogach oddechowych. Jego twarz zaczęła sinieć i chłopiec zaczął tracić przytomność z powodu dławienia.

Winogrono zablokowało drogi oddechowe. Boksoon Lee oraz matka chłopca zabrali go do lokalnego szpitala. Winogrono utknęło w prawym płucu, co spowodowało gromadzenie się krwi. Lewe płuco powiększało się, co było bardzo szkodliwe dla mózgu.

Na pogotowiu, dziecko zaczęło ostrość widzenia, a siatkówka jego oka zaczęła wysychać. Nawet maska tlenowa nie pomagała w oddychaniu. Po zastosowaniu wstrząsów elektrycznych, jego serce biło słabo, jednak znów zatrzymywało się po 30 minutach.

Kiedy ojciec powiedział lekarzowi, że przeniesie dziecko do innego szpitala, lekarz nie zgodził się. Wyjaśnił, że nawet jeżeli dziecko przeżyje, będzie słabe psychicznie lub upośledzone, ponieważ jego mózg już został uszkodzony. Lekarz poradził, by nie utrudniać sytuacji i nie pozwolić dziecku cierpieć.

Dziecko zostało przyjęte do centrum medycznego Samsung, jednak szpital odmówił odpowiedzialności za jego stan. Z powodu odwodnienia, konieczna była infuzja dożylna, jednak niemożliwe okazało się znalezienie żyły. Lekarz stwierdził, że dziecko jest za małe na operację, więc były niewielkie szanse na przeżycie.

W tamtej chwili, Dalyong Lee i jego żona nie byli ludźmi wierzącymi. Skorzystali jednak z sugestii siostry Boksoon Lee i przyjęli modlitwy przez telefon. Boksoon Lee modliła się za dziecko oraz pościła przez trzy dni. Dalyong Lee również pościł przez trzy dni oraz przyjmował modlitwy przez telefon każdego dnia. I wtedy dziecko zaczęło wracać do zdrowia.

Kiedy zakończył się trzy-dniowy post, dziecko zostało przeniesione z oddziału intensywnej opieki na oddział ogólny.

Po tygodniu, dziecko, które kilka dni wcześniej umierało, teraz całkowicie wyzdrowiało. Lekarze twierdzili, że chłopiec będzie miał uszkodzony mózg nawet jeżeli przeżyje, ale jego mózg był zupełnie w porządku. Zniknęły nawet pestki winogrona, które były w płucu. Bóg sprawił, że spłonęły z ogniu Ducha Świętego. Lekarze byli bardzo zaskoczeni.

Dzięki temu wydarzeniu, Dalyong Lee i jego żona uwierzyli w miłość oraz moc wszechpotężnego Boga. Przyjęli Pana i stali się chrześcijanami. Ich syn Jungtaek zdrowo rośnie i jest dobrym dzieckiem, kochanym przez członków kościoła oraz osoby w szkole.

Serwis satelitarny

Nabożeństwa naszego kościoła są transmitowane w całej Korei przez satelitę. Dzięki tej działalności ludzie odczuwali działanie Ducha Świętego uczęszczając do kościołów w różnych miejscach. W czerwcu 1998 roku, Eunkyeong Shin został uzdrowiony ze swojej choroby, kiedy przybyła do kościoła Manmin w Masan po raz pierwszy.

Jej matka zapytała: „Eunkyeong, uczęszczam na nabożeństwa uwielbieniowe w kościele Manmin w Masan i odczuwam pokój. Może wybierzesz się tam ze mną?"

Eunkyeong była wtedy w ósmej klasie. Była zaskoczona słysząc, że matka zachęca ją do pójścia do kościoła. Tak więc zaczęła uczęszczać do kościoła Manmin w Masan. O trzeciej klasy Eunkyeong cierpiała na nerwicę, brak siły, utratę apetytu, nieżyt żołądka oraz bóle głowy. Nauka była dla niej problematyczna.

Kiedy była w czwartej klasie, nagle pojawiły się również problemy z oddychaniem. Biła się w klatkę piersiową, zemdlała i zabrano ją do szpitala. Gdy zaczęła uczęszczać do gimnazjum, zachorowała na półpasiec. Ciało swędziało ją i kłuło. Źle spała z powodu uciążliwych bólów głowy. Wydawało jej się, że wybuchnie jej głowa.

Była tak chuda, że wyglądała jakby miała tylko skórę I kości. Brała lekarstwa, jednak niewiele jej to pomagało. Członkowie jej rodziny również bardzo cierpieli razem z nią. Chodziła do kościoła od dzieciństwa, jednak nigdy nie miała prawdziwej wiary. Odkąd pamiętała, czuła się źle, przez co straciła nadzieję w życiu.

12 lipca 1998 roku wzięła udział w nabożeństwie kościoła Manmin transmitowanym przez satelitę. Po wygłoszonym poselstwie, wypowiedziano słowa modlitwy za chorych. Eunkyeong położyła ręce na chorym ciele i przyjęła modlitwę. W tamtym momencie Bóg uleczył wszystkie jej choroby ogniem Ducha Świętego.

Zniknął cały ból i już nigdy więcej nie musiała przyjmować lekarstw. Jest szczęśliwą kobietą i śpiewa obecnie w chórze jako solistka.

Przemówienie na temat małego budżetu przed Międzynarodowym Funduszem Walutowym IMF

2 listopada 1997 roku podczas porannego nabożeństwa niedzielnego, ogłosiłem, że w biurze kościoła dostępne są żetony autobusowe i każdy, kto dojeżdżał do kościoła mógł z nich korzystać.

W tamtym czasie niewielu Koreańczyków wiedziało, czy jest IMF (International Monetary Fund – Międzynarodowy Fundusz Walutowy). Ja również niewiele wiedziałem, na jego temat, jednak ponieważ Bóg przekazał mi, że Korea będzie miała pewne trudności ekonomiczne, przygotowałem takie żetony dla osób, które miały trudną sytuację finansową.

Przed upływem jednego miesiąca, w prasie pisano już na temat IMF w Korei. 21 listopada 1997 roku kraj popadł w kryzys finansowy. Rząd prosił o pożyczkę z IMF, a w koreańskiej ekonomii ciągle było zamieszanie. Zbankrutowało wiele firm, wielu ludzi straciło pracę i zostało wyrzuconych na ulicę.

Również starałem się ograniczać wydatki I dbać o budżet.

Poprosiłem członków mojej rodziny, aby nie przygotowywali więcej niż trzy przystawki do ryżu. Poprosiłem również, aby rzadziej wychodzili na zakupy. Oczywiście najpierw musiałem sam zacisnąć pasa, ponieważ członkowie kościoła odczuwali ciężkie czasy.

Dużo wcześniej wiedziałem o zbliżającym się kryzysie ekonomicznym. W grudniu 1995 roku, Bóg powiedział mi, że w Korei będzie miał miejsce kryzys ekonomiczny i zalecił ograniczyć wydatki.

Tak więc 28 stycznie 1996 roku, wygłosiłem kazanie pod tytułem „Błogosławieństwo prostoty" podczas nabożeństwa poświęconego dla pracowników. Radziłem obecnym, aby ograniczyli swoje wydatki pod każdym możliwym względem. Nie wydawałem swojej wypłaty ani nie ruszałem budżetu przeznaczonego na czynności pastorskie z pieniędzy zbieranych w kościele. Pragnąłem ofiarować je z powrotem Bogu, tak jak zostały ofiarowane kościołowi.

Ponieważ Ci, którzy zostali uzdrowieni i otrzymali łaskę dzięki moim modlitwom wyrażali swoją wdzięczność, zebrałem dary i przekazałem je Bogu na służbę misyjną oraz charytatywną.

Bóg obdarował mnie obfitością błogosławieństw finansowych, jednak moim zwyczajem była oszczędność. Nawet jeden grosz pozwalał mi pomóc choć jednej osobie w potrzebie więcej lub wykonać więcej pracy misyjnej.

Nasz kościół nie był w zbyt dobrej sytuacji finansowej, jednak nadal staraliśmy się pomagać innym kościołom, które miały trudności, szczególnie na terenach wiejskich, bez względu na wyznanie. Kościół starał się działać również charytatywnie oraz przyznawać stypendia, aby nikt z członków kościoła nie głodował, a żaden student nie był pozbawiony możliwości nauki z powodu braku pieniędzy.

Piętnasty Jubileusz Kościoła

12 października 1997 roku wielu gości przybyło do naszego kościoła, aby świętować z nami piętnasty jubileusz naszego kościoła. Mieliśmy wtedy szczególnego gościa. Starsza Heeho Lee, żona Kima Daejunga, przewodnicząca partii Nowa Polityka Ludzi oraz członek zarządu Fundacji Pokoju dla Azji i Pacyfiku złożyła nam wizytę, aby świętować z nami nasz jubileusz.

Z ubiegiem lat, braliśmy udział w wielu akcjach misyjnych przeprowadzanych przez różne stowarzyszenia w kościołach koreańskich. Często zgłaszano się do nas z prośbą o pomoc. Tak więc nasze kościelne grupy artystyczno-muzyczne były bardzo zajęte. 5 lutego 1998 roku, zostałem zaproszony jako wykładowca i kaznodzieja na spotkanie odbywające się na Górze Modlitwy Osan-ri. 19 maja wziąłem udział w działaniach szkolnych sprzeciwiających się przemocy w szkołach jako szef administracyjny Ewangelizacyjnego Komitetu Wykonawczego.

Nasz kościelna orkiestra Nissi Orchestra stała się znana wśród

Starsza Heeho Lee, była pierwsza dama Korei podczas 15 rocznicy kościoła

społeczności kościelnej i byli zapraszani, aby występować podczas wielu wydarzeń.

Grali podczas konferencji zatytułowanej „Zwycięstwo nad kryzysem narodowym przez modlitwę", która miała miejsce na głównym stadionie olimpijskim w Jamsil, na charytatywnym koncercie dla potrzebujących, koncercie uwielbieniowym zorganizowanym przez Ewangelizacyjny Komitet Wykonawczy, na piętnastym wielkanocnym festiwalu muzycznym zorganizowanym przez CBS, podczas 44 rocznicy CBS, oraz podczas akcji „Wizja CBS na XXI wiek". Brali również udział w wielu lokalnych występach na terenie całego kraju.

Moje kazania były emitowane przez 980 minut tygodniowo na FEBC oraz CBS. Nadawano je również w innych krajach takich jak USA, Rosja, Kanada oraz Australia.

W sierpniu 1998 roku rozpoczęła się misja naszego kościoła przez Internet. Dzięki tym emisjom miało również miejsce wiele cudów uzdrowienia. W miejscowym sanktuarium w Korei nadawane było nabożeństwo satelitarne od grudnia 1996 roku.

Kampania „Szkoła bez przemocy"

2002 Nabożeństwo inauguracyjne Misji Światowej

Orkiestra Nissi podczas różnych wydarzeń chrześcijańskich

Bóg pragnie żniwa pszenicy

Poszerzenie pola misyjnego było również istotne, jednak podstawą służby pastorskiej jest to, aby sprawili, że wierzący będą jak pszenica z Mateusza 3:12. *„Ma On wiejadło w ręku i oczyści swój omłot: pszenicę zbierze do spichlerza, a plewy spali w ogniu nieugaszonym"*.

Bóg pragnie, aby Jego dzieci stały się prawdziwą pszenicą, dlatego też wciąż pielęgnuje swoje uprawy. Chrześcijanie powinni być w stanie dostrzec, czy są prawdziwą pszenicą, która miłuje Boga i żyje zgodnie z Jego słowem, czy też chwastem, który kocha świat z jego cielesną żądzą, tym, czego pożądają oczy oraz dumą tego życia.

Pszenica może zdobyć życie wieczne i iść do nieba, jednak chwast zostanie wrzucony do ognia piekieł i będzie cierpiał na wieki. Jeżeli znajdziemy się z niebie, będziemy mieć różne miejsca schronienia i uwielbienia zgodnie z naszą wiarą oraz uczynkami. Wiele fragmentów Biblii potwierdza ten fakt.

Apostoł Paweł w 1 liście do Koryntian w rozdziale 15 mówi na temat zmartwychwstania: *„Inny jest blask słońca, a inny – księżyca i gwiazd. Jedna gwiazda różni się jasnością od drugiej"* (1 Koryntian 15:41). Zgodnie z tym, czego dokonaliśmy na ziemi, otrzymamy chwałę słońca, księżyca oraz gwiazd.

Aby kochać Boga

W Ewangelii Jana 14:15 Jezus powiedział: *„Jeżeli mnie miłujecie, przykazań moich przestrzegać będziecie"*. Aby zachować przykazania, należy wykonywać to, co Bóg nam powie, nie robić tego, o czym On nam powie, że nie powinnyśmy robić

Zachowywanie Jego przykazań to robienie tego, co Bóg nam mówi, odsunięcie od siebie rzeczy, które Bóg pragnie, abyśmy odsunęli – to jest zachowywanie Jego prawa.

Księga przysłów 8:13 mówi, że bać się Boga to nienawidzić zła, a w 1 liście do Tesaloniczan 5:22 napisano, że ci, którzy prawdziwie kochają Boga, odsuną się od wszelkiego zła.

Jeżeli żyjemy w światłości oraz zgodnie ze słowem Bożym, otrzymamy od Niego nowe serca i staniemy się ludźmi żyjącymi według ducha. Co więcej, będziemy mogli wejść do Nowego Jeruzalem, jeśli tylko będziemy całkowicie wierni Bogu i wzrastali, aby stać się podobnymi do niego.

Kiedy byłem małym chłopcem moja mama poszła na rynek z dużym zapakowanym po brzegi koszem na głowie. Rynek znajdował się w odległości 12 km od naszego domu, więc odległość tam i z powrotem wynosiła 24 km. Kiedy miałem 5 lub 6 lat, zawsze podążałem razem z nią na rynek.

Musiałem iść od wczesnego ranka aż do późnego popołudnia,

ale nigdy nie pokazałem, jak bardzo bolały mnie nogi, ponieważ lubiłem być z moją mamą bardziej niż zostać w domu. Na rynku można było zobaczyć wiele rzeczy, jednak moją uwagę najbardziej zwracał sprzedawca słodyczy.

Ślinka ciekła mi na sam ich widok. W domu mieliśmy jedynie słodkie ziemniaki oraz kukurydzę, które mama czasami podawała jako przekąski. Jednak to nie wystarczyło, aby ugasić moje pragnienie słodyczy.

Pewnego dnia mama zapytała: „Jaerock, masz ochotę na coś słodkiego?"

Właśnie zamierzała wyciągnąć jedną monetę, którą trzymała w kieszeni. Jednak w tym momencie, chwyciłem ją za rękę i powiedziałem szybko: „Chodźmy stąd jak najszybciej".

Za jedną wonę mogliśmy kupić dużo słodyczy, ale moja mama chodziła pieszo tak daleko, aby oszczędzić na autobusie. Jedna wona to było dla niej dużo pieniędzy. Ponieważ byłem tego świadomy, starałem się powstrzymać mój apetyt na słodycze.

Robiłem, co w mojej mocy, aby nie przysparzać moim rodzicom żadnych kłopotów. Chciałem sprawiać im przyjemność. Odkąd poznałem Boga, Ojca mojej duszy, moim jedynym pragnieniem było sprawianie Jemu przyjemności.

Gdybym miał w sobie zło, którego Bóg nienawidzi, byłoby to dla Niego źródłem smutku! Nie akceptowałem takiego zła. Zacząłem odsuwać od siebie wszelkie zło przez post i modlitwę.

Rozdział 2

Kogo powinniśmy słuchać?

Bóg pokazał rzeczy, które mają nadejść

Od noworocznego nabożeństwa w 1998 roku, musiałem często powstrzymywać się od łez. Również podczas wygłaszania kazań wielokrotnie powstrzymywałem się od płaczu. Taka sytuacja miała miejsce przez cały rok. Ponieważ Bóg pokazał mi, że w kościele będą miały miejsce próby wiary, a niektóre osoby zdradzą mnie z powodu swoich egoistycznych pobudek, musiałem modlić się po cichu.

Bóg powiedział mi, że poprzez próby, wyrwie chwasty i oddzieli chwasty od pszenicy. Celem Bożym było wypełnienie misji światowej oraz budowa Wielkiego Sanktuarium dzięki pracy poświęconych Mu sług.

W maju 1998 roku po zakończeniu nabożeństwa odrodzeniowego Bóg pokazał mi wizję Wielkiego Sanktuarium, które zostanie wybudowane dzięki Jego prowadzeniu. Pokazał mi również scenę zaraz po wniebowstąpieniu. Widziałem też wielu ludzi, którzy przychodzili na nabożeństwa uwielbieniowe do Nowego Sanktuarium. W pewnym momencie na suficie powstał otwór w kształcie krzyża i wielu wierzących zostało porwanych w powietrze. Ci, którzy zostali wzięci w górę, zostali przemienieni i odziani w białe szaty.

Widziałem jednak również tych, którzy nie zostali wzięci w górę i pozostali na ziemi. Kiedy zorientowali się, że nie zostali wzięci w górę, popadli w wielką rozpacz. Niektórzy stracili nawet przytomność z powodu rozczarowania. Inni krzyczeli i uderzali w ziemię.

Pośród osób, które zostały na ziemi, byli również pastorzy oraz pracownicy kościoła, którzy współpracowali ze mną. Oczywiście, wiedziałem, dlaczego tak się stało. Myśleli, że wierzą, jednak w oczach Boga, nie byli pszenicą, ale chwastami.

Rozdzierali swoje szaty i żałowali, jednak drzwi zbawienia zostały już zamknięte. Zebrali się w Wielkim Sanktuarium, aby modlić się i chwalić Boga. Jednak Duch Święty został już zabrany i nie mogli otrzymać już łaski Bożej. Świat był światem zła pod kontrolą szatana, a ludzie ci nie mogli już otrzymać pomocy ze strony Ducha Świętego.

Uczta weselna w niebie, ucisk na ziemi

Wierzący, którzy są jak pszenica będą porwani w niebo na spotkanie Pana, aby wziąć udział w uczcie weselnej trwającej siedem lat. W tym samym czasie, na ziemi będzie miał miejsce ucisk. Jak opisano w Księdze Apokalipsy, wybuchnie Trzecia Woja Światowa. Silne narody użyją swojej broni masowego rażenia oraz broni nuklearnej. Ziemia stanie w obliczu ucisku, jakiego nigdy nie było.

Wielkie Sanktuarium zbudowane przez nasz kościół zostanie przejęte przez grupę złych ludzi, którzy uczynią z niego miejsce tortur. Niektórzy przetrwają nieszczęście III Wojny Światowej, jednak kiedy pojawi się antychryst, nie będą mogli żyć dalej, jeżeli nie przyjmą znamienia 666. Kupowanie i sprzedawanie nie będzie możliwe dla ludzi, którzy nie będą mieli znamienia 666 na swoim czole lub na prawej ręce (Apokalipsa 13:16-18).

Znamię 666 oznacza bilet do piekła, a ci którzy są tego świadomi, ucieknią w góry, aby uniknąć otrzymania znamienia. Jednak zostaną schwytani i prześladowani. Jeżeli odmówią przyjęcia znamienia 666, będą poddani torturom.

Bóg pokazał mi sceny prześladowań. Narzędzia tortur były przerażające i wykonane przy użyciu wymyślnej technologii. Niektórzy zaprą się Jezusa w obliczu tortur i przyjmą znamię 666. Są świadomi tego, że nie mogą być zbawieni, jeśli zaprą się Jezusa i przyjmą znamię 666, jednak nie będą w stanie zwyciężyć w prześladowaniach.

Spróbuj wyobrazić sobie swoje dzieci lub rodziców poddawanych ohydnym torturom. Trudno jest przezwyciężyć ból i stać się męczennikiem. Ci, którzy zwyciężą prześladowania i staną się męczennikami otrzymają zbawienie.

Trwając przy Bogu w smutku i łzach

Pani „H" był pastorową w moim kościele. Bóg wielokrotnie dawał jej szansę, aby ukorzyła się i wróciła do prawdziwej wiary, jednak nie zrobiła tego. Bóg dał jej niezwykle cenny dar oraz swoją łaskę, jednak ona stała się arogancka. Grzeszyła i była powodem wielu nieprzyjemnych sytuacji w kościele. Aż do

końca nie odsunęła od siebie egoistycznej motywacji. W końcu Bóg odwrócił od niej swoją twarz.

W tamtym momencie poddawała się działaniu szatana. Myślała, że będzie w stanie kontrolować cały kościół, jeżeli będzie mogła zniszczyć mnie. Weszła w układ z kilkoma innymi osobami z kościoła. Zrobiła kilka sfałszowanych raportów i przekazała je stacji nadawczej, oszukując wielu ludzi.

W końcu, rzuciła oszczerstwa i opuściła kościół. Widziałem w wizji, że musiała przejść siedem lat wielkiego ucisku i była prześladowana. Byłem tak bardzo zszokowany, że rozpocząłem żałobę, ponieważ widziałem ludzi, którzy nie zostali zabrani w powietrze, a zostawieni na ziemi.

Modliłem się „Boże Ojcze, nikt nie powinien zostać na ziemi. Szczególnie ci, którzy nauczają innych, pastorzy i pracownicy kościoła nie powinni zostać na ziemi i doświadczać ucisku. Spraw, aby się skruszyli i nawrócili do Ciebie, by otrzymać zbawienie".

Nigdy nie płakałem z powodu błahych rzeczy, jednak od czasu, kiedy ujrzałem tę scenę, płakałem bardzo często. Kiedy szedłem w góry, aby się modlić, zwracałem się do Boga ze łzami, prosząc Go, aby ich nie opuszczał.

Otwarcie Królestwa Duchowego

Od 4-14 maja 1998 roku, odbyło się szóste dwutygodniowe spotkanie ewangelizacyjne pod tytułem „Bóg jest światłością". Większość członków kościoła przygotowywało się na nie przez post i modlitwę. Po zakończeniu spotkania wielu członkom otwarły się oczy i zostali wypełnieni łaską Bożą.

Jeżeli kochamy Boga, modlimy się nieustannie. Będziemy pragnęli słyszeć Jego głos i tęsknili za tym, aby zobaczyć królestwo duchowe. Po prostu tak, spotykać się z nim i rozmawiać, jak z naszymi ukochanymi każdego dnia. Jeżeli kochamy Boga Ojca, zawsze będziemy chcieli zobaczyć Go i słyszeć Jego głos.

Bóg widział, że członkowie naszego kościoła próbują żyć zgodnie z Jego słowem oraz prowadzić życie w światłości. Sprawiał, że spływała na nich łaska, a wielu z nich mogło ujrzeć Jego królestwo. CO więcej, wiele rzeczy, które miły miejsce pomogło im doświadczyć działania Bożego. W księdze Jakuba

1:17 napisano: „*Każde dobro, jakie otrzymujemy, i wszelki dar doskonały zstępują z góry, od Ojca świateł, u którego nie ma przemiany ani cienia zmienności*".

W Dziejach Apostolskich w rozdziale 3, Piotr uzdrawia chromego. Kiedy Piotr i Jan głosili o zmartwychwstaniu Pana Jezusa, w ciągu jednego dnia 5000 osób przyjęło Zbawiciela. Ci urzędnicy, starsi, skrybowie, którym nie podobała się nowina o zmartwychwzbudzeniu Jezusa, wezwali apostołów do siebie i grozili im, zabraniając głoszenia ewangelii. W Dziejach Apostolskich 4:18-20 napisano: „*Przywołali ich potem i zakazali im w ogóle przemawiać, i nauczać w imię Jezusa. Lecz Piotr i Jan odpowiedzieli: Rozsądźcie, czy słuszne jest w oczach Bożych bardziej słuchać was niż Boga? Bo my nie możemy nie mówić tego, cośmy widzieli i słyszeli*".

Wiedząc, że jest to wolą Bożą, gdyby apostołowie bali się głosić ewangelię tylko ze strachu przed prześladowaniami i cierpieniem, chrześcijaństwo nie rozprzestrzeniałoby się.

Dzięki wysiłkowi apostołów, którzy ukochali Boga całym sercem i nie obawiali się śmierci, dzisiejsze chrześcijaństwo rozkwitło i zrodziło owoce.

Nie mogliśmy zaprzeczyć temu, co widzieliśmy i słyszeliśmy

Ci, którym otwarły się duchowe oczy, zobaczyli Jezusa, proroków oraz aniołów. Słyszeli również głosy duchowe. Kiedy zostali wypełnienie łaską Bożą i ujrzeli duchowe królestwo, zapragnęli rozmawiać o tym z innymi. Jednakże, pomimo iż opowiadali i wyjaśniali to, co widzieli, naturalną rzeczą było, iż podczas przekazywania z ust do ust opowiadanych historii, dodawano różne szczegóły oraz zapominano o innych.

Przekazywanie historii innym było w porządku, natomiast dodawanie czegoś od siebie oraz nieumiejętność powstrzymania się od koloryzowania, mogły przysporzyć problemów. Nie mogłem jednak powstrzymać członków kościoła przed opowiadaniem tylko ze względu na moje obawy. Musiałem to zaakceptować, aby mogli mieć więcej nadziei na niebo oraz dążyć do swojego celu – Nowego Jeruzalem, pogłębiając poziom swojej duchowości.

W czerwcu 1998 roku, przekazałem następujące słowa niektórym członkom kościoła: „Ponieważ niektórzy członkowie kościoła widzą duchowe królestwo, ja zostanę potępiony jako heretyk. Ogromna próba ma mieć miejsce w kościele. Jednak ponieważ wolą Bożą jest, abyśmy ujrzeli duchowe królestwo, nie mam wyjścia jak tylko podążać drogą, którą wszyscy zmierzamy".

Wiedziałem, że pewnego dnia sytuacja może spowodować wśród nas burzę, jednak nie powstrzymywałem ich przed ich widzeniami duchowego królestwa. To Bóg otworzył ich duchowe oczy i pozwolił im zobaczyć rzeczy duchowe, więc nie odważyłbym się ich powstrzymywać.

Im więcej wiemy o królestwie duchowym, tym więcej za nim tęsknimy I tym łatwiej będzie nam odciąć się od ciemności tego świata. Nasza nadzieja na królestwo niebieskie będzie wzrastać, tak jak i nasza wiara, dzięki czemu będziemy patrzeć w kierunku Nowego Jeruzalem.

Szatan zawsze poszukiwał Mesjasza, jeszcze zanim Jezus pojawił się na ziemi. Jak tylko Jezus narodził się, szatan pracował pozbawić go życia rękami Heroda. Podobnie, podczas publicznej służby Jezusa, szatan podbudzał złych ludzi, którzy ukrzyżowali Jezusa.

Ludzie mogą osiągnąć Królestwo Boże poprzez duchową walkę. Pastorzy oraz pracownicy Boga muszą być świadomi duchowej rzeczywistości. Bez jej znajomości, nie jesteśmy w stanie ćwiczyć naszej kontroli nad złem i szatanem. Tylko jeżeli odpowiednio poznamy charakter zła, będziemy w stanie nad nim zapanować i pokazać moc Bożą.

W Dziejach Apostolskich 16:16-18 czytamy, że przez wiele dni za apostołem Pawłem podążała pewna służąca, która utrudniała mu życie. Była opętana przez demona i potrafiła przepowiadać przyszłość. Paweł nie wypędził demona.

Mógł po prostu powiedzieć: „Duchu nieczysty, wyjdź w imieniu Jezusa!" i demon opuściłby ciało kobiety. Dlaczego więc Paweł pozostawił demona w spokoju? Postanowił zaczekać, ponieważ wiedział, że nie powinien tego robić.

Gdyby Paweł wypędził demona z ciała kobiety, mężczyzna, który zarabiał pieniądze dzięki jej przepowiadaniu przyszłości, straciłby źródło dochodu i Paweł byłby prześladowany. Kiedy jednak nie mógł znieść już obecności demona, postanowił go wypędzić, i co się stało? Został postawiony przed ludźmi, rozebrany i pobity. Zaczął krwawić, a następnie wtrącono go do więzienia.

Biblia zawiera opisy dotyczące duchowego królestwa. Szatan nie może znieść, kiedy ludzie mają możliwość wejrzeć w duchowe królestwo. Ponieważ ewangelia będzie głoszone i królestwo Boga nadejdzie. W 2 Księdze Królewskiej 6:17 czytamy: „*Potem Elizeusz modlił się tymi słowami: Panie! Racz otworzyć oczy jego, aby widział. Pan otworzył oczy sługi, a on zobaczył: oto góra pełna była ognistych rumaków i rydwanów otaczających Elizeusza*".

Eliasz zobaczył konie i powozy ogniste wokół góry dzięki swoim duchowym oczom. Również Szczepan, kiedy głosił ewangelię został wypełniony Duchem Bożym i rzekł: „ *I rzekł: Widzę niebo otwarte i Syna Człowieczego, stojącego po prawicy Boga"* (Dzieje Apostolskie 7:56). Jednak źli ludzie krzyczeli donośnym głosem, zakrywali swoje uszy i ruszyli w jego kierunku, by pozbawić go życia. Ukamienowali go. W 7 rozdziale Dziejów Apostolskich, kiedy Szczepan głosił poselstwo i mówił ludziom o ich grzechach, szatan był bardzo rozgniewany (Dz. Ap. 7:54).

Szczepan nie zostałby ukamienowany, gdyby nie mówił o tym, że otwarły się bramy nieba i widzi Jezusa. Ponieważ jego duchowe oczy otworzyły się, Szczepan mógł mówić o królestwie duchowym. Inni zaś nie potrafili pogodzić się z tym, że nie widzą tego, co widzi Szczepan i znienawidzili go całym sercem.

Tacy ludzie powtarzają: „Aniołowie? To iluzja! Mylicie się! To wszystko jedna wielka mistyfikacja!" Wielokrotnie wypowiadają fałszywe świadectwa.

Obrazy, ukazujące się na filarach sanktuarium

21 czerwca 1998 roku po nabożeństwie wieczornym, zobaczyliśmy wizerunek ludzi na czterech filarach głównej nawy sanktuarium. Wierzę, że Bóg był zadowolony, że zamierzałem udać się na górę modlitwy po zakończonym nabożeństwie wieczornym. Dzięki Jego aniołom mogliśmy ujrzeć postacie ludzi na filarach sanktuarium. Wielu ludzi mogło je dostrzec, więc były widoczne również w sposób normalny.

Obrazy przedstawiały Jezusa, którego bok został przebity na krzyży, oraz Pawła, Jana i Piotra. Nowiny szybko się rozeszły

Apostoł Jan

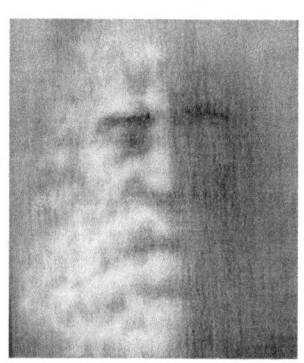

Apostoł Piotr

Jezus na krzyżu
Obrazy, które pojawiały się na filarze namalowane na
papierze przez malarza

i ponad 7000 ludzi odwiedziło nasz kościół w ciągu jednego tygodnia, aby zobaczyć obrazy.

Na wyspie Patmos, możemy obejrzeć obraz Jana. Jego czoło jest opuchnięte, ponieważ modlił się klęcząc i opierając swoją głowę o kamień. Na obrazie, który pokazał się na filarze sanktuarium, Jan miał również spuchnięte czoło. Piotr miał długą brodę.

Kiedy członkowie kościoła widzieli krwawiącego Jezusa z koroną cierniową na głowie oraz przebitym bokiem, byli bardzo wzruszeni. Obrazy te były widoczne na filarach przez wiele tygodni dniem i nocą. Ludzie robili zdjęcia i nagrywali filmy, a jeden z diakonów wykonał również szkic.

Bóg pokazał światło duchowego ciała

Człowiek ma ciało, jednak jego istotą jest dusza. Kiedy Bóg stwarzał człowieka, tchnął w nozdrza jego dech życia, a wtedy człowiek stał się istotą żyjącą (Księga Rodzaju 2:7). Kiedy nasze życie się kończy i idziemy do nieba, będziemy żyć jako istoty duchowe. Będziemy podobni do Jezusa i odzyskamy Jego obraz w naszym życiu, a każdy z nas będzie jaśniał Bożym światłem.

Kiedy Mojżesz zszedł z Góry Synaj z Dziesięcioma Przykazaniami Bożymi w ręku, jego twarz jaśniała tak intensywnie, że ludzie obawiali się do niego zbliżyć. Mojżesz nie był tego świadomy, dopiero gdy spostrzegł, że ludzie się go boją, zakrył swoją twarz (Księga Wyjścia 34:29-33).

Wydarzenie, które chcę opisać miało miejsce 25 lipca 1998 roku podczas drugiego spotkania w ramach piątkowych nocnych nabożeństw. Bóg miłości, który pragnął, aby wierzący mieli więcej nadziei na królestwo niebieskie, pokazał im światło duchowego ciała. Nie tylko tym, których duchowe oczy były otwarte, ale każdemu, kto był obecny.

W pewnej chwili moje ciało zaczęło jaśnieć duchowym światłem pochodzącym z mojego wnętrza. Zgromadzeni nie mogli zobaczyć osoby prowadzącej uwielbienie, ponieważ światło było tak intensywne. Pleciony pas z kwiatów, który prowadzący miał na sobie zmienił się w koronę. Kiedy wszedłem na środek ołtarza, moje ubranie wyglądało jak długa szata, a ja wydawałem się być wyższy.

Całe wydarzenie było również pokazane na dużym ekranie I członkowie, którzy byli zgromadzeni na nabożeństwie byli w stanie dobrze wszystko zobaczyć. Światło ogarnęło wszystko wokół, a osoby, które siedziały z przodu doświadczyły czegoś niesamowitego: ich zmęczenie zniknęło, a choroby zostały uzdrowione.

Jedną z tych osób była Kyeong-ok Kim. W październiku 1996 roku miała wypadek samochodowy. Doznała bardzo poważnego urazu obu nóg. Miała bardzo duże trudności z chodzeniem, nawet przy pomocy kul. Zaczęła przychodzić do naszego kościoła niedługo przed swoim wypadkiem.

Kiedy ujrzała światło podczas piątkowego nabożeństwa, w pierwszej chwili pomyślała, że to tylko jakieś odbicie. Jednak, kiedy przyjrzała się dokładnie, ci, którzy zbliżyli się do światła znikali. Była świadkiem tego, co się działo i widziała, że ja wyglądałem na wyższego i miałem na sobie coś jakby białą szatę.

Wiedziała, że to nie mógł być przypadek ani mistyfikacja, lecz działanie samego Boga. Ujrzała światło i zaczęła się obawiać, że straci wzrok.

Jednak po zakończonym nabożeństwie, okazało się, że mogła bez problem chodzić bez kul. Myślała, że do końca życia będzie

Bus po wypadku

zmagać się ze swoją niepełnosprawnością, jednak łaska Boża uzdrowiła ją i sprawiła, że Kim mogła prowadzić normalne życie. Jednakże, ponieważ było to duchowe doświadczenie, którego nauka nie potrafi wyjaśnić, nadawca stwierdził, że cała sytuacja została wymyślona i sfabrykowana.

Bóg chronił członków kościoła

Bóg chronił członków swojego kościoła, nie tylko w Seulu, ale również członków innych kościołów w całym kraju.

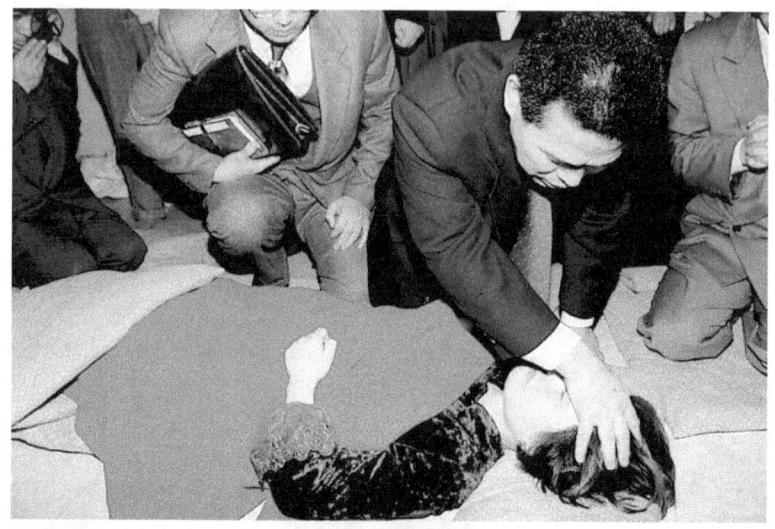

Sunhee Lee uzdrowiona
dzięki modlitwie

15 marca 1998 roku, kiedy członkowie kościoła Daegu Manmin byli w drodze na jubileuszowe nabożeństwo kościoła Masan Manmin, ich bus przewrócił się na drodze Kuma.

Jechali z prędkością 120 km/h. Prawa tylna opona przebiła się, bus całkowicie się obrócił, a następnie przewrócił na środkowy pas ziemi. W busie znajdowało się 12 osób dorosłych oraz 5 dzieci. Pojazd został całkowicie zniszczony.

Był to poważny wypadek, w którym można by było się spodziewać, że zginą wszyscy pasażerowie. Jednak Bóg ochronił swoich ludzi. Jedna z kobiet była w ciąży, jednak nie doznała żadnych urazów. Powiedziała, że kiedy wypadała przez okno busa i upadła na ziemię, czuła, że anioł ochrania jej ciało.

Sunhee Lee, inna uczestniczka wypadku, doznała urazu kręgosłupa oraz kręgów szyjnych. Na miejsce przyjechała karetka, która miała zabrać ją do szpitala. Jednak ona oraz członkowie jej rodziny woleli, aby zamiast do szpitala pojechała do kościoła Masan Manmin.

Po zakończonym nabożeństwie uwielbieniowym, doniesiono mi wieści o wypadku. Poszedłem do pokoju, w którym leżała Sunhee Lee. Modliłem się o jej szyję, ramiona i plecy.

Powiedziała, że podczas modlitwy poczuła coś gorącego jak ogień oraz, że odzyskuje siły. Zaraz po zakończonej modlitwie odzyskała umiejętność chodzenia. Dzięki modlitwie została również uzdrowiona z hemoroidów, na które cierpiała od dwóch lat.

Pomocna dłoń

23 grudnia 1998 roku diakon Joong-Ik Chun był liderem

Zdjęcie opublikowane z gazecie (Joong-Ik Chun
zakreślony kółkiem)

grupy antyterrorystycznej w specjalnym wydziale policyjnym
w Seulu. Tego dnia miała miejsce demonstracja buddyjskich
mnichów, którzy bezprawnie zajęli jedno z buddyjskich biur
kościelnych. Grupa została wysłana na miejsce do świątyni CHo

Joong-Ik Chun na służbie

Gye Sa.

Kiedy weszli na dach 15-metrowego budynku po zamocowanej do pojazdy drabinie, jej podpora nagle złamała się, a pojazd przewrócił się. Pięciu oficerów policji, którzy w tym momencie znajdowali się na drabinie, spadło.

Sytuacja została oczywiście opisana w prasie. Jednak w momencie, Kidy diakon Joong-Ik Chun spadał, zamiast myśleć o tym, że prawdopodobnie dozna poważnego urazu, wierzył, że Bóg go ochroni.

Gdyby spadł na twarz, jego kręgosłup połamałby się, a całe ciało byłoby uszkodzone. Jednak pierwsze uderzył o ziemię bokiem swojego kasku ochronnego. Czuł, że czyjaś dłoń podtrzymuje jego ciało, a przy samym upadku czuł, jakby na ziemi położone były warstwy bawełny.

Usłyszał głośny dźwięk. W pierwszym momencie poczuł się lekko zdezorientowany z powodu szoku, jednak kiedy rozejrzał się wokół, zobaczył, że świątynia Cho Gye Sa płonie.

Pozostali czterej członkowie grupy odnieśli poważne urazy, które doprowadzili do niepełnosprawności, jednak diakon Joong-Ik Chun nie doznał żadnych urazów.

Kiedy przewieziono go w karetce do szpitala wraz z innym członkiem jego grupy w celu skontrolowania ich stanu zdrowia, lekarze wciąż z zaskoczeniem powtarzali, czy to możliwe, że był on jednym z tych, którzy upadli z wysokości 5 piętra.

Modlitwa i łzy za tymi, którzy zdradzili i powodowali szkody

Nawet kiedy pracownicy kościoła lub pastorzy oszukiwali mnie lub byli nieposłuszni, nigdy nikogo nie karałem. Do samego końca starałem się przebaczać i miałem nadzieję, że się zmienią.

W 1987 roku jeden z pastorów chciał pracować w naszym kościele. Powiedział, że pragnie otworzyć kościół w Daejeon, więc postanowiłem wesprzeć go finansowo. W dniu otwarcia kościoła, niektórzy z moich współpracowników udali się na miejsce, jednak nie było tam żadnego kościoła. Pastor skłamał i uciekł z wyłudzonymi pieniędzmi.

Po kilku latach pastor ten przyszedł do mnie, ukłęknął i żałował tego, co zrobił. Wybaczyłem mu i nie pytałem o przeszłość. Pozwoliłem mu pracować w kościele. Ponownie powiedział, że pragnie otworzyć kościół w Daejeon, a ja pomogłem mu finansowo. Otworzył kościół, jednak prawdopodobnie z powodu problemów finansowych, odszedł i nie powiedział mi ani słowa.

Jezus nauczał Judasza do końca

Judasz Iskariot widział znaki i cuda, których dokonywał Jezus, a które mogły być wykonane jedynie dzięki mocy Bożej. Jednak mimo to, nie potrafił uwierzyć w Jezusa.

Nawet oczywiste i silne dowody nie pomogły i Judasz skupiał się na sprawach cielesnych. Nie mógł zaakceptować ani realizować Bożej woli w swoim życiu. Mimo to, Judasz był koniecznym elementem służby Jezusa oraz zbawienia. Biblia mówi, że on był tym, który wydał Jezusa na śmierć (Jan 6:71).

„Lecz pośród was są tacy, którzy nie wierzą. Jezus bowiem na początku wiedział, którzy to są , co nie wierzą, i kto miał Go wydać" (Jan 6:64).

Jezus próbował dać szansę Judaszowi, aby zrozumiał I ukorzył się, jednak uczniowie nie rozumieli, co Jezus miał na myśli. Wiedząc, że Judasz zamierza Go wydać, Jezus mimo to nadal wyciągał do niego swoją dłoń. Nie potępił go w obecności innych uczniów. Nie porzucił go.

Nawet ci, którzy zdradzają

Bez względu na to, jakie serca miały osoby, które przychodziły do kościoła, moim pragnieniem było, aby każdy otrzymał serce pełne dobroci. Nigdy nie myślałem o nikim: „Muszę na niego uważać, bo jego serce nie jest do końca dobre". Nigdy nie odgradzałem się od nikogo. Ufałem ludziom.

Starałem się ufać wszystkim, nawet kiedy wiedziałem, że knują zdradę. Wierzyłem, że zmienią się w przyszłości i nie pozostaną takim ludźmi, jakimi są obecnie. W takim sposób chciałem, aby wzrastali pastorzy i pracownicy Boga.

Pomimo tego, że ufałem ludziom, niektórzy z nich atakowali mnie i opuszczali kościół. Było mi bardzo przykro z powodu zła, jakie miało miejsce, bardzo zeszczuplałem i straciłem dużo energii.

W 1991 roku jeden z pastorów zgłosił się, aby przejąć kontrolę nad działalnością misyjną grupy „Światłość i sól". Ta grupa misyjna zajmuje się sektorem dystrybucji. W tamtym czasie, Bóg powiedział mi, że za kilka lat ten człowiek będzie atakował kościół. Prosiłem jego żonę, aby się za niego modliła, aby nie zmienił swojego sposobu myślenia i pozostał takim samym człowiekiem.

Ponieważ wiedziałem, w jaki sposób się zmieni, zająłem się grupą „Światłość i sól". W końcu w 1997 roku, człowiek ten opuścił kościół wraz z 30 innymi osobami. Powiedział, że będzie pomagał kościołowi z zewnątrz, jednak tak naprawdę chciał jedynie zwieść więcej osób i przyprowadzić ich do swojego kościoła. Rozpowiadał fałszywe oskarżenia i plotki, potępiał mnie mówiąc, że się mylę i zakłócał służbę kościoła.

Początek pierwszej próby

W czerwcu 1998 roku Bóg powiedział: „*Usunę z twojego kościoła chwasty, jednak kilka z nich zostanie*". Popadłem w rozpacz. W lipcu kościół został poddany próbie.

Być może nie jestem zbyt silny I wciąż przebaczam ludziom ich upadki i popełniane błędy. Nawet jeżeli zachowywali się w naprawdę nieodpowiedni sposób, modliłem się za nich z płaczem, ponieważ pragnąłem, aby żałowali i zawrócili ze złej drogi. Bóg powtarzał mi wiele razy, że powinienem zapomnieć o takich ludziach.

„Ojcze, czy nie możemy im wybaczyć? Jak można ich ocalić? Proszę, wybacz im!" W 1998 roku pościłem i modliłem się do Boga z płaczem przez wiele miesięcy. Otrzymałem odpowiedź: „*Jeżeli rzeczywiście się ukorzą, otrzymają wybaczenie*".

Kiedy otrzymałem odpowiedź od Boga, starałem się uświadomić ludziom oraz poradzić im, jednak nie chcieli słuchać. Członkowie kościoła nie rozumieli, dlaczego płakałem podczas kazań.

Od momentu otwarcia naszego kościoła, co roku organizowałem konferencję pastorów, aby wspierać ich duchowy wzrost. W lipcu 1998 roku musiałem podjąć decyzję na tydzień przed konferencją.

Ponownie otrzymałem odpowiedź: „*Mój sługo, ponieważ ty nie jesteś w stanie tego zrobić, ja to uczynię. Nie możesz ich poruszyć, więc ja to zrobię*".

Nie mogłem zaakceptować ludzi, których nie akceptował Bóg. Diabeł chodził wokół nich jak lew ryczący (1 Piotra 5:8). Wiedziałem, że szatan zaangażuje złych ludzi, aby spróbowali mnie zniszczyć, jednak ja zostawiłem tę sprawę Bogu, aby ją rozwiązał. Ludzi ci byli opętani przez demony.

Niektórzy członkowie kościoła widzieli obraz Lucyfera, władcy złych duchów oraz lidera armii niebieskiej, Archanioła Michał, walczących ze sobą zawzięcie o ludzi stojących pomiędzy nimi, którzy zdradzali kościół.

Modliłem się za nich i pragnąłem, aby zmienili się i nawrócili do Boga. Wtedy usłyszałem głos Boży: „*Mój sługo, musisz zostawić tych ludzi. Tak długo, jak będziesz trzymał ich w swoim sercu, Michał Anioł będzie o nich walczył. Musisz usunąć ich ze swojego serca, aby mógł działać*".

„Niech się dzieje Twoja wola"

Nie byłem w stanie nic zrobić, więc zaprzestałem moich modlitw za tymi ludźmi. Wtedy próba rozpoczęła się w pełni.

Byli ludzie, którzy popełnili ogrom grzechów i Bóg postanowił ich od siebie oddalić. Ludzie ci zabrali się ze sobą.

„A po spożyciu kawałka /chleba/ wszedł w niego szatan. Jezus zaś rzekł do niego: Co chcesz czynić, czyń prędzej. Nikt jednak z biesiadników nie rozumiał, dlaczego mu to powiedział" (Jan 13:27-28).

W lipcu 1998 roku kilka osób, które postanowiły mnie zdradzić, zaczęło snuć swoje plany po zakończeniu konferencji pastorów. Jedna z osób powiedziała, że będzie modlić się przez ponad miesiąc, żałować za grzechy aż Bóg jej wybaczy.

Bóg obdarzył ją wieloma darami Ducha Świętego od momentu otwarcia kościoła. Jednak rzadko widziałem, aby się modliła. Przez wiele lat była nieposłuszna Bogu i nie była w stanie się z nim komunikować. Duch Święty zaprzestał w niej swojego działania.

Bóg zabrał dary, którymi ją wcześniej obdarzył. Co więcej, ponieważ były osoby, które wzrastały jako liderzy uwielbienia, poczuła się zagrożona i na jaw wyszła jej zazdrość. Radziłem jej, aby w pełni poddała się Bogu. „Udaj się na górę modlitwy, okaż skruchę przed Bogiem w modlitwie i usuń wszystkie ściany grzechu oddzielające cie od Boga".

Jej odpowiedź na moją radę była bardzo zaskakująca. Powiedziała: „Obserwowałam cie przez ostatnich 17 lat i wiem, że nigdy nie naruszyłeś prawdy. Prowadzisz życie bez skazy i Bóg bardzo cię kocha".

Jednak nie udała się na górę modlitwy, aby się modlić. Nagle stała się jednym z kluczowym członków biorących udział w zdradzie. Ponieważ jej grzechy były znane innym osobom i nie mogła ich już dłużej ukrywać, spotkała się z tymi, którzy opuścili kościół i zaczęła wraz z nimi knuć zło.

Rozpowiadała wiele fałszywych oskarżeń i plotek, a nawet publikowała pewne materiały. Rozpowszechniała je do różnych instytucjo kościelnych, pracy oraz pastorów innych wyznań. Opublikowała je nawet na Internecie. Informacje te zawierały wiele punktów, które miały na celu wytknięcie mi herezji. Liczba informacji rosła, aż osiągnęła ponad 100 punktów. Pokazywali sfałszowane dokumenty stacjom nadawczym, które transmitowały moje kazania, próbując przeszkodzić ich transmisji.

Jej pragnieniem było zniszczenie mnie. Chciała zostać liderem kościoła i przejąć wszystkie moje obowiązki. Otworzyła kościół w pobliżu mojego i opowiadała ludziom przedziwne historie.

Dzięki fałszywym świadkom, których udało jej się znaleźć, napisała kilka listów, nagrała kasety i rozpowszechniała je. Chciała namieszać w głowie członkom kościoła i sprawić, aby zaczęli przychodzić do niej. Musiałem poinformować członków kościoła o całej sytuacji.

Widziałem, że kłamstwa były tak silnie rozpowiadane, że zaczęły przysłaniać prawdę.

Kiedy żona Potyfara próbowała uwieść Józefa, On odrzucił jej zaloty. W Księdze Rodzaju 39:12 czytamy: *„uchwyciła go ona za płaszcz i powiedziała: Połóż się ze mną! Lecz on [wyrwał się], zostawił płaszcz w jej ręku i wybiegł na dwór"*.

Żona Potyfara rozpowiedziała kłamstwa na temat Józefa, wpierając ludziom, że próbował ją zgwałcić, jednak kiedy zaczęła krzyczeć, uciekł, zostawiając swoją szatę. Potyfar rozgniewał się, kiedy usłyszał, co się stało. Nie pytał o nic Józefa. Wtrącił go do więzienia, gdzie zamknięci byli więźniowie skazani przez króla. Jeżeli decydujemy się na osad na podstawie słów jednej osoby, najprawdopodobniej nasz osąd będzie zły.

Józef został niesłusznie oskarżony i wysłany do więzienia. Jednak nic nie powiedział, ponieważ wiedział, że rodzina jego pana byłaby rozbita, gdyby powiedział prawdę. W więzieniu Józef doświadczył i zobaczył wiele zła i fałszu.

Józef nauczył się zarządzania, zarządzając domem Potyfara. Kiedy był w więzieniu, nauczył się polityki. Bóg był z nim nawet w więzieniu. A w końcu Józef został mianowany zarządcą Egiptu. To sam Bóg udowodnił jego niewinność.

Opatrzność i uzdrowienia

W listopadzie 1998 roku, kolejna próba się rozpoczęła. Wśród pastorów w naszym kościele była zarówno pszenica i chwasty. Była również pewna rodzina, która doświadczyła szczególnej Bożej łaski.

W 1989 roku trzy osoby z tej rodziny, łącznie z matką pastora, było bliskich śmierci z powodu zatrucia gazem, jednak dzięki moim modlitwom zostali całkowicie uzdrowieni i nie cierpieli z powodu żadnych urazów. Byli dużą rodziną, a większość z nich doświadczyło uzdrowienia ze śmiertelnych chorób przez moje modlitwy.

Doświadczyli wiele łaski i miłości Bożej, jednak kiedy stali się w kościele bardziej rozpoznawalni, a ich pozycja wzrosła, stali się aroganccy. Dałem im szansę, aby się zmienili i żałowali, ale nie nawrócili się do samego końca. Cała sytuacja skończyła się tak, że pastor zabrał pewne tajne dokumenty kościelne. Jego grzechy zostały ujawnione.

Kiedy ich grzechy zostały ujawnione, jego rodzina opuściła kościół. Otworzyli kościół w pobliżu mojego. Również rozpowiadali fałszywe plotki wśród członków kościoła i zapraszali ich do siebie.

W tym samym czasie, również inni pastorzy kościelni mieli egoistyczne pragnienia i opuścili kościół. Zjednoczyli się i wspólnie rozpowiadali plotki, aby oszukać członków kościoła i zwieść ich z właściwej drogi. Na początku robili to dla własnych korzyści, jednak w końcu doszło między nimi do porozumienia i zaczęli ze sobą walczyć.

Ponieważ Bóg zna plany szatana, poruszył moje serce, abym zorganizował nabożeństwo odrodzeniowe. Od pierwszego tygodnia listopada chorzy ludzie byli uzdrawiani ze swoich chorób przez kolejnych 6 tygodni. Nawet ludzie sparaliżowani wracali do zdrowia. Wiele osób wstawało z wózków inwalidzkich i zaczynali chodzić. Znikały nowotwory. Wielu ludzi doświadczało cudów Boga.

Znaki działania Bożego opisane w Biblii miały miejsce każdego dnia. Dziękowałem Bogu całym sercem. Żyjący Bóg pokazał nam, jak bardzo nas kocha, oraz że był, jest i będzie naszym Bogiem. To opatrzność Boża i Jego działanie pomogły członkom naszego kościoła przejść przez wszystkie próby.

W listopadzie 1998 roku, starsza kobieta o imieniu Boonneum Kim przyjechała odwiedzić swojego syna w Seulu. Jej kręgosłup był bardzo krzywy z powodu pracy na farmie. Cierpiała od 10 lat. Było jej przykro, że nie mogła bawić się wnuczką, ani nosić jej „na barana".

Wzięła udział w nabożeństwie ewangelizacyjnym, ponieważ

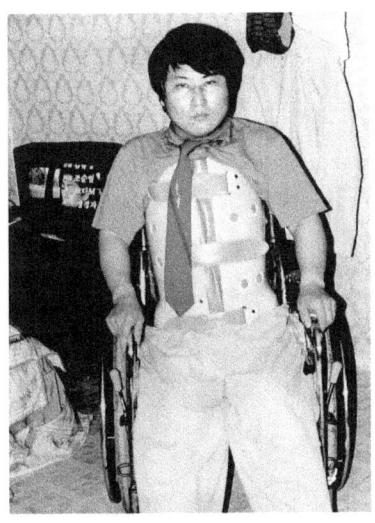 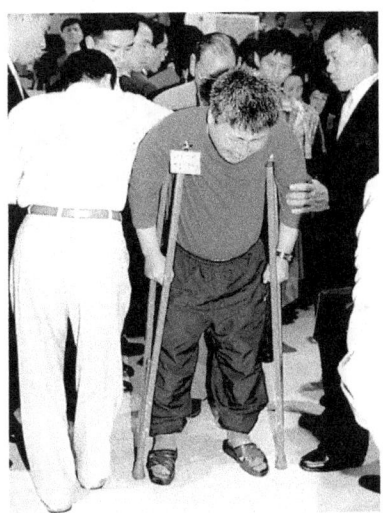

Yoonsup Kim przed uzdrowieniem z gorsetem ortopedycznym oraz na wózku inwalidzkim

Modlitwy podczas spotkania ewangelizacyjnego w 1999 roku

jej syn poprosił ją o to. Podczas nabożeństwa otrzymała modlitwę i jej kręgosłup wyprostował się. Chwaliła Boga całym sercem.

Przed nabożeństwem odrodzeniowym w listopadzie 1998 roku, Yoonsup Kim był całkowicie niepełnosprawny. Nie był w stanie poruszać się bez wózka inwalidzkiego. W maju 1990 roku, spadł z piątego piętra budynku, w którym wykonywał prace elektryczne.

Został zabrany do szpitala, w którym leżał nieprzytomny przez 6 miesięcy. Miał połamane kręgi szyjne oraz kręgi lędźwiowe. Jego wątroba była uszkodzona. Ogólny stan był krytyczny.

Całkowicie uzdrowiona.

Po leczeniu oraz terapiach, w 1993 roku w końcu postawiono mu diagnozę niepełnosprawności pierwszego stopnia. Kiedy cierpiał, jego sąsiedzi zaczęli głosić mu ewangelię i postanowił przyjść na nasze spotkanie ewangelizacyjne.

Yoonsup Kim nie był w stanie nawet sam skorzystać z toalety, jednak kiedy modliliśmy się za niego, wstał z wózka inwalidzkiego! Po niedługim czasie nie potrzebował szelek na kręgosłup i zaczął chodzić przy pomocy kul. Mógł położyć się na płasko. W następnym roku, w maju 1999, wziął udział w szczególnym dwutygodniowym spotkaniu ewangelizacyjnym. 12 maja doświadczył mocy ognia Ducha Świętego.

Przed spotkaniem musiał chodzić o kulach, co oczywiście nie było łatwe, jednak kiedy Duch Święty dotknął jego nóg,

Kim mógł chodzić samodzielnie. Był to niezwykle poruszające moment, kiedy po raz pierwszy 9 lat od wypadku, Kim zaczął chodzić. Później ożenił się i teraz ma piękną córkę.

Bóg nauczył członków kościoła, jak wyprać swoje szaty

Bóg pragnął nauczyć członków naszego kościoła, w jaki sposób zwyciężać z dobrocią i miłością. Jednym z powodów, dla których Bóg dopuszczał na nas próby było obdarzenie mnie mocą do realizowania światowej misji oraz ponieważ Bóg chciał, aby wszyscy członkowie kościoła wyprali swoje szaty. Pragnął, abyśmy oczyścili swoje serca, odcięli się od wszelkich form zła i stali się uświęceni.

Radziłem członkom kościoła, aby nie patrzyli, nie słuchali ani nie wypowiadali czegoś, co nie było prawdą. Bóg pragnie, aby nasze usta były święte. Dzięki temu unikniemy osądzania, potępiania czy pomówień; ciemność nie będzie mogła się wtargnąć, a szatan nie będzie w stanie siać niezgody.

Szatan nie może oskarżać wierzących, którzy żyją w światłości. Dzięki próbie, członkowie mieli możliwość zrozumieć prawdę oraz samodzielnie ją znaleźć. Jednakże, niektórzy spotkali się z ludźmi, rozsiewającymi ziarno ciemności, dali się zwieść i opuścili kościół.

W grudniu 1998 roku Bóg nakazał mi się modlić, abym otrzymał tyle Bożej mocy, abym był w stanie ożywić zmarłego Łazarza tak, jak uczynił to sam Jezus. Jeżeli otrzymam moc Bożą na tyle potężną, aby wzbudzić z martwych Łazarza, będę w stanie bardzo szybko zrealizować misję światową.

Jednak mocy Bożej nie można otrzymać zbyt łatwo. Nasza wiara musi być odpowiednia. Z tego względu musimy przejść wiele ciężkich prób, aby zdobyć charakter dobroci i miłości na wysokim poziomie.

Zanosiłem do Boga ślubowane modlitwy z radością

W 1998 roku z powodu wszystkich zadziwiających sytuacji, nie mogłem jeść. Modliłem się z żalem. Szybko traciłem na wadze i nie miałem zbyt wiele energii.

Nie rozumiałem, jak ludzie, którzy widzieli i doświadczyli działanie i cudów Bożych oraz słuchali słowa prawdy, mogli zmienić się w jednej chwili, by stać się prześladowcami kościoła. Kiedy rozmyślałem o ich złym zachowaniu, odczuwałem ból i było mi ich żal.

Z zapałem modliłem się za chorymi przez sześć tygodni, więc z tego powodu również straciłem energię. Schudłem o 10 kg. Kiedy szedłem, bałem się, że upadnę. Gdybym stracił jeszcze choć trochę na wadze, nie mógłbym głosić kazań na nabożeństwach. Pewnego dnia, kiedy się modliłem, Bóg poprosił mnie o modlitwę ślubowaną.

„Idź na górę modlitwy i módl się. Módl się o światową misję. Zabrałem ci twoją fizyczną energię, abym mógł wypełnić się swoją niebiańską. Nadszedł odpowiedni czas, dlatego módl się, abyś mógł otrzymać moc, by wzbudzać z martwych".

W styczniu 1998 roku modliłem się przez miesiąc. Bóg poruszył moje serce, abym modlił się o światową misję oraz o to, aby opatrzność Boża wypełniła się w czasie końca. Bóg uświadomił mi moc silniejszą niż moc, która ożywia z martwych i nakazał mi modlić się o „moc nad moce".

Bóg przyjmował moje modlitwy oraz odpowiadał na nie. Jedną z najbardziej niesamowitych rzeczy jest również to, że moje ciało zaczęło się zmienić i odzyskałem siłę. Byłem bardzo zaskoczony. Kiedy byłem młody, marzyłem o ciele w kształcie „odwróconego trójkąta" i otrzymałem od Boga ciało, o jakim marzyłem – silną klatkę piersiową i szerokie ramiona.

Zrobiłem się wąski w pasie i odzyskałem tyle energii, jakbym był dwudziestolatkiem. Bóg zmienił mój ciało, abym mógł wykonywać dla Niego więcej pracy i nie męczyć się.

Szatan próbował mnie zniszczyć, jednak Bóg mnie chronił. Dał mi siłę w jednej chwili. Diakon, który mnie woził, był również bardzo zdziwiony tą zmianą i robił mi zdjęcia. Moi współpracownicy nie mogli uwierzyć w zmianę, którą zobaczyli.

Rozdział 3

Jakie było nastawienie Jezusa, kiedy wspinał się na wzgórze Golgoty z krzyżem na plecach?

Początek trzeciej próby

Odkąd zakończyłem miesiąc modlitwy ślubowanej, zanosiłem modlitwy do Boga jeden raz w miesiącu aż do kwietnia. Za każdym razem, kiedy się modliłem, nie mogłem powstrzymać smutku z powodu tych, którzy opuścili kościół i atakowali mnie oraz kościół. Nie potrafiłem się odpowiednio modlić.

W kwietniu 1999 roku doszło do mnie w modlitwie słowo Boga. Powiedział, że nie wybaczy zła dokonanego przez tych ludzi oraz, że modliłem się za nich już wystarczająco długo, dlatego teraz Bóg pokaże swoje działanie przekraczając czas i przestrzeń. Już wcześniej uzdrawianych było wielu ludzi dzięki modlitwom przez Internet nawet w innych krajach. Bóg powiedział mi, że tego rodzaju praca rozwinie się obecnie na pełną skalę.

Rzekł do mnie: *„Mój sługo, nie módl się więcej za tymi, którzy szerzyli oszczerstwa i opuścili cię, Nie smuć się bez względu na to, co im się przydarzy. Nie będę im już przebaczał.*

Nie przebaczę nikomu, kto przeszkadza w pracy kościoła".
Wielu pastorów, którzy opuścili kościół, zjednoczyło się ze
sobą. Ponieważ ich działania wyszły na jaw, postanowili snuć
plany przepełnione złem. Jednym z pastorów była kobieta, która
była bardzo zazdrosna i kontrolowana przez szatana.

Ci, którzy opuścili kościół dla własnej korzyści planowali
zniszczyć kościół. Jednoczyli się w celach osobistych, jednak kiedy
te cele okazywały się odmienne, odchodzili od siebie poróżnieni.

W kwietniu 1999 roku, kiedy zakończyłem czwartą modlitwę
ślubowaną, Bóg powiedział mi, że trzecia próba będzie miała
miejsce. Była to opatrzność Boża. Jeśli zwyciężę w tej próbie, Bóg
da mi nieograniczoną moc, której nie sprzeciwi się nawet szatan.

Bóg powiedział mi, że tegoroczne spotkanie ewangelizacyjne
będzie bardzo nagłośnione i że staniemy się znani na całym
świecie dzięki rozpowszechnianym przez media informacjom.
Powiedziałem członkom kościoła podczas kazania, że dzięki
transmisjom medialnym wiele ludzi usłyszy o naszym kościele.
Jednak nigdy nie spodziewałem się tego, co miało miejsce.

Nadawcy powinni zachować obiektywność

W maju 1999 roku odbyło się dwutygodniowe spotkanie
ewangelizacyjne. Ponieważ zamiary niektórych osób, aby mnie
zniszczyć nie powiodły się, postanowili spróbować ostatniej
możliwości – transmisja, którą oglądały miliony ludzi.

Zaplanowali zniszczenie kościoła dzięki nadawanym
programom. Wysyłali fałszywe dokumenty oraz informacje o
fałszywych świadkach do redakcji MBC (Munhwa Broadcasting
Corporation).

15 kwietnia 1999 roku redakcja robiła program w oparciu o niniejsze informacje i dokumenty. Transmisja została zaplanowana na 4 maja.

Oczywiście, nadawca powinien być obiektywny i sprawdzać ważność oraz rzetelność informacji. Mieli w planach emisję programu, który zawierał informacje niezgodne z prawdą. Ze względu na to członkowie kościoła prosili osoby w redakcji, aby nie transmitowali tak jednostronnego programu.

Powiedzieliśmy im, że ponieważ wkrótce odbędzie się wielkie szczególne spotkanie ewangelizacyjne, będziemy z nimi współpracować po jego zakończeniu.

Jednakże kilka osób z redakcji przyszło do mnie 7 maja, abym udzielił wywiadu. Nie byli ze mną umówieni. Przyszli z kamerą i chcieli ze mną porozmawiać, a ja nie byłem nawet świadomy, że weszli do mojego domu, ponieważ nikt mi nie powiedział.

Wyszedłem z domu do kościoła na cotygodniowe piątkowe nabożeństwo nocne. Zazwyczaj nigdy nie spóźniam się na nabożeństwa, a nawet jeśli spóźnię się minutkę, w ramach pokuty, przyśpieszam nabożeństwo.

Ponieważ pracownicy kościoła wiedzieli o tym, wyjaśnili osobom z redakcji, że nie mogę udzielić im wywiadu. Niestety, ludzie z redakcji powiedzieli później, że dali kościołowi szansę na wywiad, jednak ja z niej nie skorzystałem i uciekłem.

Wielkie zaskoczenie dla całego świata

Pracownicy kościoła złożyli podanie o zakaz transmisji. Ponieważ apelacja została uwzględniona, transmisja została przełożona o tydzień. 11 maja sąd ponownie zakazał transmisji przygotowanego programu.

Po tym, pracownicy kościoła spotkali się z producentami i poprosili o transmisję po zakończeniu spotkania żywieniowego i tylko pod warunkiem, że sprawdzą wszystkie fakty. Jednak nasze prośby zostały zignorowane i termin transmisji został ustalony.

Program miał być transmitowany o godzinie 23.00 11 maja, czyli siódmego dnia spotkań ewangelizacyjnych. Jak zwykle, nabożeństwo zakończyło się około 22.20. Jednak wydarzyło się cos niespodziewanego. Po zakończonym nabożeństwie, wróciłem do domu, a następnego dnia otrzymałem szokujący raport od pracowników kościoła.

O około 22.20 tego dnia, po nabożeństwie ewangelizacyjnym, niektórzy z członków kościoła udali się do redakcji, aby protestować. Wiedzieli, że program ma zostać transmitowany, pomimo wielu fałszywych faktów, które zawierał, dlatego też poczuli, że muszą protestować. Przybyli do redakcji o około 23.05.

Na początku zgromadziło się około 20-30 osób, a ponieważ nie było żadnych strażników, weszli do środka. Spotkali kogoś na czwartym piętrze i zapytali, gdzie znajduje się studio transmisyjne. Niektórzy mówili, że na czwartym, inni, że na siódmym piętrze, dlatego członkowie rozdzielili się, by kontynuować poszukiwania.

Kiedy niektórzy z nich trafili na drugie piętro, jedne z drzwi było otwarte, więc weszli do środka. Wtedy zobaczyli ścianę pełną ekranów telewizyjnych, na których emitowany był program o naszym kościele.

Kiedy zobaczyli wszystkie bezpodstawne oskarżenia na temat naszego kościoła, bardzo się rozzłościli. Doszło do kłótni między ludźmi w redakcji a członkami kościoła, ponieważ zażądali oni wstrzymania transmisji. Ktoś zwyczajnie wyłączył nadawanie programu. Dowiedział się o tym cały świat.

Nacisk na przestrzegania prawa

Zawsze nauczałem ludzi, aby przestrzegali nie tylko oprawa Bożego, ale również prawa państwowego w małych i dużych kwestiach. Większość członków naszego kościoła zachowywała prawo, służyła społeczeństwu oraz żyła jako światłości i sól tego świata.

Jednakże tego dnia, niektórzy nie potrafili sie kontrolować I naruszyli prawo. Kościół musiał stawić czoła wielkiemu zniszczeniu. Pomimo tego, że mieliśmy rację, nikt nie powinien był łamać prawa.

Aby uspokoić niektórych członków, pastor Joo podszedł do stołu w głównym pomieszczeniu kontrolnym. „Nie róbcie nikomu krzywdy i nie niszczcie sprzętu. Nie dotykajcie niczego. Chodźmy stąd jak najszybciej". Jednak w wiadomościach pokazano całe wydarzenie tak, jakby pastor Joo kontrolował zachowanie obecnych.

Nadawca potępił wszystkich członków kościoła jako ludzi wywołujących zamieszki. Usunęli nagranie dźwięku i można było zobaczyć jedynie gesty. Raport jednak pokazał sytuację w zupełnie inny sposób. Wiele rzeczy jest zaplątanych za ekranami telewizyjnymi.

Na stole w pomieszczeniu kontrolnym znajdował się duży aparat. Obok niego leżała soczewka fotograficzna. Aparat był prawdopodobnie przez kogoś naprawiany. Natomiast w wiadomościach pokazano, że któryś z naszych członków kościoła poważnie uszkodził sprzęt.

Ci, którzy nie wiedzieli, co się dzieje, z pewnością uwierzyli wiadomościom.

Z powodu tego wydarzenia, ludziom ukazał się negatywny obraz naszego kościoła, który włamał się do redakcji i siłą powstrzymał transmisję. Wielu członków kościoła, którzy prowadzili dobre życie, utraciło reputację z powodu tego wydarzenia.

Oczywiście, to wszystko nie było zaplanowane. Był to nieprzewidziany bieg wydarzeń, jednak musieliśmy publicznie przeprosić. Ze względu na spowodowanie publicznych kłopotów, złożyliśmy oświadczenie, w którym przeprosiliśmy za to, co się stało.

Jednakże moim zdaniem, stacja nadawcza i redakcja mogły spodziewać się, że członkowie kościoła zjawią się, by protestować, ponieważ stacja zamierzała transmitować bezpodstawne i jednostronne potępienie dużego kościoła. Gdyby przy wejściu znajdowali się strażnicy, ludzie nie byliby w stanie wejść do środka tak łatwo.

Prasa opisywała, że członkowie naszego kościoła dokładnie

zaplanowali całe wydarzenie. Policja wzywała wielu członków, którzy protestowali i przesłuchiwała ich. Wtedy okazało się, że to był przypadek.

Nadawca przygotował program w oparciu o fałszywe informacje dostarczone przez tych, którzy chcieli zniszczyć kościół. Z powodu całej sytuacji nie tylko kościół, ale i członkowie ponieśli wielkie szkody. Byli uważani za członków kościoła, w którym jest przemoc. Wiele młodych osób uznano za wyrzutków w szkołach. Wielu z nich nie mogło już uczęszczać do kościoła.

Uczciwy obywatel traci pracę

W tamtym czasie diakon Ikseon Yu był starszym policjantem. Pracował w swoim zawodzie od ponad 20 lat. Był uważany za dobrego policjanta oraz chrześcijanina, który przekazywał innym ewangelię. Jednak wielu z tych, którzy opuścili kościół, próbowali wtrącić go do więzienia i rozpowszechniać fałszywe informacje wśród innych policjantów oraz w mediach.

Oskarżali go o to, że prowadził protest oraz udał się do redakcji z innymi członkami kościoła. Prasa uznała, że to bardzo ciekawa historia – policjant biorący udział w takim wydarzeniu.

Został wezwany przez policję i przesłuchiwany. Media uznały, że policjant celowo wziął udział w proteście. 17 maja o 9.00 wiadomości przekazywały następujące informacje:

„Policja podjęła śledztwo w sprawie oficera Yu, który wziął udział w proteście w budynku Munhwa Broadcasting Corporation. Okazało się, że tamtego dnia oficer Yu po pracy

udał się do kościoła, wiedząc, że członkowie kościoła wybierają się do redakcji, jednak nie zgłosił tego policji..."

Prawdą jest, że śledztwo policyjne wykazało, iż oficer Yu był w kościele, kiedy inni członkowie udali się do redakcji i zadzwonił do redakcji telewizyjnej, kiedy członkowie byli w drodze, aby redakcja była przygotowana na ich przybycie.

Aby prawda wyszła na jaw, Yu złożył podanie do komisji Press Arbitration o wycofanie oraz poprawkę podanych informacji, jednak później musiał to odwołać ze względu na kogoś innego. Policja prowadziła śledztwo przez półtora miesiąca, jednak nie znaleźli przeciw niemu żadnych dowodów. Śledztwo zostało zakończone, a Yu został uznany za niewinnego.

Po tym wydarzeniu nadal pracował jako oficer policji przez półtora roku, jednak ciągle był obserwowany. Ludzie patrzyli na niego z podejrzliwością, więc w końcu zdecydował się zrezygnować. Uczciwy i wiarygodny obywatel oraz oficer policji prawie został uznany za kryminalistę z powodu fałszywych oskarżeń. Z tego względu w końcu musiał rzucić pracę.

Boże działanie jest niezmienne

3 maja 1999 roku odbyło się szczególne dwutygodniowe spotkanie ewangelizacyjne pod tytułem „Bóg jest miłością" (1 Jana 4:16). Bóg pokazał wiele znaków i cudów oraz działał w niezwykły sposób podczas spotkanie ewangelizacyjnego.

Napshim Park miała 85 lat. Uczęszczała do kościoła w Goesan, w prowincji Choongbook. Była poruszona kazaniami, które przesyłał jej syn z naszego kościoła. Od urodzenia nie widziała na lewe oko i opadała jej powieka.

Kiedy miała 30 lat została spoliczkowana przez swojego wujka z powodu tego, że wierzyła w Pana Jezusa. Z tego powodu pękła jej błona bębenkowa. Od tego momentu nie słyszała na prawe ucho. Jednak 3 maja 1999 roku pierwszego dnia spotkania ewangelizacyjnego, okazało się, że widzi na lewe oko i słyszy na prawe ucho.

Była w stanie wyraźnie widzieć na lewe oko po raz pierwszy

od 85 lat oraz słyszała na prawe ucho po raz pierwszy od 55 lat. Została uzdrowiona.

Heekyeong Song została uzdrowiona dwa lata wcześniej. Urodziła się o dwa miesiące za wcześnie. Miała paraliż dziecięcy i nie mogła poruszać swoją lewą ręką i nogą od urodzenia.

Odzyskała częściową sprawność dzięki leczeniu, jednak jej lewa ręka był o 4cm krótsza niż prawa. Miała krzywy kręgosłup, a jej miednica była przekręcona. Bardzo cierpiała. Kuśtykała, więc inne dzieci naśmiewały się z niej.

Zaczęła chodzić do college'u w 1997 roku oraz uczęszczała na piątym dwutygodniowym szczególnym spotkaniu ewangelizacyjnym po raz pierwszy. 6 maja 1997 roku otrzymała moją modlitwę na pierwszym spotkaniu dla chorych. Odzyskała siłę w nogach i zaczęła chodzić.

Wydarzył się cud. Jej lewa noga dotykała ziemi. Zabrano ją do szpitala i okazało się, że jej krótsza noga wydłużyła się. Jej kręgosłup oraz miednica wyprostowały się. Wyszła za mąż i ma dwójkę dzieci.

Od czasu, kiedy transmitowano program na temat naszego kościoła, wielu dziennikarzy z CNN, ABC, BBC, NKH przybywało do naszego kościoła. Nagrywali filmy i robili zdjęcia, obserwując cuda, które miały miejsce podczas nabożeństw.

Niektórzy z nich wysłali swoje raporty do głównej siedziby. Raporty opisywały, jak niewidomi odzyskiwali wzrok, odrzucali kule i wstawali z wózków inwalidzkich. Opisywali to, co rzeczywiście miało miejsce.

Od wydarzenia w redakcji, nie byłem w swoim domu przez kilka miesięcy, ponieważ zostałem w kościele, aby się modlić. Byłem bardzo zaszokowany, zeszczuplałem i trzęsły mi się nogi.

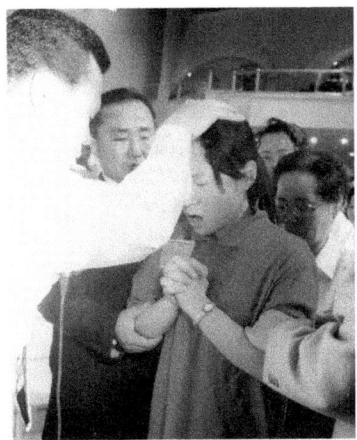

Powyżej: Modlitwy podczas spotkania ewangelizacyjnego (1997)
Poniżej: Rodzina Heekyeong Song

Do tamtej chwili nasz kościół wykonywał dobrą pracę dla Boga. Organizowaliśmy wiele nabożeństw, które miały na celu rozwój kościołów chrześcijańskich oraz wykonywaliśmy prace społeczne. Nigdy nie powodowaliśmy w społeczeństwie żadnych problemów.

Było wiele rodzin, które nie rozpadły się dzięki naszej pracy. Małżeństwa, które miały się rozwieść zmieniały się w szczęśliwe rodziny. Wielu ludzi zostało uzdrowionych i prowadziło zdrowy tryb życia. Wielu ludzi, którzy przyszli do kościoła w biedzie, otrzymywało finansowe błogosławieństwa i wzbogacało się, żyjąc w słowie Bożym.

Redakcja zwyczajnie nie miała zamiaru pokazywać wykonywanej przez nas dobrej pracy. Uznali, że wszystkie duże kościoły mają problemy, więc to, co się działo było podobne do polowania na czarownice.

Jednakże był to rodzaj przemocy, skoro słuchali jedynie osób, które dostarczały im fałszywych informacji, napisali historię i rozgłosili ją jako prawdziwą. Jest to zupełnie niezrozumiałe, aby redakcja przygotowała tak jednostronny i subiektywny program. Jednak prawą jest oczywiście, że pewne niedojrzałe zachowania członków kościoła również przysporzyły nam wielu trudności.

Jedyne, co mogłem zrobić, to myśleć o Jezusie, który w ciszy przyjął swój krzyż. Mogłem jedynie pościć i modlić się ze łzami przed Bogiem, który wiedział o wszystkim.

W moich kazaniach nie wspominałem imion osób, które rozpowszechniały fałszywe informacje I wydawały fałszywe świadectwo.

Zostałem poważnie zniesławiony, jednak gdybym odsłonił ich

winy, trudno byłoby im kiedykolwiek wrócić. Dlatego chciałem wziąć winę na siebie. Jednak pracownicy kościoła uważali, że wykonanie pracy misyjnej byłoby zbyt trudne do osiągnięcia, jeżeli ludzie nie poznaliby prawdy. Dlatego też pozwali redakcję.

W maju 1999 roku, kiedy program był transmitowany, starszy Jongman Lee, przewodniczący oraz przedstawiciel Stowarzyszenia Chrześcijańskiej Misji Ewangelizacyjnej na Świecie był tak bardzo zaskoczony, że przybył do naszego kościoła. Jest on jednym z wiodących pastorów w Korei i znanym misjonarzem, który jednak współpracuje z kościołem w niewielkim stopniu.

Przyszedł, gdy zobaczył program, ponieważ wiedział, że zostałem niesłusznie oskarżony. Wydał orzeczenie pod tytułem „Żądamy sprawiedliwej transmisji". Oto fragment niniejszego orzeczenia:

> „...jeżeli chodzi o religię, musimy być ostrożni, aby nie naruszać szczególnych cech charakterystycznych oraz celu danej religii. W szczególności, nadawcy powinni wziąć pod uwagę fakt, że nie potrafią podejmować decyzji w sprawach wyznaniowych, szczególnie jeżeli chodzi o herezję. Wszystko, co może zrobić nadawca to po prostu pokazać argumentację obu stron w sprawiedliwy sposób"

Niestety redakcja MBC przekroczyła te granice. Kwestie religijne muszą być rozstrzygnięte przy użyciu odpowiednich i przyjętych metod badawczych i naukowych.

Jednak program transmitowany przez MBC zignorował takie podejście. Wzięli pod uwagę jedynie opinie pewnych osób, jak gdyby była to opinia większości ludzi.

Prasa narusza religię i przeszkadza w prowadzeniu misji oraz wypełnianiu obowiązków przez osądzanie religii według niereligijnych standardów.

Później, starszy Jongman Lee powiedział w swoim wywiadzie dla prasy:

„Uważam, że niniejszy incydent miał miejsce, ponieważ ci, którzy są ignorantami jeżeli chodzi o sprawy królestwa niebiańskiego nie rozumieją przesłania kościoła Manmin.

W dzisiejszym świecie, desperacko potrzebujemy działania Ducha Świętego oraz doświadczeń duchowych. Jednak, kiedy niektórzy ludzie opowiadają o swoich doświadczeniach duchowych, inni uważają to za dziwne. Musimy uzdrowić chorobę koreańskich kościołów, w których ludzie osądzają i potępiają innych według swoich własnych standardów i arogancji.

Powodem, dla którego kocham Kościół Manmin jest to, że odczuwamy wiele działania Ducha Świętego. Uważam, że Kościół Manmin jest wiodącym kościołem, którzy pokazuje najlepszy przykład doświadczania Ducha Świętego".

Nigdy nie obejrzałem programu stacji MBC, dlatego nie znam szczegółów, jednak kiedy słyszałem od innych pracowników o jego treści, wywołało to u mnie wielki smutek.

Podobnie wcześnie, jak i teraz nie zamierzam usprawiedliwiać ani sprawdzać, kto ma rację, a kto jest w błędzie. Jednak kiedy mówię prawdę, ci, którzy mają czyste myśli, będą potrafili dobrze osądzić.

Ludzie ogólnie ufają stacjom nadawczym. Transmisje mają wielką moc. Jeżeli producent zdecyduje się odciąć początek i koniec oraz wymedytować program zgodnie ze swoim zamiarem, program będzie bardzo różnił się od oryginalnego materiału i niekoniecznie będzie zawierał prawdę. Wyjaśnię kilka elementów zawartych w transmitowanym przez MBC programie.

Historia o Las Vegas

Kiedy kończyliśmy misję lub spotkanie ewangelizacyjne w innych krajach, dawałem ludziom, którzy brali udział w przygotowaniach czas na odpoczynek. Kiedy skończyliśmy nasze spotkania ewangelizacyjne w LA, zapytałem ich, co chcieliby robić. Większość z nich chciała zobaczyć Wielki Kanion, ponieważ był on niezwykłym dowodem mocy Boga, naszego Stworzyciela. Aby dotrzeć do Wielkiego Kanionu, musieliśmy przejechać przez LA.

Jest tam wiele hoteli, a w hotelach znajdują się kasyna. Wiele rodzin oraz starszych ludzi lubi grać na automatach, do których wkłada się monety.

Rząd zalegalizował hazard, a LA stało się centrum turystyki. Większość turystów po prostu lubiło te gry.

Oczywiście, niektórzy ludzie przychodzili tam z dużymi sumami pieniędzy, jednak obecnie gry w kasynie są częścią kultury, uważaną za lekką rozrywkę.

Kiedy jedziemy na jakąkolwiek misję, nagrywamy film, który później prezentowany jest całemu zgromadzeniu. Wszystko na chwałę Bożą. Kiedy zakończyłem cykl spotkań ewangelizacyjnych w Stanach Zjednoczonych, opowiedziałem członkom kościoła o tym, jak udaliśmy się do kasyna w LA, więc wszyscy członkowie o tym wiedzieli.

Miało to miejsce w Las Vegas. Jeden z uczestników naszej wyprawy zaproponował, abyśmy zagrali w gry w kasynie. Ja nie wiedziałem nic o kasynach, jednak kiedy wybrałem maszynę dzięki prowadzeniu Ducha Świętego i wrzuciłem monetę, z maszyny wypadło wiele monet. Ponieważ wierzyłem, że wszystko to działo się dzięki mojej wierze, monety wciąż wypadały i sytuacja powtarzała się.

Każdy z uczestników grał, jednak większość z nich przegrywała. Nie podobało im się, kiedy przegrywali kilkukrotnie, więc zaczęli się przyglądać, jak ja gram.

Gdziekolwiek zaczynałem grać, monety wypadały co najmniej przez dziesięć kolejnych gier. Wszyscy byli zaskoczeni. Nie rozumieli tego, że wiara może kontrolować nawet te maszyny.

Kiedy wróciłem do kościoła, opowiedziałem sytuację członkom kościoła, aby zasiać w nich wiarę. Oczywiście w tego rodzaju gry powinno się grać jedynie dla zabawy i kończyć. Nikt nie powinien grać w celu zarobienia wielkich pieniędzy.

Była pewna osoba, która opuściła kościół i odegrała wiodącą rolę w incydencie w redakcji. Później fałszywie zeznała, że straciłem dziesięć tysięcy dolarów w kasynie. W programie, który został transmitowany pokazano stronę dokumenty zatytułowanego alegorycznie „Koszty gry". Wyglądało to, tak jakby nasz kościół przygotował niniejszy dokument. Oczywiście, nie powstało to w naszym kościele. Zostało całkowicie sfałszowane.

Aby mnie poniżyć, pokazali ten dokument jako prawdziwy. Cały program został przygotowany w taki sposób, aby pokazać, że straciłem i zmarnowałem wielką kwotę pieniędzy należących do kościoła przez hazard. Jeżeli ktokolwiek zmarnowałby pieniądze przez hazard, dlaczego miałoby to zostać udokumentowane i zagrane jako „Koszty gry"?

„Pasterz" jest wyrażeniem biblijnym

Biblia mówi nam, że Jezus jest wspaniałym Pasterzem (Hebr, 13:20) oraz głównym Pasterzem (1 Piotra 5:4). Kim jest Pasterz? Jeremiasz 3:15 mówi: *„I dam wam pasterzy według mego serca, by was paśli rozsądnie i roztropnie"*. Pasterz nakarmi lud Boży wiedzą i zrozumieniem.

Słowo „pasterz" również odnosi się do ludzi, którzy potrafią dobrze nauczać Słowa Bożego.

Jeremiasz 23:2-4 pisze: *„Dlatego to mówi Pan, Bóg Izraela, o pasterzach, którzy mają paść mój naród: Wy rozproszyliście moją trzodę, rozpędziliście i nie zatroszczyliście się o nią; oto Ja się zatroszczę o nieprawość waszych uczynków – wyrocznia Pana. Ja sam zbiorę resztę swego stada ze wszystkich krajów, do których je wypędziłem. Sprowadzę je na ich pastwisko, by miały coraz liczniejsze potomstwo. Ustanowię zaś nad nimi pasterzy, by je paśli; i nie będą się już więcej lękać ani* *trwożyć, ani trzeba będzie szukać którejkolwiek – wyrocznia Pana".*

Biblia mówi również, że ci którzy potrafią opiekować się ludem Bożym są pasterzami. Pasterze mają zaufanie trzody Pańskiej oraz nauczają ją i opiekuję się nią. Jeżeli dziś powiemy o pastorze, że jest pasterzem, to zgodnie z Biblią jest to odpowiednie określenie.

Wielu misjonarzy oraz organizatorów na uczelniach używa określenia pasterz jako ten, który naucza, nawet w odniesieniu do osób, które nie są jeszcze ordynowane. Jeżeli ktoś nazywa pastora pasterzem, nikt nie powinien go potępiać.

Nieporozumienia związane z misją jedności z Duchem Świętym

Ci, którzy opuścili kościół i spowodowali próby, stworzyli bzdurne dokumenty, które twierdziły, że uważam się za Boga oraz głoszę o Bogu jako czwarta osoba bóstwa.

Byłem bardzo zaskoczony, ponieważ w swoich kazaniach mówię o Trójcy oraz o tym, że historie opisywane w Biblii są prawdziwe.

Ponieważ w naszym kościele miały miejsce działanie Ducha Świętego, szatan nienawidził nas i starał się zniszczyć. Nawet dzisiaj jest wielu ludzi, którzy rozsiewają plotki, mówiąc, że uważam się za Boga lub Ducha Świętego.

Nauczałem, że jeśli odrzucimy od siebie wszelkie formy zła przez gorliwe modlitwy i jeżeli nasze serca staną się podobne do niewinnego serca naszego Boga i Pana, otrzymamy moc Bożą. Możemy być zjednoczeni z Duchem Świętym i pokazywać silne działanie Ducha Świętego.

Jezus również mówił o tym, że jest jedno z Ojcem.

W Jan 17, 21-22, Jezus rzekł: „*aby wszyscy stanowili jedno, jak Ty, Ojcze, we Mnie, a Ja w Tobie, aby i oni stanowili w Nas jedno, aby świat uwierzył, żeś Ty Mnie posłał. I także chwałę, którą Mi dałeś, przekazałem im, aby stanowili jedno, tak jak My jedno stanowimy*".

Przypuśćmy, że dyrektor firmy mówi swoim pracownikom, aby byli z nim całkowicie zjednoczeni. Oznacza to, że ich wola i umysł będą z nim jedno. Nie oznacza to jednak, że staną się dyrektorem firmy.

Jak mógłbym kiedykolwiek pomyśleć, że jestem Bogiem lub Duchem Świętym! Możemy również zobaczyć moją szczerość w moich wcześniejszych kazaniach.

„Słyszę tak wiele rzeczy. Wiele znaków, cudów oraz nadzwyczajnych dzieł ma miejsce, dlatego słyszałem, że niektórzy ludzie uważają, że będą nazywał siebie Bogiem. Bracia i siostry, czy wy również tak uważacie? Kiedy chorowałem przez 7 długich lat, czułem się zapomniany przez moją rodzinę i przez rodziców. Zostałem uzdrowiony przez Boga. Modlę się i wiernie pracuję dla Boga. Moja rodzina prowadzi również życie pełne oddania królestwu i sprawiedliwości Bożej.

Wiecie, że Bóg wszechmogący był ze mną, pokazując wiele nadzwyczajnych znaków i cudów. Ilu z was nie doświadczyło dzięki mnie działania Bożych wszechmocnych dłoni na tym miejscu?

Niektórzy z was usłyszeli wyrok śmierci wydany przez szpitale. Niektórzy z was byli kulawi, inni mieli porażenie mózgu lub wiele innych chorób, jednak zostaliście uzdrowieni dzięki modlitwie. Wasze rodziny nawróciły się.

Odrzućcie ten świat, grzech oraz ciemność. Pośćcie i módlcie się, aby żyć słowem Boga. Biegniecie w biegu wiary z nadzieją na królestwo niebieskie.

Dlaczego miałby nazywać siebie Bogiem? To nie do pomyślenia. Głoszę kazania, takie jak „Wiadomość z Krzyża", które świadczą o tym, że żyję jedynie dla chwały Bożej.

Oddaję chwałę Bogu. Czy mógłbym nagle zmienić się i uważać się za Boga, naszego Pana? Czy mógłbym zaprzeczyć Biblii?

Są ludzie, którzy tak twierdzą. Skoro tak bardzo się o mnie martwią, ciekawe, czy zdają sobie sprawę, jak bardzo mi ubliżają? Jak coś takiego mogłoby się kiedykolwiek wydarzyć? Drodzy bracia i siostry Chrystusie, nigdy nie powinniście myśleć lub mówić czegoś takiego.

Nie wyobrażajcie sobie tego. Gdybym uważał się za Boga, proszę abyście wszyscy mnie potępili i opuścili ten kościół. Ponieważ jest tylko jeden Bóg.

Jedynie Jezus Chrystus jest naszym Zbawicielem. Bóg jest Ojcem, Synem i Duchem Świętym — Trójcą. Wierzymy w 66 ksiąg biblijnych. Wiem, że to nie wy mówicie takie rzeczy, jednak słyszałem, że są ludzie, którzy tak uważają, dlatego o tym mówię".

(fragment kazania z 31 lipca 1998, Wykład na temat

przypowieści)

Słyszałem, że w transmitowanym programie powiedziano, że uważam się za Boga. Dowodem, który przedstawili była scena, gdzie niektórzy członkowie kościoła kłaniają się przede mną. Jednak cała ta sytuacja jest związana z pewna historią.

W 1998 roku, Bóg otworzył oczy wielu członkom kościoła i dał im możliwość doświadczenie wielu duchowych przeżyć. W piątek 15 maja były moje urodziny. Mieliśmy nabożeństwo dziękczynne prowadzone przez grupę Misja Kobiet z naszego kościoła.

Nabożeństwo odbywało się rano. Dowiedziałem się, że na niebie była piękna kolorowa podwójna tęcza. Kiedy nabożeństwo zakończyło się, wyszedłem na zewnątrz i zobaczyłem olbrzymią tęczę.

Od tamtego dnia Bóg często ukazywał nam tęczę podczas wydarzeń kościelnych. Jest to znak Bożej miłości, który świadczy o tym, że Bóg jest z nami.

Jednak tęcza nie była jedynym znakiem. Wielu członków widziało światłość duchowego królestwa oraz złote i srebrne płatki w powietrzu rozsypywane przez aniołów. Niektórzy z nich wiedzieli również aniołów. Członkowie często spoglądali w górę na niebo, stojąc przed kościołem.

Istnieje wielka różnica między tymi, którzy widzą duchowe królestwo, a tymi którzy nie są w stanie go dojrzeć. Członkowie kościoła dzielili się między sobą tym, czego doświadczyli. W piątek o godzinie 11 wieczorem rozpoczęło się całonocne nabożeństwo piątkowe. Mieliśmy część uwielbieniową oraz dziękczynną, a następnie czas na modlitwę.

Osoba prowadząca część uwielbieniową nagle ukłoniła się przede mną. Ci, którzy nie znają koreańskich zwyczajów, powinni wiedzieć, że w Korei często wyraża się podziękowanie i szacunek kłaniając się drugiej osobie. Najczęściej ma to miejsce w stosunku do rodziców lub wcześniej również do mistrza. Ta sytuacja miała miejsce przez chwilkę.

Osoba prowadząca część uwielbieniową powiedziała tamtego dnia, że skłoniła się przede mną w moje urodziny w podziękowaniu za słowa życie, które podnosiły ją na duchu aż do tamtego dnia. W chwili kiedy lider części uwielbieniowej ukłonił mi się, starsi członkowie kościoła również zaczęli mi się kłaniać. Oczywiście ja rozumiałem, co jest ich zamiarem. Chcieli wyrazić wdzięczność i szacunek swojemu pasterzowi, który nauczał ich o Bożej łasce.

Byłem bardzo zażenowany i próbowałem ich powstrzymać. Taka sytuacja miała miejsce po raz pierwszy w historii kościoła. Osoba, która spowodowała, że inni również skłonili się przede mną, później opuściła kościół. Była powodem prób, przez które musieliśmy przechodzić.

Skłonili mi się, nie dlatego, że służyli mi jak Bogu, ale pragnąc wyrazić swoje podziękowanie jako pasterzowi, który przynosi im słowo Boże.

Jednak nadawca programu nie wyjaśnił sytuacji i nie ujawnił prawdziwych powodów zaistniałej sytuacji. Program został edytowany w taki sposób, że wyglądało, iż lubię być wywyższany. Sprawili, że wyglądałem jak przywódca kultu.

Biblia jest pełna niezwykłych tajemnic

Producent program współpracował z Christian Council of Korea (CCK – Chrześcijańska Rada Korei) oraz transmitował wiadomości, że nasz kościół jest sektą heretycką, która popadła w mistycyzm. Komitet CCK ds. herezji śpiesznie potępił nasz kościół jako kościół heretycko w oparciu o materiały dostarczone przez ludzi, którzy opuścili kościół.

Komitet przypomniał o wydarzeniu, które miało miejsce w 1990 roku związanym z Chrystusowym Wyznaniem Świętości. Opisałem już dokładnie, co się wtedy wydarzyło w pierwszej części książki *„Moje Życie, Moja Wiara"*. Wyznanie Świętości nadużywało swojej władzy w tamtym czasie, aby mnie potępić i ekskomunikować.

Nie chcę wyjaśniać tutaj fałszywych wywiadów, ani stwierdzać, kto miał rację, a kto jej nie miał. Pragnę jednak wyjaśnić, co mieli na myśli mówiąc o mistycyzmie.

Poczynając od Księgi Rodzaju aż do Księgi Apokalipsy,

Biblia jest pełna tajemnic. Bóg jest duchem i istnieje w czwartym wymiarze, który jest królestwem duchowym. Napisał Biblię dzięki swoim wybranym sługom, prorokom i apostołom, którzy byli prawi w Jego oczach.

Prorocy i apostołowie otrzymali serca od Boga dzięki inspiracji Ducha Świętego, by napisać Biblię. Byli niczym ghostwriterzy – autorzy widma, którzy w rzeczywistości nie byli autorami Biblii.

Przypuśćmy, że pewna matka, która mieszka na wsi jest analfabetką i prosi jednego ze swoich sąsiadów, aby zapisywał, co ona mu powie, aby mogła wysłać list do swojego syna. Jej sąsiad jest jedynie autorem widmo, a rzeczywistą autorką listu jest matka.

Biblia uczy nas o Bogu, który jest duchem. Naucza nas o królestwie duchowym, o stworzeniu Bożym, które dzięki Jego słowu powstało z niczego. Biblia pełna jest rzeczy, które nie mogą być zrozumiałe dzięki ludzkiej logice.

Bóg zszedł na Górę Synaj i rozmawiał z Mojżeszem; kruki przynosiły chleb i mięso Eliaszowi; Piotr uciekł z więzienia dzięki pomocy anioła; Jezus przyjdzie ponownie na ziemię przy dźwięku trąb. Jak moglibyśmy wierzyć w to wszystko jedynie dzięki rozumowi i logice ludzkiej?

W Księdze Wyjścia 19:18-19 czytamy: *„Góra zaś Synaj była cała spowita dymem, gdyż Pan zstąpił na nią w ogniu i uniósł się dym z niej jakby z pieca, i cała góra bardzo się trzęsła. Głos trąby się przeciągał i stawał się coraz donośniejszy. Mojżesz mówił, a Bóg odpowiadał mu wśród grzmotów"*.

„Po czym położył się tam i zasnął. A oto anioł,

*trącając go, powiedział mu: Wstań, jedz! Eliasz spojrzał,
a oto przy jego głowie podpłomyk i dzban z wodą. Zjadł
więc i wypił, i znów się położył. Powtórnie anioł Pański
wrócił i trącając go, powiedział: Wstań, jedz, bo przed
tobą długa droga. Powstawszy zatem, zjadł i wypił.
Następnie mocą tego pożywienia szedł czterdzieści dni i
czterdzieści nocy aż do Bożej góry Horeb"* (1 Królewska
19:5-8).

*„Wtem zjawił się anioł Pański i światłość zajaśniała
w celi. Trąceniem w bok obudził Piotra i powiedział:
Wstań szybko! Równocześnie z rąk [Piotra] opadły
kajdany. Przepasz się i włóż sandały! – powiedział mu
anioł. A gdy to zrobił, rzekł do niego: Narzuć płaszcz i
chodź za mną!"* (Dz. Ap. 12:7-8)

*„Sam bowiem Pan zstąpi z nieba na hasło i na
głos archanioła, i na dźwięk trąby Bożej, a zmarli w
Chrystusie powstaną pierwsi"* (1 Tes. 4:16).

Dzisiaj, jeśli rozmawiamy o duchowym królestwie, wielu
ludzi potępia nas, mówiąc, że popadamy w mistycyzm. Niewielu
jest nauczycieli, którzy odpowiednio nauczają o duchowym
królestwie, i z tego względu, niewielu ludzi ma prawdziwą wiarę.

Nawet jeżeli ludzie chodzą do kościoła, wielu z nich nie
doświadczyło nigdy prawdziwego działanie Ducha Świętego.
Dlatego nie mają pewności zbawienia. Wielu z nich nie wierzy w
niebo i piekło, i grzeszą w taki sam sposób jak ludzie niewierzący.

Sprawa dotycząca wywiadu na temat przymusowych darów

Przeprowadzono wywiad z osobą, która opuściła kościół. Powiedziała, że za dużo składała w ofierze oraz, że jej firma zbankrutowała, a jej rodzina była rozbita.

Powiedziała, że kiedy zarabiała dużo, jej dochód wynosił nawet 6 milionów won (około 6000 dolarów) i złożyła większość z tych pieniędzy jako dary dla kościoła. Jednak kiedy sprawdziliśmy zapisy darów, była to całkowite kłamstwo.

Według jej dzieci oraz osób, które zatrudniała, miała dużo długów. Nie było to spowodowane składanymi darami, jednak jej osobistymi sprawami. Więcej niż połowa jej przychodu spłacała procenty od długu. A ponieważ zbierały się przez długi czas, w końcu jej firma zbankrutowała.

Jej syn wiedział, że matka wydała fałszywe świadectwo w wywiadzie zgodnie z planem tych, którzy byli powodem problemów w kościele. Nie potrafił już współpracować ze swoją matką.

Zanim cała sytuacja miała miejsce, słyszałem kiedyś, że ta rodzina ma problemy finansowe i osobiście pomogłem im, wspierając ich sporą sumą pieniędzy. Mimo to, kobieta opuściła kościół, wraz z innymi, którzy sprowadzili próby i problemu na kościół, wydając fałszywe świadectwo. Było mi jej po prostu żal.

Pomagałem osobom, które miały problem finansowe, oszczędzając na sobie samym. Jednak kiedy ci ludzie zdradzili mnie i odpłacali się złem, odczuwałem wielki ból w moim sercu.

Nielegalny film z ukrytych kamer

W maju 1999 roku, diakonisa Hyeonju Kim, jedna z członkiń naszego kościoła, była bardzo zaskoczona widząc siebie w programie oczerniającym nasz kościół. Była wtedy w piątym miesiącu ciąży i była zszokowana.

Pod koniec kwietnia 1999 roku do diakonisy Kim zadzwoniła jakaś kobieta, z którą nigdy nie spotkała. Poprosiła ją o pomoc. Ze współczuciem diakonisa postanowiła spotkać się z tą kobietą. Nigdy nie pomyślałaby, że będzie nagrywana z ukrytej kamery.

Maskowali swoją prawdziwą tożsamość, zadawali pytania, a następnie zrobili film, który pokazał coś zupełnie niezgodnego z prawdą.

Diakonisa Kim przybyła do naszego kościoła aż z Francji w 1998 roku. Pragnęła, aby jej syn został uzdrowiony. Ciągle płakał z powodu tego, że jego mózg nie rósł. Wzięła udział w spotkaniu ewangelizacyjnym i modliłem się za nią. Od tamtego czasu, Joonsu przestał płakać, a jego źrenice stały się normalne.

Diakonisa Kim doświadczyła boskiego uzdrowienia i wróciła do Francji, gdzie studiował jej mąż. Kiedy jej mąż skończył studia, wrócili do Korei i zaczęli uczęszczać do naszego kościoła.

Diakonisa Kim ponownie zaszła w ciążę w 1999 roku. Jej pierwszy syn, który miał problemy zdrowotne poszedł do nieba. Prawdę mówiąc było to dla niego błogosławieństwo. Został ocalony i znalazł się przy Panu, nie musząc więcej cierpieć na tej ziemi.

Jego rodzice zrozumieli, że to dzięki miłości Bożej ich syn nie musiał już cierpieć. Bóg dał im kolejne dziecko. Nie byli więc przygnębieni i kontynuowali swoje chrześcijańskie życie we wdzięczności.

Diakonisa Kim wydała świadectwo swojego szczęśliwego życia i zachęcała tę kobietę, aby przyjęła Boga do swojego życia. Jednak nie zostało to ujęte w transmisji. Dzięki wielu zadawanym pytaniom oraz edycji, która była zamierzona w konkretny sposób, transmisja zawierała informacje o tym, jak małżeństwo było bardzo nieszczęśliwe i zrozpaczone.

Opowiedziałem o zaledwie kilku rzeczach, które znalazły się w programie i dotyczyły naszego kościoła. Prawdę mówiąc, nie chcę nawet o tym rozmawiać. Aby wyjaśnić wszystko, co zostało ujęte w programie, trzeba byłoby napisać wiele książek.

Jednak nawet patrząc na tych kilka kwestii, jak prawda została sfałszowana. Było to pogwałcenie ze strony mediów, że zdecydowali się na transmisję czegoś, co specjalnie zostało przygotowane w taki sposób, aby wyglądało na prawdziwe. Było to rzeczywiste prześladowanie religii.

Wyjaśniałem niektóre z tych kwestii z nadzieją, że nikt nie będzie już cierpiał z powodu transmisji. Coś takiego może zostać uznane za poważne zniesławienie.

Podanie o obiektywną ocenę

Nasz kościół zmagał się z niewyobrażalnym ogromem szkód spowodowanych transmisją programu pełnego fałszerstw, dlatego zgłosiliśmy się z podaniem o postępowanie rozjemcze do Prasowego Komitetu Arbitrażowego. Jednak nadawca stwierdził, że nie mają zamiaru podejmować żadnych działań arbitrażowych. Tak więc zwróciliśmy się do sądu i złożyliśmy sprzeciw.

W taki sposób możne się sprzeciwić lub zażądać wyjaśnienie sytuacji. Raport przekazywany jest stronie, która uważa się za pokrzywdzoną przez prasę, z powodu publikacji lub transmisji, która nie była zgodna z prawdą.

Daje możliwość zadośćuczynienia sprawiedliwości i bezstronności tym, którzy stawiają czoła szkodom z powodu jednostronnych działań mediów.

14 października 1999 roku Południowy Sąd w Seulu wydał wyrok:

1999년 11월 7일 (일요일)

교회연합신문

"MBC는 만민중앙교회 반론을 보도하라"

서울지법남부지원 판결 MBC 보도내용 대부분 사실 아닌 것으로 해석

기독교연합신문 1999년 11월 7일(일)

"MBC, 만민교회 반론 보도" 판결

남부지원, 총 14회 걸쳐

서울지방법원 남부지원(서관섭·병 종추부장판사)은 최근 MBC에 대한 만민중앙교회의 반론보도청구 소송에서 "MBC는 불가의 기독교광장에서 'MBC의 프로그램, 방송뉴스 및 시간에 대한 만민교회의 반론을 보도하라"는 2회 등 판결을 내렸다.

'시사 뉴스데스크' 등

기독교신문

종교관련 한건주의식 선정

만민중앙교회 관련 반론보도

조선일보

"MBC PD수첩 만민중앙교회
방영금지 가처분조치 정당"

헌법재판소 결정

99년 MBC 'PD수첩'이 방영하려
던 만민중앙교회와 관련된 프로그램
에 대해 교회측의 방영중지 가처분
신청을 법원이 받아들인 것은 합헌
이라고 헌법재판소가 30일 결정했다.

제보에만 근거, 적절한 확인절차 없이 방송

남아있는 명예훼손 등 소송에 영향 미칠 듯

99년 11월 7일

國民日報 1999년 10월 28일 목요일

MBC 만민중앙교회 관련
반론보도 14건 대거 방송

MBC가 만민중앙교회 이재록 목사에 대한 비리의혹 보도와 관련, 30일까지 방송사상 가장 많은 14건의 반론보도문을 내보낸다. 26일 'PD수첩', 27일 '화제집중, 생방송6시' 첫머리에 반론보도문을 내보낸데 이어, 28일부터 '뉴스데스크' 등 5개 TV 뉴스 프로그램, '아침 종합뉴스' 등 6건의 라디오 프로그램에 이를 방송한다.

„MBC ma transmitować sprzeciw Centralnego Kościoła Manmin, zgodnie z wyznaczonym czasem, programem, procedurami i metodami określonymi w załączniku, w całkowitej liczbie 13 programów łącznie z siedmioma telewizyjnymi i 6 radiowymi".

Sąd zasądził również, że „Jeżeli MBC nie spełni powyższych warunków od następnego dnia do określonego terminu, będą musieli zapłacić 5 milionów won dziennie za każdy dzień, w którym miał ukazać się sprzeciw".

Tak więc, zgodnie w wyrokiem sądowym, MBC transmitowało nasz sprzeciw w głównym wydaniu wiadomości, o 12.00 w południe w wiadomościach o 18.00 w programie Hawje Jipjung, w ostatnich wiadomościach dnia, itp., i tak w 14 programach. Jednak nawet to nie było rzeczywistym zadośćuczynieniem szkód, które nam wyrządzili.

Przez swoją zazdrość liderzy zdradzili Jezusa

Jezus głosił ewangelię o Bożym królestwie, uzdrawiał choroby wielu ludzi i dawał życie wielu innym. Jednak ponieważ manifestował moc Bożą, uzdrawiając niewidomych, czego nie mógł uczynić nikt inny, faryzeusze, pisarze i liderzy byli zazdrośni i obrażali Go.

W Ewangelii Jana 10:20 czytamy: „*Wielu spośród nich mówiło: On jest opętany przez złego ducha i odchodzi od zmysłów. Czemu Go słuchacie?*" Jezus wykonywał jedynie dobre dzieło, jednak ponieważ były to dzieła Boże, zazdrośnicy potępiali Jezusa, mówiąc, że jest szalony.

Również, kiedy Jezus uzdrowił niewidomego i głuchego z powodu obecności demona. Faryzeusze mówili: „*Lecz faryzeusze, słysząc to, mówili: On tylko przez Belzebuba, władcę złych duchów, wyrzuca złe duchy*" (Mateusz 12:24).

Czy Jezus wypędzał demony mocą Belzebuba? Faryzeusze wydawali fałszywe świadectwo, aby zabić Jezusa. Wielu ludzi obrażało Go i próbowało Go oczernić.

Apostoł Paweł również manifestował moc Bożą w nadzwyczajnych działaniach. Podobnie został potępiony jako przywódca sekty Nazarejczyków, jak opisano w Dz. Ap. 24:5. W Dz. Ap. 26:24 czytamy również, że uważano go za szalonego.

Ponieważ dzieła oraz moc Ducha Świętego są pokazywane również przeze mnie, wróg diabeł ciągle stara się mnie zniszczyć.

Ci, którzy zazdroszczą dzieła Bożego, które było manifestowane oraz wzrostu kościoła, rozpowszechniali wiele fałszywych pogłosek, próbując potępić mnie jako heretyka.

Kościół postawiony na skale nie upadnie

Po wydarzeniu związanym z transmisją programu, wielu ludzi myślało, że nasz kościół zostanie zamknięty.

Byłoby to całkiem naturalne z jednej strony. W 1999 roku od 11 do 22 maja, nasz kościół zaistniał w różnych programach 67 razy, 33 razy w telewizji i 34 razy w radio. Stacja nadawcza potępiła nasz kościół, używając fałszywych informacji, więc było to dość naturalne, że ludzie myśleli w taki sposób.

Jednak kościół zbudowany na skale nie może upaść bez względu jak wielka moc ciemności będzie próbowała go zburzyć. Kościół założony przez Boga jest trzymany Jego wszechmocną ręką.

Kiedy Jezus wszedł do Jerozolimy, Izraelici przywitali Go, wykrzykując „Hosanna", jednak niedługo potem ci sami ludzie zamienili się w tłum, który krzyczał: „Ukrzyżuj Go".

Jezus musiał zostać zdradzony przez jednego ze swoich uczniów, którego kochał i nauczał. Kiedy Jezus został aresztowany, Jego uczniowie uciekli. Jak musiał czuć się Jezus, widząc swoich uczniów, którzy uciekali przerażeni, że coś złego może się stać również im?

Mógł odczuwać żal, jednak nie potrafił czuć rozczarowania lub nienawiści w stosunku do nich. Ja również nie odczuwałem nienawiści w stosunku do tych, którzy mnie zdradzili i atakowali.

Popełnili niesprawiedliwość i działali według ciała, co trudno jest wybaczyć, jednak ja przebaczałem im, nie ujawniając ich win.

Udawali, że są dobrymi owieczkami, jednak w tajemnicy knuli, aby mnie zniszczyć. Próbowali zniszczyć mnie i kościół. Pomimo, że nienawidziłem ich grzechu, nie odczuwałem nienawiści w stosunku do nich. Modliłem się w smutku i we łzach, aby żaden z nich nie wstąpił na drogę zniszczenia, lecz skruszył się i zawrócił, aby otrzymać zbawienie.

We wszystkich tych doświadczeniach, odczuwałem prowadzenie Boże oraz Jego miłość, jaką okazywał ukochanemu aniołowi Lucyferowi, który w końcu stał się arogancki i zdradził Go. Czułem się, jak Jezus zdradzony przez Judasza. Zniszczenie i ból są trudne do zniesienia, kiedy zdradza nas ukochana osoba.

Jezus powiedział: „*To, co się z ciała narodziło, jest ciałem, a to, co się z Ducha narodziło, jest duchem*" (Jan 3:6) i nie możemy wierzyć ciału, ponieważ ciało się zmienia. Jeżeli odrzucimy ciało, które nie pełne prawdy, z naszych serc i zmienionych dusz popłynie prawda, tak byśmy mogli mieć szczere serca i idealną wiarę.

Przechodząc trzy próby od 1998 do 1999 roku, miałem więcej czasu, aby myśleć o Jezusie, który w ciszy szedł na wzgórze Golgoty i umarł na krzyżu.

Nie bronił nigdy swojej niewinności. Nie mówił, że został niesłusznie oskarżony. Przetrwał ogrom bólu i cierpienie, tylko po to, aby wypełnić wolę Bożą. Mogłem w bardzo niewielkim stopniu poczuć wtedy, jak głębokie posłuszeństwo i miłość kierowały Jezusem.

Rozdział 4

Jeśli tylko mogę wypełniać wolę Boga

Otrzymanie łaski

Zanim poznałem Boga, przez 7 lat leżałem na łóżku złożony chorobą. Dzięki zachętom mojej siostry, wybrałem się do ołtarza Shinae Hyun. Było to dla mnie doświadczenie, które zmieniło moje życie, tak ogromne, jakby różnica między niebem i ziemią.

Ponieważ ludzie tam zgromadzeni krzyczeli do Boga, czułem się dość zakłopotany, że stoję samotnie. Nie wiedziałem, jak się modlić, mimo tego uklękłem. Ogień Ducha Świętego uzdrowił mnie od razu. Kiedyś nazywali mnie „sklepem z chorobami", a w jednym momencie zostałem oczyszczony ze wszystkich zmian w moim ciele. Choroby zniknęły. Byłem całkowicie zdrowym człowiekiem.

Dzięki modlitwie diakonisy Hyun, zostałem uzdrowiony w kościele i byłem ogromnie wdzięczny! Kiedykolwiek przemawiam na spotkaniach ewangelizacyjnych, opowiadam o tym, jak spotkałem Boga, który mnie dotknął i uleczył.

Diakonisa Hyun odwiedzała nasz kościół na wózku

inwalidzkim kilkukrotnie. Często prosiła mnie o pomoc w różnych sprawach, a ja nigdy nie odmawiałem. Czasem sprawiało mi to trudności, jednak zawsze starałem się robić dla niej to, co najlepsze. Niestety diakonisa Hyun już nie żyje.

Od mojego spotkania z Bogiem do momentu otwarcia kościoła, pomagałem w służbie wielu pastorom i nadal jestem im bardzo wdzięczny za wsparcie, dlatego dziękuję im przy różnych okazjach. Jestem bardzo wdzięczny pastorowi Taekgu Son, który był moim wykładowcą w seminarium oraz przewodniczącym kościoła Świętość Jezusa w tamtym czasie. Nie jestem w stanie odwiedzać go, ponieważ jestem bardzo zajęty, jednak często wysyłam do niego moją żonę lub innych pracowników kościoła, aby przekazywali mu moje pozdrowienia.

Ważne jest, abyśmy odpłacali się za łaskę, którą otrzymujemy od innych ludzi. Co więcej, powinniśmy dziękować za łaskę Bożą. W jaki sposób i czym moglibyśmy kiedykolwiek odpłacić się Bogu za Jego miłość i łaskę?

Bóg mówi, że będzie kochać tych, którzy Go kochają oraz że ci, którzy Go poszukują, znajdą Go (Księga Przysłów 8:17). Trzymałem się tego wersetu, pokochałem Boga i starałem się chodzić wszędzie, gdzie miałem nadzieję Go znaleźć.

Ponieważ Bóg jest światłością, musimy iść do światłości, aby Go spotkać. Ponieważ jest dobrocią, musimy zachowywać się z dobrocią. Ponieważ jest miłością, możemy spotkać Go wtedy, kiedy mamy duchową miłość.

Kochać Boga oznacza zachowywać Jego przykazania, praktykować Jego słowo i odczuwać Jego miłość do nas.

Jak jeleń szuka wody, tak moją największą przyjemnością było zrozumienie słowa Bożego głęboko w moim sercu I bycie Mu posłusznym. Całym sobą pragnąłem być wypełniony mocą i odpowiedzialnością, aby osiągnąć Boże królestwo i postępować sprawiedliwie.

Moc na moce

Kiedy z wiarą, posłuszeństwem i miłością zwycięsko przeszedłem trzy próby, Bóg poprowadził mnie do głębszych poziomów Swej mocy. Byłoby mi łatwiej umrzeć niż przechodzić przez te trzy próby.

Abraham stał się ojcem wiary, zdając próbę posłuszeństwa, kiedy miał oddać swojego syna Izaaka w ofierze. Podobnie, Bóg był zadowolony, kiedy ja zdałem trzy próby i pobłogosławił mnie większą mocą niż wcześniej.

W Ewangelii Jana 14:12 Jezus mówi: *„Zaprawdę, zaprawdę, powiadam wam: Kto we Mnie wierzy, będzie także dokonywał tych dzieł, których Ja dokonuję, owszem, i większe od tych uczyni, bo Ja idę do Ojca".* Oznacza to, że kiedy w pełni żyjemy Jego słowem, będziemy z Nim jedno duchem oraz będziemy w stanie wypełniać dzieła Boże z mocy Jezusa.

„Nie pokładajcie ufności w przemocy ani się łudźcie na próżno rabunkiem; do bogactw, choćby rosły, serc nie

przywiązujcie" (Psalm 62:11). Jak powiedziano, wróg diabeł nie jest w stanie pokazać mocy, jaka należy do Boga. Ponieważ są bytami duchowymi, podburzają ludzi przeciwko Bogu. Jednak nie są w stanie nawet imitować mocy Bożej. Moc, która ma kontrolę nad życiem, śmiercią, szczęściem i nieszczęściem człowieka, moc, która trzyma pieczę nad historią ludzką, która stwarza coś z niczego jest mocą, która należy jedynie do Boga. Jednakże Jego moc może objawiać się przez tych, którzy należą do Boga, którzy są światłością, którzy są uświęceni, i którzy mają wiarę Jezusa Chrystusa.

Różnica między Władzą, Mocą oraz Mocą Autorytatywną

Ogólnie rzecz biorąc, kiedy mówimy o mocy Bożej, zazwyczaj używamy określeń takich jak władza, moc, moc autorytatywna zamiennie dla tego samego pojęcia. Jednak są między nimi różnice. Moc sprawia coś, co dla człowieka jest niemożliwe, jednak jest możliwe dla Boga.

Władza jest godną i chwalebną siłą przyznawaną przez Boga. W duchowej rzeczywistości, nie grzeszyć oznacza mieć siłę. Dlatego też, możemy powiedzieć, że władza jest świętością samą w sobie. Dzieci Boże, które odrzucają zło i nieprawdę ze swojego serca oraz stają się uświęconymi, otrzymają duchową władzę.

Czym natomiast jest moc autorytatywna? Jest to moc Boża, która łączy się z władzą nadawaną przez Boga tym, którzy odrzucają wszelkie formy zła i stają się uświęconymi. To moc i władza razem wzięte. Jednak kiedy odnosimy się do mocy autorytatywnej, zazwyczaj mówimy po prostu „moc". Moc autorytatywna ma moc wypędzania demonów oraz moc uzdrawiania wszelkich chorób i słabości.

Słabości nie są zwyczajnymi chorobami. Jest to paraliż lub degeneracja funkcji jakiejś części ciała tak, że dana osoba nie jest w stanie brać udziału w normalnych czynnościach. Słabości nie mogą być uleczone przez człowieka. Zalicza się do nich ślepota, głuchota, niemość i inne paraliże.

Różnica między darem uzdrawiania a mocą

Ludzie myślą zazwyczaj, że dar uzdrawiania oraz moc Boża są tym samym. Jednak prawdą jest, że różnią się od siebie zupełnie. Dar uzdrawiania wspomniany w 1 Koryntian 12:9 dotyczy niszczenia zarazków i chorób.

Mając dar uzdrawiania, nie jesteśmy w stanie uzdrowić zdegenerowanej części ciała lub przywrócić słuch komuś, kto nie słyszy i nie mówi z powodu obumarłych nerwów. Jednak te słabości mogą zostać uzdrowione, jeżeli dana osoba, która otrzyma moc Bożą, modli się z wiarą.

Kiedy otrzymujemy moc Bożą, będzie ona stale działać. Jednak nie jest tak w przypadku daru uzdrawiania. Darem uzdrawiania może być obdarzona osoba bez względu na to, czy jest uświęcona czy nie. Darem uzdrawiania obdarzane są osoby, które dzięki modlitwie otrzymały wiele miłości do innych, lub osoby odważne, których Bóg może użyć.

Jednak moc Boga, który jest światłością może być ofiarowana jedynie osobie, która jest uświęcona. Jeżeli ktoś otrzymuje moc Bożą, nie będzie ona słabnąć lub znikać. Im bardziej jesteśmy podobni do Chrystusa, tym większą moc otrzymamy i tym więcej będziemy działać.

Nie jest łatwo uzdrawiać poważne lub rzadkie choroby

tylko z darem uzdrawiania. Tym trudniej, jeżeli chora osoba ma słabą wiarę. Jednak z mocą Bożą, jeżeli chora osoba okaże choć odrobinę wiary, wszystko się uda. Oczywiście wiara nie odnosi się do wiary intelektualnej, lecz do wiary duchowej.

Cztery poziomy mocy Boga, który jest światłością

Bóg pozwolił mi zrozumieć, że istnieją różne poziomy Jego mocy. Możemy wstąpić lub otrzymać wyższe poziomy Jego mocy zgodnie z ilością prawdy, zebranej w naszych sercach.

„A dla was, czczących moje imię, wzejdzie słońce sprawiedliwości i uzdrowienie w jego skrzydłach. Wyjdziecie [swobodnie] i będziecie podskakiwać jak tuczone cielęta" (Malachiasz 4:2).

Ci, których duchowe oczy są otwarte mogą zobaczyć światłość podobną do promieni lasera, który pada na odpowiednie miejsce i uzdrawia choroby.

Pierwszym poziomem Bożej mocy jest moc związana z czerwoną światłością. Jest to światłość ognia Ducha Świętego, który wypala choroby. W ogniu Ducha Świętego, ten poziom mocy pali choroby, spowodowane przez zarazki i wirusy. Tą mocą można uzdrowić nowotwory, gruźlicę, cukrzycę, białaczkę, choroby serca, artretyzm, AIDS i inne nieuleczalne choroby.

Jednak dzięki pierwszemu poziomowi mocy, nie da się uzdrowić wszystkich chorób. W przypadku nowotworu lub gruźlicy w najpoważniejszym stadium, jeżeli pacjent jest na granicy życia i śmierci, trudno jest uleczyć te choroby mając dostęp do pierwszego poziomu mocy. Jeśli organy lub tkanki ciała są uszkodzone i utraciły swoją funkcjonalność, nie jest to jedynie kwestia wirusów. Ciało musi wykształtować i zregenerować nowe tkanki i organy wewnętrzne. Aby tego dokonać, konieczny jest dostęp do wyższego poziomu mocy.

Jednak nawet w tym przypadku, jeżeli chora osoba oraz członkowie jej rodziny są zjednoczeni w miłości i pokazują wiarę, Bóg z pewnością zadziała. Na początku istnienie naszego kościoła miało miejsce wiele wydarzeń związanych z pierwszym poziomem mocy.

Drugi poziom mocy jest mocą, która ma odsuwać moc ciemności. Jest on związany z niebieskim światłem. Na tym poziomie, możemy odsunąć ciemność od ludzi opętanych przez demona, w których szatan wykonuje swoje dzieło.

Dzięki temu poziomowi mocy można również uzdrawiać choroby psychiczne lub schorzenia układu nerwowego, takie jak autyzm nerwica, schizofrenia, załamania nerwowe oraz ciągłe zmęczenie fizyczne i psychiczne związane z depresją. Tego rodzaju schorzenia często występują wśród ludzi, którzy noszą w sobie nienawiść w stosunku do innych, gromadzą różnego rodzaju chore emocje, mają niskie poczucie własnej wartości oraz są nerwowi.

Dzięki drugiemu poziomowi mocy, wiele chorób spowodowanych mocą ciemności może zostać uzdrowionych.

Ponadto, moc ciemności zostanie usunięta z rodzin, firm czy miejsc pracy. Może również dojść do wzbudzenia z martwych oraz wypędzania demonów.

Apostoł Paweł wzbudził z martwych Eutycha (Dz. Ap. 20:9-12). Kiedy Ananiasz i Safira próbowali oszukać Ducha Świętego, Paweł przeklął ich, a oni zmarli (Dz. Ap. 5:1-11). Kiedy Eliasz przeklął kilkoro młodych ludzi, którzy się z niego naśmiewali, niedźwiedzica wyszła z lasu i zabiła ich (2 Królewska 2:23-24). Niniejsze działanie miały miejsce dzięki drugiemu poziomowi mocy.

Trzeci poziom mocy działa i jest związany z białym i przeźroczystym światłem. Ukazany jest w znakach i dziele stworzenia. Znak to coś, co można zobaczyć oczami, tak jak na przykład przywracanie wzroku, mowy i słuchu.

Działa również w przypadku chromych i sparaliżowanych. Zniekształcenia, niepełnosprawność czy całkowite zwyrodnienia części ciała lub organów wewnętrznych zostają uleczone. Nawet złamane lub brakujące kości odnawiają się.

Czwarty poziom mocy działa łączy się ze złotym światłem i jest to poziom doskonałości. Ten poziom mocy został ukazany w Chrystusie. Doprowadza on do zmiany warunków pogodowych, czyni cuda. Deszcz może zacząć padać lub przestać padać. Chmury mogą być poruszone. Ten poziom mocy jest w stanie kontrolować i zarządzać wszystkim.

Nawet przedmioty są posłuszne takiej mocy. Zatrucie gazem zostanie uleczone. Opażenia znikną. Kiedy Jezus przeklął drzewo figowe, które nie rodziło owoców, to natychmiast uschło (Mat. 21:19). Kiedy skarcił wiatr i morze, natychmiast się uspokoiły (Mat. 8:26).

Drzewa, wiatr, morze i cała przyroda są posłuszne słowom Jezusa. Tak, jak Bóg stworzył niebo i ziemię swoim słowem, kiedy Jezus przemawiał, wszystko było mu posłuszne.

Jak napisano w Księdze Hebrajczyków 11:1, jeżeli nasza wiara jest doskonała, jest poręką tego, czego się nie spodziewamy i dowodem tego, czego nie widzimy. Rzeczy będą działy się z niczego.

Na czwartym poziomie mocy, dzięki wypowiadanym słowom moc nie ma ograniczenia czasu czy przestrzeni. Bóg pragnie przekazać swoją moc swoim dzieciom, jednak rzadko zdarza się, aby ktoś otrzymał dostęp do tego poziomu mocy.

W Ewangelii Marka 7:24-30 kobieta, której córka była

opętana przez demona, przybyła do Jezusa i poprosiła, aby wypędził demona z jej córki. Jezus widział jej pokorę i wiarę, dlatego rzekł: „*Przez wzgląd na te słowa idź, zły duch opuścił twoją córkę*" (w. 29). Córka została natychmiast uzdrowiona. Kiedy kobieta wróciła do domu, demona już nie było.

Jezus nie musiał udać się do miejsca, gdzie przebywała chora osoba. Dzięki Jego słowu moc Boża działała, bez względu na czas i miejsce.

Nadzwyczajne dzieła

W Dz. Ap. 19:11-12 napisano: „*Bóg czynił też niezwykłe cuda przez ręce Pawła, tak że nawet chusty i przepaski z jego ciała kładziono na chorych, a choroby ustępowały z nich i wychodziły złe duchy*".

Tak jak Bóg czynił nadzwyczajne cuda przez apostoła Pawła, tak również Bóg działa przeze mnie. Jak w przypadku Pawła moc światłości zawarta jest w chusteczkach, na których się modlę, a kiedy ludzie modlą się za innych z wiarą, mają miejsce cuda i uzdrowienia.

W naszym kościele wielu pracowników i pastorów uzdrawia dzięki modlitwom i tym chusteczkom; prowadzą oni również spotkania ewangelizacyjne w swoich krajach.

Dzięki czwartemu poziomowi mocy, choroby są uzdrawiane, a moc ciemności zostaje usunięta dzięki mocy Bożej, która działa bez względu na czas i miejsce. Dzięki czwartemu poziomowi mocy mają miejsce znaki, a cały wszechświat jest posłuszny. Dzięki złotemu światłu czwartego poziomu mocy mają miejsce wszystkie dzieła i cuda pierwszego, drugiego, trzeciego i czwartego poziomu.

Historia dziewczynki z Pakistanu o imieniu Cynthia

Starszy Wilson John Gil z Pakistanu miał małą córeczkę o imieniu Cynthia. W lipcu 1999 roku nagle zaczęła wymiotować, miała krew w stolcu oraz krwotoki. Była hospitalizowana w Szpitalu Rasheed w Lahore. Miała zator jelita grubego. Musiała mieć natychmiastową operację. Jednak jej ciało było zbyt słabe, aby przetrwać operację.

Była to choroba o nazwie „celiakia" w połączeniu z niedrożnością jelit.

W tamtym czasie, starsza siostra Cynthii była w Korei. Przyniosła mi zdjęcie Cynthii. Był 23 lipca 1999 roku. Modliłem się gorliwie, trzymając w rękach zdjęcie dziewczynki. W tym momencie, po raz pierwszy od 10 dni, jelito Cynthii poruszyło się. Zdrowiała szybko i następnego dnia mogła już siedzieć. Wyszła ze szpitala po trzech dniach. Wyzdrowiała całkowicie.

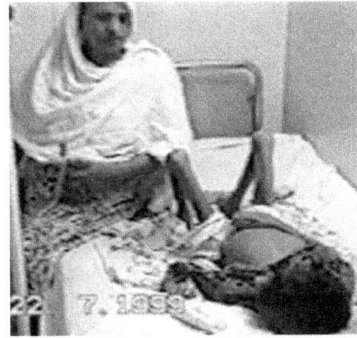

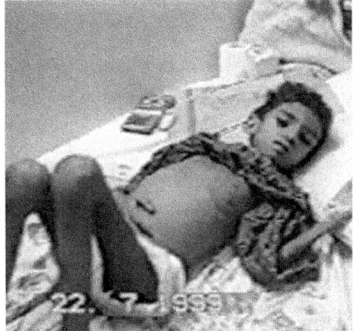

Cynthia w szpitalu (22 lipiec 1999)

Zdrowa Cynthia (2007)

Modlitwy ze zdjęciem Cynthii

Największa moc stworzenia

Istnieje jeszcze wyższy poziom mocy niż cztery wymienione powyżej. Jest to moc należąca do Boga Stworzyciela. Kiedy Bóg rzekł: „Niech się stanie światłość", światłość nastała. Jest to moc, dzięki której wszystko się dzieje, tak jak nakazuje słowo.

Kiedy Bóg rozkazuje niewidomemu otworzyć oczy, jego oczy otwierają się. Kiedy Bóg nakazuje chromemu chodzić, ten będzie chodził. Jezus czynił swoje dzieła dzięki najwyższej mocy stworzenia, która jest wyższa niż wszystkie cztery poziomy mocy. Jest to moc Stworzyciela przy stworzeniu.

Nie jest to poziom, gdzie stworzenia otrzymuje moc od Boga i czyni Jego dzieła. Jest to moc pochodząca ze źródła światła, którą posiada jedynie Bóg i którą posiadał jeszcze przed stworzeniem.

W Ewangelii Jana rozdziale 11, czytamy o zmarłym od czterech dni Łazarzu, który został zmartwychwzbudzony i wyszedł z grobu na polecenie Jezusa: „Łazarzu, wyjdź".

Kiedy człowiek odcina się od wszelkich form zła, staje się uświęcony jako człowiek pełen ducha, upodobniony do Boga, zyskuje bezgraniczną wiedzę duchową i może przejść na poziom mocy, który przewyższa cztery poziomy mocy.

Kiedy człowiek wchodzi na poziom najwyższej mocy, niezwykłe dzieła Boże będą miały miejsce dzięki jego słowu.

Nowe Tysiąclecie rozpoczęło się od wielkiego znaku

W 2000 roku Bóg poruszył moje serce, abym gorliwie się modlił. Modliłem się cztery razy. Bóg pragnął, abym skoncentrował się intensywnie na modlitwie. Uświadomił mi, że powinienem modlić się samotnie w górach, nie kontaktując się ani nie rozmawiając z nikim.

W tamtym czasie, czułem się obciążony kwestiami związanymi z finansami kościoła i innymi rzeczami, więc było mi trudno skupić się na modlitwie. Gdybym nie miał kontaktu z Bogiem, miałbym poważne problemy związane z nadmiarem stresu w moim życiu.

W czasie swojego życia na ziemi, Jezus modlił się kiedykolwiek miał na to czas. Przez Jezusa działała moc Boża, a ponieważ miał ludzkie ciało, musiał być wypełniony pełnią Ducha Świętego przez modlitwę, aby w pełni demonstrować moc Bożą.

Od 21 lutego przez 10 dni gorliwie się modliłem.

Przebywałem w górach, spałem kilka godzin i jadłem dwa posiłki dziennie. Były to bardzo proste posiłki, więc wystarczyło mi 10 minut, aby zjeść to, co miałem. Poza chwilami, które przeznaczałem na posiłki, modliłem się klęcząc przez cały czas. Robiłem przerwy jedynie na czytanie Biblii.

„W jaki sposób mogę otrzymać więcej mocy i ocalić więcej dusz? Jak mogę lepiej głosić o Jezusie, Zbawicielu? W jaki sposób mogę głosić o niebie i piekle oraz sprawiać, by ludzie przyjmowali Pana? Jak mogę ewangelizować i nawrócić cały świat?"

Moim jedynym życzeniem było osiągnięcie Bożego królestwa oraz Jego sprawiedliwości. Kiedy zakończyłem pierwszą modlitwę, odczuwałem wstyd i zdenerwowanie prze Bogiem.

Modliłem się z całego serca, jednak wiedziałem, że to nie wystarczy, ponieważ kiedy Jezus modlił się w Getsemane, na ziemię spadały krople krwi. Jednak okazało się, że Bóg Ojciec był zadowolony z mojej modlitwy i dał mi wielki prezent.

Woda zamieniona w słodkie wino

Kościół Muan Manmin znajduje się w wiosce Chun-Jand w hrabstwie Muan Gun, prowincji Jeonnam. Miejsce obecnie połączone jest ze stałym lądem, jednak wcześniej była to wyspa o nazwie Jookdo. Znajdował się tam budynek, gdzie organizowano obozy młodzieżowe i kościół Muan Manmin zakupił go, aby zrobić z niego sanktuarium. Był on w odległości zaledwie 5 minut jazdy z wioski, w której mieszkałem jako dziecko.

Kościół Maun Manmin przeniósł się tam w lutym 1999 roku, jednak wkrótce okazało się, że nie ma tam wystarczającej ilości wody pitnej. Mieli studnię, jednak okazało się, że była w niej słona woda, której mogli jedynie używać do napełniania basenu.

Pastor Myeongsool Kim z kościoła Muan Manmin zawsze uważał, że byłoby dobrze, gdyby to była świeża woda pitna. Ze względu na to, że nie mieli dostępu do świeżej wody, kupowali wodę z miejsca oddalonego o 3 km i pompowali ją za pomocą węży ogrodowych.

Było to bardzo trudne w zimie, ponieważ woda zamarzała, co powodowało zniszczenie węża.

Bóg jest taki sam wczoraj i dziś

Pastor Myeongsool Kim przeczytał w Księdze Wyjścia o gorzkiej wodzie w Mara, która zmieniła się w wodę słodką. Uważał, że słona woda ze studni może zmienić się w słodką wodę pitną, jeżeli będę się o to modlił.

W Księdze Wyjścia 15:23-25 czytamy: „*I przybyli potem do miejscowości Mara, i nie mogli pić wód, gdyż były gorzkie; przeto nadano temu miejscu nazwę Mara. Szemrał lud przeciw Mojżeszowi i mówił: Cóż będziemy pili? Mojżesz wołał do Pana, a Pan wskazał mu drewno. Wrzucił on je do wody, i stały się wody słodkie. Tam Pan ustanowił dla niego prawa i rozporządzenia i tam go doświadczał*”.

Sytuacja miała miejsce 3500 lat temu, kiedy Izraelici przeszli przez Morze Czerwone. Szukali wody na pustyni Szur, jednak nie mogli nic znaleźć. Zaczęli szemrać przeciwko Mojżeszowi. Kiedy Mojżesz modlił się do Boga, gorzka woda zmieniła się w słodką wodę pitną.

Nie tylko pastor Myeongsool Kim wraz z członkami kościoła modlili się o zmianę wody. Poprosili również mnie, abym przyjechał do nich i modlił się o zmianę. Wierzyli, że słona woda morska może zmienić się w wodę słodką.

Studia słodkiej wody Muan

W czasie pierwszego cyklu modlitw w górach szczególnie modliłem się za kościołem Muan Manmin. Dowiedziałem się, że w pierwszych dziesięciu dniach moich modlitw, w dzień i w nocy nad kościołem Muan Manmin była tęcza. Członkowie kościoła pościli i modlili się za mną, kiedy byłem w górach.

Kiedy wróciłem z gór, 4 marca po całonocnym nabożeństwie piątkowym pastor Myeongsool Kim przyszedł do mnie, abym nadal się za nimi modlił.

Ponieważ członkowie kościoła w Muan bardzo cierpieli, modliłem się nie tylko za nimi, ale również o to, aby słona woda morska zmieniła się w wodę pitną. Bóg wysłuchał moich modlitw i dokonał swojego dzieła w studni w Muan, która była oddalona ode mnie o kilkaset kilometrów.

Następnego dnia, kiedy pastor i członkowie kościoła sprawdzili wodę, okazało się, że woda, która wcześniej była słona i gorzka, stała się wodą pitną.

„Pastorze, zdarzył sie cud! Słona woda stała się wodą słodką. Woda morska zmieniła się w słodką wodę!"

Pastor Kim zadzwonił do mnie, aby podzielić sie wiadomością. Przez telefon słyszałem podekscytowane głosy członków kościoła Muan Manmin.

Uzdrowienia przez słodką wodę

Słodka woda jest lekko zasadowa i pełna minerałów. Woda ze studni stała się nie tylko pitna, ale miała również działanie uzdrawiające. Koreańczycy raczej nie mają „podwójnej powieki", która znajduje się w skórze na górną powieką. Jednak u wielu osób, które z wiarą stosowały wodę ze studni, natychmiast wykształtowało się drugie zmarszczenie na górnej powiece. Wielu ludzi zostało uzdrowionych z problemów żołądkowych oraz skórnych.

Pastor Sungchil Lee z naszego kościoła przyprowadził trójkę swoich dzieci, aby pokazać mi ich powieki. Żadne z nich nie miało wcześniej zmarszczenia na powiece, jednak dzięki słodkiej wodzie, podwójne zmarszczenie na powiece wykształciło się. Docierały do nas świadectwa z wielu różnych krajów.

W studni w Muan znajduje się rura. Niektórzy wierzący widzieli duchowymi oczami, że promienie światła z tronu Bożego otaczały końcówki rur.

Kiedy słona woda przechodzi przez światło, zmienia się w słodką. Wielu ludzi, nie tylko z Korei, odwiedzało to miejsce.

Ryba słodkowodna nie może żyć w słonej wodzie; ryba morska nie może żyć w słodkiej wodzie. Jednak obie żyją w słodkiej wodzie w Muan

Niektórzy z nich również widzieli swoimi duchowymi oczami promienie światła i światło mocy w słodkiej wodzie.

29 marca 2000 roku diakonisa Hyeonju Oh wyjmowała wrzącą wodę z wielkiego żelaznego garnka. Przypadkowo woda wylała się jej na szyję i ramiona.

Miała poważne oparzenia na klatce piersiowej oraz z tyłu na szyi. Natychmiast z wiarą przyjęła modlitwy telefoniczne przez nasz telefoniczny system modlitw i odczuła, jak ciepło z niej uchodzi. Z ran oparzeniowych wydziałała się ropa, jednak kiedy posmarowała je wodą ze studni, wydzieliny również zniknęły.

Po trzech dniach, modliłem się za nią. Po tygodniu zrobiły jej się strupy, które następnie odpadły, a jej skóra została całkowicie uzdrowiona. Nie miała żadnych skutków ubocznych.

Również zwierzęta zostały uzdrowione dzięki słodkiej wodzie z Muan

Miało to miejsce w domu modlitwy Galilee, gdzie się modliłem. Był maj 2003 roku. Grzywacz świerkał obok owczarka niemieckiego. Ptak nie obawiał się psa, nawet kiedy ten zaczynał szczekać. Zacząłem się martwić.

„Pies jest przywiązany, ale kiedy podejdzie dość blisko, ugryzie. Dlaczego ten ptaszek musi ćwierkać właśnie tutaj?"

Kiedy owczarek szczekał, grzywacz cofnął się o klika kroków. Ciągle spacerował w tym samym miejscu. Trwało to kilka godzin i piec nie miał już siły szczekać.

Od gospodarza domu modlitewnego usłyszałem ciekawą historię. Kilka dni wcześniej, grzywacz wpadł na podwórko i trzepotał skrzydełkami po ziemi. Kiedy gospodarz zobaczył ptaszka, było widać że stracił już dużo skrzydeł i umierał. Wydawało się, że zjadł jakąś truciznę.

Chciał uratować grzywacza. Modlił się i napoił ptaszka wodą ze studni. Kiedy tak napoił go kilkukrotnie wodą ze studni, ptak odzyskał siłę i odleciał.

Od następnego ranka, ptak rozpoczął swoje codzienne wizyty przy studni Muan. Spacerował po podwórku, siedział na drzewie, a wieczorem znów wracał. Czasami przylatywały z nim również inne ptaki. Nigdy wcześniej grzywacze nie przylatywały na podwórko domu modlitewnego.

Kiedy usłyszałem tę historię, byłem poruszony i pod wrażeniem, że nawet ptaki wiedzą, co to łaska. Przylatywał, jakbym chciał odwdzięczyć się za łaskę. Przecież ptak musiał mieć wielu przyjaciół w górach, jednak wciąż wracał na podwórko sam i nie chciał opuszczać tego miejsca.

Poprosiłem gospodarza, aby sypał wystarczającą ilość karmy na podwórko tak, aby więcej ptaków mogło przylatywać.

Jindol powrócił z progu śmierci po osiemnastu dniach

Mamy pieska o imieniu Jindol. Dozorca spuszczał go kiedyś ze smyczy raz dziennie. Wtedy Jindol biegł w góry i wracał po około pół godzinie. Jednak pewnego śnieżnego dnia Jondol zniknął. Nie wracał od kilku godzin. Szukaliśmy go wszędzie, jednak nie mogliśmy znaleźć.

Prawie się poddaliśmy. Jednak Jindol wrócił po 18 dniach. Wpadł w sidła w górach i okropnie cierpiał. Metalowy drut owinął się wokół jego szyi. Jindol był poważnie ranny.

Był wychudzony – sama skóra i kości. Nie miał sierści na szyi, a drut wbił się prawie do kości. Musiał walczyć z pułapką w błocie, ponieważ całą jego sierść była w błocie. Pracownicy polewali jego szyję wodą ze studni Muan. Przygotowali dla niego rybę, aby dobrze go odżywić. Było mi przykro z jego powodu, więc również się za niego modliłem.

Jindol nie specjalnie mnie lubił. Głaskałem go od czasu do czasu, jednak tylko wtedy, kiedy udawałem się do domu modlitewnego. Dlatego też nie witał mnie zbyt przyjaźnie. Nie słuchał nawet ludzi, którzy go karmili.

Jednak po wspomnianym wydarzeniu, Jindol całkowicie

się zmienił. Na sam dźwięk mojego samochodu, nie potrafił kontrolować swojej radości i ciągle machał ogonem. Teraz słucha ludzi, którzy go karmią. Wszyscy kochają Jindola.

Tak, jak ludzie przechodzą próby i dojrzewają, tak wydaje się, że Jindol zdał sobie sprawę z wartości domu, w którym mieszkał i ludzi, którzy się nim opiekują. Kiedy uświadomił sobie, że bez swojego pana może zginąć, zmienił się w kochanego psa, który posłusznie podąża za swoim panem.

Udowodniony dzięki testom FDA

Niektórzy ludzie nie pojmowali działania słodkiej wody w Muan. W ostatnim czasie koreańska stacja nadawcza MBC, transmitowała program, w którym informowali o słodkiej wodzie w Muan. Z powodu ich uprzedzeń pojawiły się pewne nieporozumienia.

FDA (Agencja ds. Żywności i Leków) jest organem państwowym przynależnym do Departamentu Zdrowia i Usług Społecznych Stanów Zjednoczonych Ameryki. Zarządzają kwestiami bezpieczeństwa oraz standardami dotyczącymi żywności, leków, środków chemicznych, kosmetyków oraz dodatków do pokarmów. Sprawdzają i wyrażają akceptację.

FDA przeprowadziło testy słodkiej wody w Muan dotyczące zawartości minerałów, metali ciężkich, pestycydów oraz test podrażnienia skóry i szczegółowy test toksykologiczny.

Wyniki potwierdziły, że słodka woda w Muan jest zdatna do picia i bezpieczna dla ludzkiego organizmu. Okazało się, że jest niezwykle bogata w minerały konieczne dla ludzkiego ciała, ma wysoką zawartość wapnia, trzykrotnie wyższą niż w słynnych źródłach na terenie Francji lub Niemiec.

Udowodniono, że słodka woda w Muan jest wspaniałą wodą pitną. Co więcej, ci, którzy wierzą, że ma w sobie moc Bożą i piją lub smarują swoje ciało, doświadczają boskiego uzdrowienia.

Ci, którzy byli nastawieni krytycznie mówili: „Słodkim winem się upili"

Po zmartwychwstaniu Jezusa Piotr otrzymał Ducha Świętego. Czynił wiele znaków, uzdrawiając chorych i wypędzając demony. Żydzi zazdrościli mu i wtrącili go wraz z innymi apostołami do więzienia. Kiedy apostoł Paweł wypędził demona, został pobity i również wtrącony do więzienia.

W Święto Paschy Żydzi z różnych krajów widzieli uczniów Jezusa pełnych Ducha Świętego, którzy mówili językami. Byli zaskoczeni, jednak nie wzięli pod uwagę, że jest to działanie Ducha Świętego. Naśmiewali się i twierdzili, że apostołowie upili się młodym winem.

Tak samo, wielu ludzi krytykowało działanie Ducha Świętego, mówiąc, że wydarzenia przy studni w Muan to mistycyzm lub jakaś gra. Było mi przykro, kiedy słyszałem takie słowa.

Bóg dał nam doświadczyć znaku zmiany słonej wody w słodką po mojej pierwszej modlitwie na górze. Pokazał nam, że da mi wielowymiarową mądrość od tej, którą miałem wcześniej do tej, którą otrzymałem po drugim cyklu modlitw na górze. Była to mądrość, która pomaga rozwiązywać wszelkie problemy.

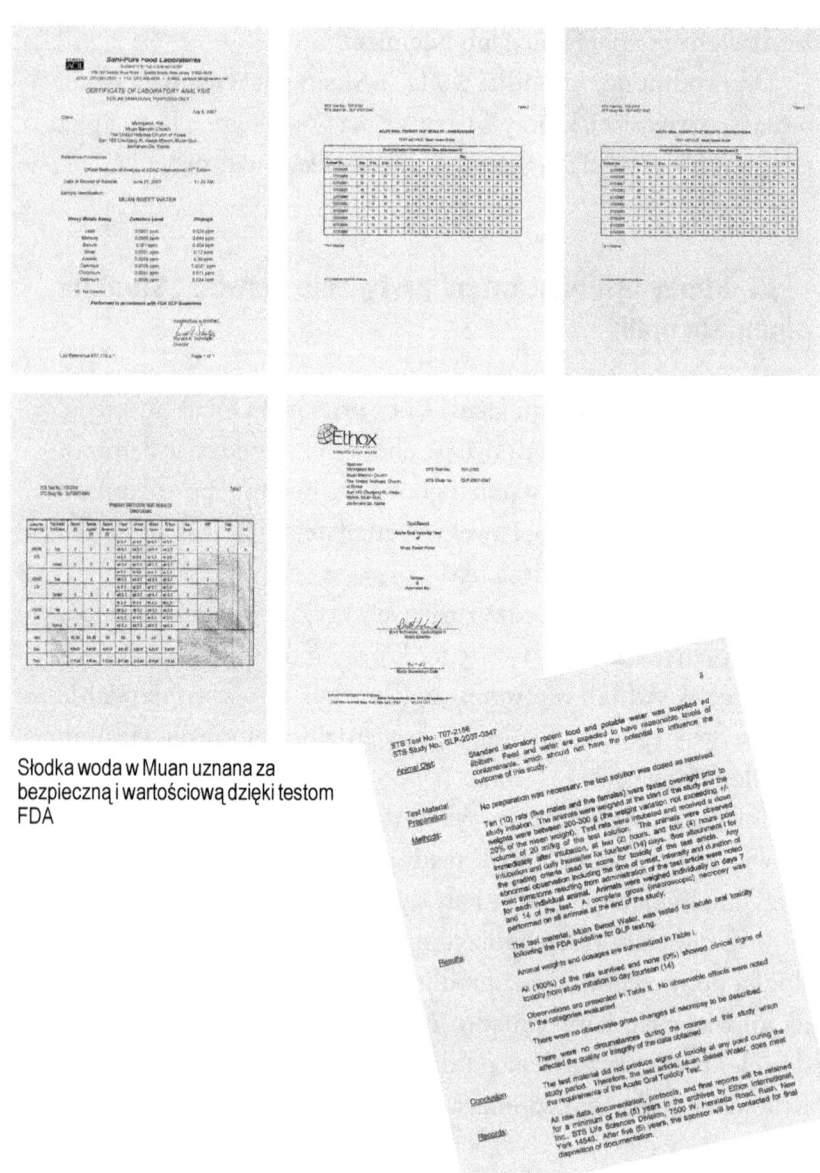

Słodka woda w Muan uznana za
bezpieczną i wartościową dzięki testom
FDA

Góra modlitwy oraz ryzykowanie życia

Bóg nakazał mi modlić się podczas mojego trzeciego cyklu modlitewnego tak, jak modlił się Jakub, gdy złamał kość biodrową. Powiedział mi również, abym modlił się tak, aby moje serce wybuchło. Chodziło o to, abym całkowicie poświęcił swoje życie. Bóg przekazał mi swoje słowo, kiedy się modliłem.

„Ocal dusze świętością ewangelii. Swymi ustami mówią: ‚Panie, Panie, wierzymy'. Jednak nie mają dość wiary wewnętrznej, aby mnie wpuścić do swego serca. Jeżeli naprawdę we mnie wierzą, czy będą polegali na szpitalach, kiedy coś się stanie? Udają, że są święci, jednak wewnątrz potępiają, osądzają i oczerniają innych. Są grobami pobielanymi. To tak, jakby ślepy prowadził ślepego, słudzy Boży i nauczyciele prowadzą wiele dusz drogą śmierci. Głoś poselstwo na cały świat. Nauczaj, jak mogą osiągnąć zbawienie. Obudź dusze na całym

świecie".

Oznacza to, że niewielu ludzi posiada duchową wiarę, aby otrzymać zbawienie w dniach ostatecznych.

Bóg pokazał mi, jak modlił się Mojżesz. Wyjaśnił mi, w jaki sposób modlił się Mojżesz, aby otrzymać 10 Przykazań Bożych nawet nie pijąc wody na Górze Synaj.

Na Górze Synaj nie było wody, drzew, kwiatów ani śpiewu ptaków. Była to pustynia pełna skał i piasku, gdzie znalezienie choćby jednej rośliny było rzadkością. Mojżesz modlił się w samotności. Na początku modlił się z nim również Jozue. Jednak później, kiedy miał otrzymać 10 Przykazań, modlił się w samotności.

Kiedy Mojżesz skończył 80 lat, nie był dobrze odżywionym człowiekiem. Nosił luźne ubrania i gorliwie modlił się na kolanach dniem i nocą. Krew odpływała mu z dłoni, miał poranione kolana, czasami aż do kości. Modlił się dniem i nocą, znosząc ból, przez 40 dni aż otrzymał 10 Przykazań Bożych.

Nie jest łatwo otrzymać 10 Przykazań i słyszeć głos Boży. Należy być całkowicie posłusznym Bogu i czystym. Kiedy skończyłem trzeci cykl modlitewny na górze, Bóg powiedział mi, że modliłem się ryzykując swoje życie. Nauczył mnie kilku tajemnic dotyczących królestwa duchowego i rzeczy, które mają nadejść.

Trzymając się słów z Ewangelii Jana 14,12, modliłem się o podwójną ilość mocy oraz inspiracji, aby wypełnić wielkie dzieła, o których mówił Jezus.

Moc Boża i Jego wyraźna inspiracja są konieczne w czasach ostatecznych i w świecie pełnym grzechu. Ma to na celu również ocalenie tych, którzy nie wierzą nawet jeśli widzą dowody, zniszczenie bożków oraz ideologii Darwinizmu, które są powszechne na całym świecie. Bogu podobały się moje modlitwy i dał mi obietnicę, która miała się spełnić.

Pod koniec kwietnia, zaraz przed spotkaniem ewangelizacyjnym w maju 2000 roku, rozpocząłem czwarty cykl modlitewny. Bóg powiedział mi, abym niczym nie myślał, nawet o mojej rodzinie czy kościele. Myślałem jedynie o niebie i Bogu Ojcu w dzień i w nocy, krzycząc w modlitwie.

Często obserwowałem chmury i słońce w dzień, a księżyc i gwiazdy w nocy, dzięki czemu mogłem dowiedzieć się więcej o miłości i prowadzeniu Bożym. Bóg nauczył mnie wielu rzeczy o tajemnicach dotyczących duchowego królestwa. Nauczał mnie o królestwie niebieskim oraz o złych duchach, sprawujących władzę w piekle.

Po zakończeniu czterech cyklów modlitewnych, Bogu podobała się moc, która miała się zamanifestować przy wodospadach Iguaçu. Bóg zamierzał odpowiedzieć, jeśli wierzący okażą choćby odrobinę wiary. Podczas spotkania ewangelizacyjnego w Maju nie kładłem rąk na każdym chorym, jednak modliłem się za nich wszystkich za kazalnicą.

Nawet po jednej modlitwie, wiele chorób zostało uleczonych, wielu odzyskało wzrok i wstało z wózków inwalidzkich. Byłem bardzo wdzięczny Bogu.

Nie Niszcz Nagród Przechowywanych w Niebie

2 czerwca 200o roku, akurat miałem wychodzić z domu na piątkowe nabożeństwo całonocne. Spotkałem się ze starszym Jongkyoo Lee, który był bardzo poważnie chory. Kiedy go

zobaczyłem, zdałem sobie sprawę, że muszę modlić się o jego zbawienie, nie o uzdrowienie. Był czymś przerażony i nie mógł mówić.

Dzięki inspiracji widziałem, że aniołowie i złe duchy walczyły, aby przeciągnąć jego duszę na swoją stronę. Oznaczało to, że trudno będzie mu otrzymać zbawienie. Szatan oskarżał go przed Bogiem tak, aby móc zabrać go do piekła.

Uświadomiłem sobie powagę sytuacji i modliłem się: „Wszystkie złe duchy, władcy powietrza, odejdźcie! Ojcze, przyjmij jego ducha".

Ludzie wokół mnie byli zaskoczeni i prosili mnie, abym modlił się o jego uzdrowienie.

Jeden z nich powiedział: „Pastorze, on był liderem grupy wolontariuszy przez wiele lat i powinien wziąć udział w zbliżającym się nabożeństwie dla grupy wolontariuszy".

Odpowiedziałem: „Czy nie słyszałeś mojej modlitwy? Jest jak powiedziano".

Po zakończonej modlitwie, na twarzy starszego Lee zagościł pokój i łzy popłynęły po policzkach. Otrzymał pokój w cierpieniu. Powiedziałem jego rodzinie, aby przygotowali się na pogrzeb. Poprosiłem również pracowników kościoła, aby postarali się możliwie najlepiej przygotować pogrzeb, ponieważ, jak sami powiedzieli, był on liderem grupy wolontariuszy przez wiele lat.

Był to przypadek osoby, która pracowała dla kościoła, jednak ledwo otrzymała zbawienie. Następnego dnia, 3 czerwca, pastor zmarł. Bóg pokazał mi, że pastor znalazł się w miejscu, gdzie oczekują zbawieni. Wielu ludzi czekało w długiej kolejce, a on opuścił głowę.

„Nie rozumiesz, dlaczego syn opuścił głowę? Ponieważ jest

członkiem kościoła Manmin, który spożywał duchowy pokarm słowa dzięki tobie".

Jako członek kościoła Manmin, usłyszał słowo życia. Był starszym pastorem oraz kierownikiem grupy wolontariuszy. Powinien być w lepszym miejscy w niebie, jak trzecie królestwo niebieskie lub Nowe Jeruzalem. Jednak ledwie udało mu się zdobyć zbawienie. Innymi słowy, zyskał wstydliwe zbawienie i znalazł się tylko w raju. Dlatego nie mógł podnieść głowy wysoko. Bóg pokazał mi, że starszy Lee dziękowała ze łzami za zbawienie i wyznał, że będzie się za mną modlił aż do chwili, kiedy znów się spotkamy.

Dlaczego wierny pracownik otrzymał jedynie taki rodzaj zbawienia? Oto jak Bóg wyjaśnił mi tę kwestię:

Kiedy nasz kościół zmagał się z trzema próbami, starszy Lee jako kierownik grupy wolontariuszy powinien trzymać się bliżej pastora i innych członków kościoła niż ktokolwiek inny. Jednak słysząc plotki oraz oglądając programy przygotowane przez złych ludzi, miał wątpliwości.

Nauczałem członków kościoła i wielokrotnie podkreślałem, aby nie słuchali, nie oglądali ani nie rozpowszechniali nic, co nie było prawdą, jednak on nie posłuchał. Słuchał tych, którzy próbowali zniszczyć kościół i jego serce przepełniło się wątpliwościami.

Nawet w 1999 roku, kiedy miało miejsce wydarzenie związane z transmisją programu oskarżającego nasz kościół, starszy Lee powinien był chronić kościół i być pasterzem, jednak dał się oszukać złym ludziom i nie wypełnił swoich obowiązków. Ponieważ zawiódł Boga, Bóg nie mógł go zachować. Skarby, które gromadził w niebie zniknęły, i trudno było my zyskać zbawienie.

Z powodu tej sytuacji, diabeł oskarżał go, aby zabrać go do piekła, jednak aniołowie pragnęli go ocalić i zabrać do nieba. Musiało to być dla niego bardzo bolesne przeżycie. Modliłem się wtedy, aby odsunąć złego diabła, więc złe duchy odeszły i starszy Lee mógł być zbawiony.

Kiedy ktoś potępia ukochany przez Boga kościół, oskarżając jego członków o herezję lub potępiając pastora, którego ukochał Bóg, jako heretyka lub zniesławiając go w jakikolwiek inny sposób, jest to grzechem przeciwko Duchowi Świętemu. Jeżeli ktoś popełni tego rodzaju grzech, nie będzie mu przebaczone, nawet jeżeli się skruszy. Zdobycie zbawienia będzie trudne dla takiej osoby, a nagrody przygotowane dla niej w niebie zostaną zniszczone.

Dlatego powinniśmy zachowywać słowo i pracować na nasze zbawienie ze drżeniem i bojaźnią każdego dnia (List do Filipian 2:12).

Proroctwo dotyczące Korei Północnej

13 czerwca 2000 roku prezydent Kim Daejung przybył na lotnisko Soon Ahn w Pyong-yang w Korei Północnej. Po raz pierwszy prezydent Korei Południowej odwiedził Koreę Północną, aby toczyć dyskusję na szczycie.

W grudniu 1983 roku przewidziałem, że Południowa Korea porozumie się z Koreą Północną po trzech latach. Było to zaraz po ataku terrorystów z Korei Północnej na wielu koreańskich ministrów w Myanman, co spowodowało całkowity paraliż w relacjach między tymi krajami. Jeżeli ktokolwiek powiedział coś, co nie było zgodne z porozumieniem z uchwała rządu w stosunku do Korei Północnej, oznaczało to, że naruszamy „Narodowe Prawo Bezpieczeństwa".

Atak terrorystyczny miał miejsce w październiku 1983 roku, kiedy prezydent Doohwan Chun podróżował, odwiedzając sześć kolejnych państw. Myanmar było pierwszym z tych krajów. Kiedy odwiedzali grobowiec Aung San, nastąpił wielki wybuch i spośród ludzi prezydenta zginęło siedemnaście osób, a czternaście zostało rannych.

Uważano, że atak był kierowany przez Kim Il-sunga, ówczesnego lidera Korei Północnej. Relacje między południem a północą zostały całkowicie sparaliżowane i nikt nie wyobrażał sobie, że kiedykolwiek mogłoby dojść do porozumienia.

Jednak po 3 latach, na początku stycznie 1987 roku, zaczęły pojawiać się sugestie, że między południem i północą powinny nastąpić rozmowy dotyczące kwestii politycznych i militarnych – rozmowy między premierami obu krajów oraz negocjacje w sprawie ograniczenia sił zbrojnych. Ponadto, w pierwszej połowie 1990 roku, przepowiedziałem, że relacje między południem i północą poprawią się jeszcze bardziej i będą nadal się polepszać.

We wrześniu tamtego roku w Seulu miały miejsce pierwsze oficjalne rozmowy między władzami północy i południa. W październiku odbył się mecz piłki nożnej między północą a południem, więc ludzie byli bardzo zaskoczeni nagłą zmianą przebiegu wydarzeń. Od tamtego czasu, wiele rozmów między dwoma krajami miało miejsce, m.in. negocjacje Athletic Talks oraz wiele innych rozmów między władzami obu krajów, Które miały miejsce w tym roku.

Zaraz po otwarciu kościoła, Bóg powiedział mi, że będą miały miejsce rozmowy na szczycie między północą i południem oraz jak sytuacja będzie wyglądać w czasach ostatecznych.

Pan powiedział mi, że kiedy będą toczyły się rozmowy o tym, aby wybrać jednego prezydenta dla Północnej i Południowej Korei, będzie to oznaczało, że On jest tuż u drzwi. Oznacza to, że niniejsze wydarzenia mają ścisły związek z powtórnym przyjściem Jezusa.

Rozmowy na szczycie zgodnie z proroctwem

Zgodnie z tym, co Bóg powiedział mi w 1983 roku, 15 czerwca 2000 roku odbyły się rozmowy na szczycie między Koreą Północną i Południową. Przewidziałem, co wydarzy się w związku z rozmowami na szczycie.

„Korea Północna ma swoją własną agendę w związku z prowadzeniem rozmów. Nasi reprezentanci nie powinni dać się zwieść. Jednym z powodów jest ekonomia, jednak to tylko mały powód. Zachęcam członków kościoła, aby modlili się w tej sprawie".

11 czerwca podczas nabożeństwa niedzielnego wyjaśniłem to, co Bóg mi przekazał.

„Będą prowadzone rozmowy. Początkowo rozmowy będą przyjazne, spacery i żarty. Nastąpi wymiana pod względem politycznym, ekonomicznych oraz sportowym. Jednak od drugiej rozmowy, prezydent będzie miał trudności z powodu ich agendy. Módlmy się o to, abyśmy byli w stanie zapobiec wielkim trudnościom. Rozmowa podczas spaceru oznacza, że prezydenci będą rozmawiać podczas spaceru w sposób przyjacielski i bliski."

W zasadzie 13 czerwca, kiedy prezydent Kim Daejung przybył na lotnisko w Pyong-yang, Kim Jong-il przybył na lotnisko, aby go przywitać. Większość ludzi spodziewało się, że nastrój rozmowy będzie raczej dziwny i trudny.

Jednak podczas wizyty prezydenta, Kim Jong-il zachowywał się w bardzo przyjacielski sposób, spacerował z prezydentem Kim Daejung w przyjaznym nastawieniu. Dla mieszkańców Korei Południowej było to wielkim zaskoczeniem. Jego zachowanie ujęło mieszkańców. Używano nawet określeń „szok Kima Jong-ila" lub „syndrom Kima Jong-ila".

Jak powiedział Bóg, rozmowy odbywały się w bardzo przyjacielski sposób. Obiecano również kolejne rozmowy. Kiedy pierwsza rozmowa miała miejsce, ludzie byli pełni emocji. Cały kraj był zadowolony, że atmosfera rozmów była tak przyjazna.

Ukryte Plany

Kiedy Prezydent Kim Daejung wrócił ze swojej wizyty do Korei Północnej, 16 czerwca a następnie 18 czerwca, podczas całonocnego nabożeństwa w piątek oraz nabożeństwa niedzielnego, wyjaśniłem to, o czym Bóg mi powiedział. Korea Północna wydawała się przyjaźnie nastawiona i powitała prezydenta Korei Południowej przedstawiając bardzo szczegółowy plan.

Bóg powiedział, że zaraz po tym jak Kim Jong-il pożegnał prezydenta, udał się na tajemnicze spotkanie, aby rozmawiać o ponownym zjednoczeniu przez działanie zbrojne. Analizowali zachowanie każdej osoby z Korei Południowej i każdego, kto byłby pomocny dla Korei Północnej.

Kiedy ludzie na południu, oszukani przez przyjazne zachowanie północy, śnili o pokojowym zjednoczeniu, północ snuła plany o ponownym zjednoczeniu krajów przez działania zbrojne.

Do tamtej chwili mieszkańcy Korei Południowej mieli negatywne zdanie na temat Kim Jong-ila. Jednak dzięki temu spotkaniu, ich opinia uległa zmianie. Oznacza to, że Kimowi Jong-il udało się zrealizować plan zniewolenia umysłów ludzi z południa, aby mógł zrealizować swoje plany. Bóg przekazał mi, że Kim Jong-il zniewolił umysły ludzi na południu dzięki krótkim chwilom przyjacielskiego powitania prezydenta Kim Daejung.

Bóg powiedział mi również, że tak zwana „słoneczna polityka" nie przyniesie dobrych skutków. Kiedy Korea Północna otrzyma pomoc, będzie wtedy współpracować, jednak tylko przez jakiś czas. Są przyjaźnie nastawieni na zewnątrz, jednak ich wnętrze jest zupełnie inne. Te słowa okazały się prawdziwe. Korea Północna przygotowywała broń nuklearną zgodnie ze swoim planem.

Niedługo po tym, jak otworzyłem nasz kościół, Bóg powiedział mi, że Korea Północna otworzy się pewnego dnia. I dzień ten jest blisko, dzięki naciskom ze strony Stanów Zjednoczonych oraz innych krajów. Na ten czas mamy pastorów oraz członków kościoła, którzy przygotowują misję dla Korei Północnej.

Jednak czas, kiedy Korea Północna otworzy swoje granice nie będzie trwał długo. Poczują, że ich system jest zagrożony i ponownie zamkną granice. Jednak zanim je zamkną, ostrzegą wszystkich obcokrajowców, aby opuścili kraj. Więc wielu misjonarzy opuści Koreę Północną, jednak kliku zostanie do końca, aby głosić ewangelią i ostatecznie stać się męczennikami.

Rozdział 5

Kiedy woda
zakrywa morze

Rozpoczęcie misji zagranicznych na pełną skalę

Kiedy kościół po raz pierwszy otworzył swoje drzwi w lipcu 1982 roku w niewielkim budynku o powierzchni 70m², modliłem się wraz z kilkoma pracownikami kościoła odpowiedzialnych za misję światową oraz budowę Wielkiego Sanktuarium, które zostało przedstawione w wizji od Boga.

Siedemnaście lat później u progu nowego tysiąclecia oraz dzięki opatrzności Bożej, misja światowa rozpoczęła się na pełną skalę.

W Księdze Dziejów Apostolskich, czytamy o wielkim ożywieniu w Jerozolimie w czasach pierwszego kościoła chrześcijańskiego. Ponieważ prześladowania kościoła wzmagały się, wierzący rozproszyli się do różnych miejsc.

Poprzez prześladowania wiara naśladowców Chrystusa wzmocniła się i dzięki temu chrześcijaństwo zaczęło się rozwijać na całym świecie. Pomimo że szatan stara się przeszkodzić temu za wszelką cenę, wola i opatrzność Boża z pewnością zostaną wypełnione.

Od samego początku nasz kościół był napełniony Duchem Świętym. Miało miejsce wiele znaków i cudów, a szybko kościół wzrastał. Oczywiście szatan próbował zniszczyć kościół.

Dzięki wierz i miłości pokonywaliśmy kolejne próby, a Bóg obdarzał nas większą mocą. Poczynając od Ugandy w lipcu 2000 roku, rozpoczęliśmy światową misję na pełną skalę.

Uganda, Początek Misji Światowej

Pomimo, że Uganda nazywana jest „Perłą Afryki", Uganda koniecznie potrzebuje Bożej łaski. Zagrożenie biedą, chorobami i wojnami domowymi było olbrzymie. Statystycznie 30% całej populacji było zarażonych wirusem HIV, który bardzo szybko się rozpowszechniał.

Chrześcijanie w Ugandzie byli bardzo czujni ze względu na wzrost Islamu na całym świecie.

Kiedy przemawiałem podczas misji w Ugandzie, czułem, że to Bóg przysłał mnie do tego kraju.

W samolocie z Londynu do Nairobi, widziałem przez okno tęczę. Była niezwykła. Samolot leciał jakby wewnątrz niej. Od tamtej chwili kiedykolwiek jechaliśmy na misję do innych krajów, tęcza pojawiała się na niebie. Pojawiały się potrójne tęcze, proste tęcze i wiele innych.

4 lipca 2000 roku przybyłem wraz z naszą misyjną delegacją do Ugandy. Wielu różnych liderów politycznych i religijnych przybyło na lotnisko, aby nas przyjąć, łącznie z Sekretarzem

Prezydenta ds. Religii, Prezydentem miasta Kampala oraz Jehonah Nkangi, Ministrem Sprawiedliwości w Ugandzie. Mieszkańcy mieli na sobie tradycyjne ubiory i powitali nas z entuzjazmem, tańcząc i śmiejąc się.

Kiedy jechaliśmy z lotniska do hotelu, machało nam wielu ludzi. Widziałem również wiele plakatów dotyczących misji. Informacje o misji były wielokrotnie transmitowane w telewizji oraz publikowane w lokalnej prasie. Było to bardzo interesujące.

Mieliśmy konferencje prasową w Hotelu Nile w Kampali. Zebrało się wielu dziennikarzy, łącznie z dziennikarzami CTV. Obiecałem im, że ślepi odzyskają wzrok, chromi będą chodzić, a wiele cudów będzie miało miejsce dzięki łasce Bożej.

Jednak ponieważ misja stawała się coraz bardziej głośna, szatan próbował ją zakłócić. Przez kliku koreańskich misjonarzy, krążyło wiele fałszywych plotek. Poruszyły niektórych dziennikarzy na tyle, że chcieli przerwać misję.

Jednak prawdziwa wiara Afrykańczyków spowodowała całkiem inna reakcję niż spodziewali się koreańscy misjonarze. Ich zamiary, aby zakłócić misję spowodowały jej jeszcze większy rozgłos. Nie tylko ministrowie, ale również dziennikarze zainteresowali się misją.

Konferencja liderów kościoła

5 i 6 lipca odbyła się konferencja liderów kościoła w Międzynarodowej Sali Konferencyjnej Kampala. Pastorzy, nie tylko z Ugandy, ale również z Kenii i Tanzanii wzięli w niej udział. Sala wypełniła się ferworem tysięcy pastorów. Nawet przejścia były zapełnione.

Wygłosiłem kazanie pod tytułem „Świętość dla Boga".

Słuchacze byli bardzo uważni i kiedy zacząłem opowiadać o znakach i cudach Bożych, oddawali chwałę Bogu z radością i oklaskami. Cieszyli się tak, jakby sami doświadczyli działanie Bożego.

Kiedy głosiłem o dziełach Bożych w Korei, wielu ludzi miało dziwne miny. Próbowali potępiać, zakłócać i przeszkadzać. W Ugandzie było zupełnie inaczej niż w Korei. Ludzie mieli czyste serca i przyjmowali słowo Boże.

Misja rozwijała się dzięki uzdrowieniom

Od następnego dnia przez trzy dni misja odbywała się na stadionie Nakivubo. Pierwszego dnia przybyło na nią 70 000 ludzi. Spotkanie rozpoczęło się od ogłoszenia biskupa Grivas Musisi, a następnie ja głosiłem o Bogu Stworzycielu.

Poselstwo było tłumaczone na język angielski oraz na lokalny język Ugandy, więc rzeczywisty czas kazania wynosił jedynie dwadzieścia minut.

Po kazaniu modliłem się za chorych przez około pięć minut. Pomimo, że była to krótka modlitwa, już od pierwszego dnia miały miejsce uzdrowienia. Widziałem kobietę, która leżała pod sceną – nie była w stanie się ruszyć.

Jacyś ludzie, zapewne członkowie jej rodziny, próbowali nią potrząsnąć, jednak ona leżała bez ruchu. Jednak kiedy zakończyła się modlitwa, kobieta wstała i weszła na scenę. Kiedy ludzie to ujrzeli, byli bardzo przejęci.

Dziewczynka, która miała poważne oparzenia na nogach, które uniemożliwiały jej chodzenie, zaczęła chodzić. Osoba, która miała jedną nogę krótszą od drugiej, zaczęła normalnie chodzić. Wielu ludzi przybyło, by złożyć świadectwo o tym, jak zostali uzdrowieni z AIDS i chorób skóry. Wiele cudów Bożych miało miejsce.

Drugiego i trzeciego dnia misji, miały miejsce jeszcze większe cuda. Ludzie odrzucali kule i przychodzili do przodu. Ludzie krzyczeli z radości. Wszędzie błyskały lampy fotoreporterów, a głos dziennikarzy rozbrzmiewał wokół coraz donośniej.

Osoba, która chodziła o kulach od 14 lat odrzuciła je. Ślepi zaczęli widzieć. Był tam również mężczyzna, który nie mógł chodzić z powodu nowotworu, jednak w końcu zaczął chodzić. Sześcioletni chłopiec, który nie mówił ani nie chodził, teraz mógł chodzić i mówić normalnie.

Reportaż w CNN

Dzięki świadectwom o uzdrowieniach, oklaskom i radości, stadion był pełen emocji i entuzjazmu zgromadzonych ludzi. Niektórzy z nich machali chusteczkami, inni tańczyli i podnosili w górę swoje krzesła.

Misja była transmitowana na żywo przez narodową telewizję Ugandy oraz WBS (World Broadcasting System). Wiadomości o misji były transmitowana każdego dnia na czterech kanałach oraz w różnych stacjach radiowych. Nawet CNN oraz nadawca z Wielkiej Brytanii transmitowały sceny ze spotkań misyjnych.

„Dr Jaerock Lee udowodnił, że jest człowiekiem Boga, pokazując znaki i cuda Jezusa Chrystusa dzięki mocy Boga. Są to znaki i cuda, które mogą pochodzić jedynie od Boga".

Transmisje w CNN

Nawet po zakończeniu misji, CNN trzykrotnie nadawało informację o mocy Bożej. Bóg zaplanował to w taki sposób, aby dzieła Boże były najpierw znane z innych krajów. Kiedy ci, którzy zostali uzdrowieni, składali swoje świadectwa, wiara innych wzrastała dzięki dziełom Bożym. Ludzie przynosili wiele chusteczek, aby dzięki temu otrzymać modlitwy.

Zebrała się sterta listów, intencji oraz zdjęć. Nie miałem czasu, aby modlić się za tych wszystkich ludzi oddzielnie, więc modliłem się o wszystkich razem. Jednak przynoszono kolejne listy i notatki z intencjami.

Liderzy kościoła w Ugandzie słuchali czystego i żywego poselstwa oraz byli świadkami niezaprzeczalnych dzieł mocy Bożej. Przyznali, że zyskali nową wiarę i wzmocnili się.

Po zakończeniu misji przyszło do mnie kilku pastorów, którzy skruszyli się i wyznali swoje grzechy, ponieważ działali, aby przeszkodzić misji w Ugandzie. Słyszałem również, że wielu organizatorów misji odebrało podobne telefony. Ponieważ nie rozumieli, że jestem sługą Bożym i przeszkadzali, pragnęli dowiedzieć się, co mogą teraz zrobić, aby naprawić to, co uczynili.

Akceptując dzieła mocy Bożej

Pewna 22-letnia muzułmanka nie mogła chodzić z powodu paraliżu dolnej partii ciała, jednak dzięki misji została uzdrowiona. Islamskie władze wydały zarządzenie, które zabraniało komukolwiek mówić o tej dziewczynie lub jej uzdrowieniu podczas misji. Słyszałem jednak, że ona powiedziała: „Wzięłam udział w misji i zostałam uzdrowiona. Muszę o tym mówić".

Mieszkańcy Ugandy byli biedni i przyjęli ewangelię świętości oraz dzieła mocy Bożej do swoich czystych serc. Pastorzy i ludzie wierzący, wszyscy cieszyli się, kiedy ktoś został uzdrowiony jakby sami doznali uzdrowienia. Nawet po zakończeniu misji, ludzie nie rozjechali się przez dłuższy czas do swoich domów. Byłem poruszony ich czystością i szczerością.

Pewna osoba zobaczyła coś swoimi duchowymi oczami. Wyznała, że widziała konie i wozy ogniste wokół miejsca, gdzie odbywały się spotkania misyjne (2 Królewska 6:17). Dzięki temu Bóg odsuwał od nas działanie szatana. „Konie i wozy ogniste" oznaczają, że była z nami niebiańska armia.

Po zakończonej misji, kiedy modliłem się za mieszkańców Ugandy, Bóg powiedział mi, że pomimo, iż ci ludzie śpiewali pieśni pochwalne z całego serca niewiele wiedzieli o słowie Bożym.

„Mieszkańcy tego kraju śpiewają pieśni pochwalne z całego serca, aby oddać chwałę Bogu. Znają Boga w swoim uwielbieniu, jednak nie znają Boga w Jego słowie. Jednak tym razem powiesz im o Bogu w Jego słowie".

Słowo Boże oraz moc dzieła Bożego widoczne podczas misji zostały rozgłoszone dzięki mediom i nadawcom. Dzięki temu kościoły w Ugandzie zjednoczyły się i wzmocniły.

Dziesięciu głucho-niemych uzdrowionych podczas misji w Nagoya

Kiedy zakończyliśmy misję w Ugandzie, Bóg pokierował nas, abyśmy przeprowadzili misję w Japonii. Japonia służy wielu bożkom, jednak chrześcijaństwo stanowi jedynie 1%.

Niektórzy japońscy pastorzy byli poruszeni dzięki zjednoczonej misji koreańsko-japońskiej przeprowadzonej w naszym kościele w 1992 roku. Pragnęli współpracować i otrzymywać wsparcie misyjne. W 1994 roku wysłaliśmy naszego pierwszego misjonarza do Japonii, aby założył filię kościoła. Był to początek naszej misji w Japonii.

Rozpoczęcie misji miało nastąpić 14 września 2000 roku, jednak 11 na skutek tajfunu września rozpoczęły się ulewne deszcze. W wiadomościach pokazywano zalane miasto Nagoya. Mówiono, że tajfun może dotrzeć do Korei.

30 000 domów w Japonii zostało zalanych. 17 000 ludzi otrzymało nakaz ewakuacji. Miasto przestał funkcjonować. W tygodniu, kiedy miała odbyć się misja, prognoza pogody

podawała ulewne deszcze.

Jednak 13 września, kiedy przybyliśmy do Japonii, deszcz ustał i woda w mieście zaczęła wysychać. Mogliśmy przeprowadzić misję tak, jak było zaplanowane, od 14-15 września w ładnej jesiennej pogodzie. Nasza kościelna orkiestra Nassi grała piękne chrześcijańskie koncerty.

Szczególną częścią tej misji było to, że brało w niej udział 13 głuchoniemych osób. Mieliśmy tłumacza, który wszystko im przekazywał. Bardzo uważnie pragnęli zapoznać się z poselstwem.

Dzięki modlitwom drugiego dnia dziesięciu z nich zostało uzdrowionych dzięki łasce Bożej. Kiedy widzieliśmy ich świadectwa i ogromną radość, byliśmy bardzo poruszeni.

Nishio Shenbiro nie była w stanie pohamować radości, ponieważ nie słyszała od urodzenia, a od dwóch lat przed misją dźwięczało jej w uszach, jednak to również ustało.

Wyjechałem do Pakistanu wypełniony duchem męczeństwa

W Pakistanie 97% ludzi to muzułmanie. Konstytucyjnie mają wolność religii, jednak chrześcijanie dyskryminowani są na różne sposoby.

Cierpią na skutek przemocy, czasami są nawet zabijani, jednak nie są w stanie walczyć o swoje prawa. Skoro muzułmanie atakują się nawzajem poprzez ataki bombowe, jaką szansę ma chrześcijanin?

Byłem przygotowany na męczeństwo. Kiedy modliłem się o tę misję, Bóg powiedział mi: *„Będzie się działo wiele rzeczy, mających przeszkodzić misji aż do jej rozpoczęcia. Jednak ja powołam wysokiego urzędnika, aby wam pomógł, więc nie martw się. Misja się odbędzie bez żadnych wypadków lub nieszczęść. Zostanę wielce uwielbiony”.*

16 października 2000 roku podczas lotu do Pakistanu widziałem jasną okrągłą tęczę za oknem samolotu.

Uświadomiłem sobie, że Bóg pokazał mi tęczę, która oznaczała, że będzie on prowadził 4-dniową misję w Pakistanie światłem swojej mocy na czterech poziomach. Pastorzy, organizatory misji oraz fotoreporterzy czekali na nas na lotnisku.

Cynthia, córka starszego Wilsona Johna Gila powitała nas z bukietem kwiatów (opowiadałem już wcześniej jej historię w rozdziale 3). Wyrosła i była zdrową młodą kobietą.

W mieście Lahore było wiele plakatów na temat misji. Ponadto media nadały rozgłos naszej misji. Tu i tam plakatu zostały porwane przez muzułmanów. Słyszeliśmy nawet groźby ataków bombowych.

18 października organizatorzy przygotowali przyjęcie powitalne w hotelu Avari International. Przybyło tam wielu urzędników i polityków, m.in. S.K. Tressler, minister kultury, sportu, młodzieży i turystyki, minister sprawiedliwości stanu Punjab oraz były Sędzia Główny Sądu Najwyższego.

Przed przyjęcie wydarzyło się coś niewyobrażalnego. Pan Abdula, najwyższy przywódca islamski stanu Punjab, przyjechał na wózku, aby prosić o modlitwę w sprawie jego nóg.

Muzułmanom nie wolno kontaktować się z chrześcijanami. Tak więc, dla muzułmańskiego przywódcy przyjście do mnie i prośba o modlitwy musiały być wielką decyzją. Kiedy modliłem się za przywódcę muzułmańskiego, zdałem sobie sprawę, że był to znak, że Jezus Chrystus zwyciężył już duchową bitwę w tej misji.

Ponieważ Pakistan jest muzułmańskim krajem, bez poparcia ze strony pakistańskiego rządu, trudno byłoby przeprowadzić misję. Jednak Bóg już wcześniej przygotował dla nas pomocna dłoń.

Pewne zamknięcie bram

Była godzina 9.00 rano 19 października - pierwszy dzień konferencji pastorów. Tamtego ranka dowiedziałem się, że konferencja została nagle odwołana. Stacja kolejowa oraz miejsce, gdzie miała odbyć się konferencja również zostały zamknięte. Mieliśmy już wtedy wszystkie pozwolenia, których potrzebowaliśmy od rządu.

Kiedy przyjechaliśmy na miejsce, gdzie miała odbywać się misja, zatrzymał nas uzbrojony policjant. Kiedy nasi pracownicy zażądali otwarcia bram, pozwolili jedynie, abym wjechał ja i ludzie za mną, którzy mnie eskortowali. Znów zamknięto bramy. Policjanci uzbrojeni w pistolety i ręczne granaty zatrzymywali autobusy i nie pozwalali na wjazd na stadion.

Z powodu nacisków ze strony muzułmanów na rząd, rząd odwołał spotkanie ze względów bezpieczeństwa. Na stadionie znajdowało się kilku miejscowych pastorów, którzy przybyli na miejsce zanim bramy zostały zamknięte. Śpiewali i modlili się.

Czas mijał, a policjanci byli coraz bardziej brutalni. Przyjechali tam ludzie, którzy podróżowali 10-20 godzin z oddalonych miejsc, jednak nie mogli się nawet dostać na stadion. Słyszałem śpiewy i modlitwy dochodzące zza stadionu.

Polegałem na Bogu i modliłem się. Otrzymałem odpowiedź: *„Nikt nie jest w stanie przeszkodzić tej misji. Bramy zostaną otwarte w południe".* Powiedziałem ludziom, że konferencje rozpocznie się w południe i nie powinni się o nic martwić.

W rzeczywistości nadal wszędzie byli policjanci i nie było widać żadnych zmian. Jednak pracownicy, którzy byli ze mną również wyznali z wiarą, że konferencja rozpocznie się w południe.

Pomocna dłoń przygotowana przez Boga

Jak tylko wyznaliśmy naszą wiarę, bramy stadionu otwarły się w południe.

Wiele ludzi wchodziło na stadion z godnością oraz z rękami uniesionymi w górę. Wyglądali jak generałowie, którzy wrócili ze zwycięskiej wojny. Minister Tressler dowiedział się, że konferencja została odwołana. Zadzwonił do urzędników stanowych i polecił, aby pozwolono konferencji odbyć się, a następnie w pośpiechu wyszedł, aby w niej uczestniczyć.

Akurat miał wyjeżdżać do Ismalabadu, kiedy usłyszał wiadomości i zmienił swój plan, aby przyjechać na misje. Ludzie, którzy musieli czekać na obrzeżach miasta i modlili się o to, aby konferencja się rozpoczęła, przybywali teraz z radością.

Minister Tressler wygłosił mowę gratulacyjną na konferencji pastorów. Przez dwa dni mówiłem o tajemnicy wzrostu kościoła oraz „Poselstwo z Krzyża". Kiedy modliłem się o chorych, dziewczynka została uwolniona z mocy demona. Zniknął guz, który znajdował się w ciele pewnego człowieka przez 14 lat. Głusi odzyskali słuch. Ludzie wydawali świadectwo o tym, jak zostali uwolnieni od bólu. Wiadomości szybko się rozchodziły dzięki narodowej telewizji oraz innym nadawcom, dzięki prasie i ludziom, którzy przekazywali sobie nowiny z ust do ust.

Tłum zgromadził się nawet przed budynkiem

O 7.00 wieczorem 20 października rozpoczęła się misja w instytucie Burt. Ponieważ konferencja pastorów bardzo się udała, ludzie gromadzili się w okolicy. Przez 3 dni więcej niż 100 000 ludzi przybywało na miejsce każdego dnia.

Ludzie przyjeżdżali z całego kraju pociągiem i autobusami. Miejsce, gdzie odbywała się misja było już pełne ludzi. Nie było więcej miejsca. Ci, którym nie udało się wejść do środka, słuchali poselstwa przez głośniki. Słyszałem również, że wielu ludzi musiało wrócić do domu, ponieważ nie udało im się zbliżyć wystarczająco, by cokolwiek słyszeć.

Więcej ludzi przyjechało drugiego i trzeciego dnia, więc nawet miejsca poza budynkiem były całkowicie zatłoczone. Nastawienie policji, która próbowała przeszkodzić w spotkaniu pierwszego dnia, zmieniło sie całkowicie i teraz pomagali, aby utrzymać porządek i bezpieczeństwo podczas misji i do jej zakończenia.

Uzbrojeni policjanci pilnowali sceny oraz naszych pracowników przez cały dzień. W celu zapewnienie całkowitego bezpieczeństwa, ustawili wiele linii ochrony wokół miejsca, gdzie odbywała się misja.

Wielu wysokich urzędników oraz liderów kościoła wzięło udział w misji. Telewizja i prasa była podekscytowana przygotowywaniem raportów. Wiadomości o misji szybko się rozchodziły i docierały do innych krajów na Środkowym Wschodzie oraz krajów muzułmańskich.

Głosiłem poselstwo o tym, dlaczego Jezus jest Zbawicielem. Podkreślałem również, że wszelkie choroby mogą być uzdrowione, problemy rozwiązane oraz, że mogą cieszyć się życiem wiecznym w niebie, jeśli będziemy modlić się w imieniu Jezusa. Uczestnicy słuchali poselstwa bardzo uważnie. Tłumaczono na język angielski oraz Urdu.

Dziesięć tysięcy muzułmanów wzięło udział w misji. Organizatorzy powiedzieli mi, że 50-60% uczestników było muzułmanami. W pewnym momencie kazania, poprosiłem

Misja w Pakistanie

uczestników, aby podnieśli ręce, jeżeli wierzą w Jezusa Chrystusa. Większość ludzi podniosło ręce. Była to niezwykle radosna i poruszająca chwila.

Przez trzy dni misji, po wygłoszeniu poselstwa modliłem się za chorych. Modliłem się całym sercem, aby uzdrowić choćby jedna osobę. Dzięki modlitwie, Bóg pokazał nam wiele działań Ducha Świętego.

Kiedy skończyłem się modlić, wielu ludzi, którzy doświadczyli boskiego uzdrowienia przychodziło na scenę, aby opowiedzieć swoje świadectwo. Scena szybko wypełniła się ludźmi. Niezliczona liczba osób doświadczyła Bożego uzdrowienia podczas misji.

Wiele endemicznych chorób zostało uzdrowionych, a demony opuściły ciała wielu ludzi. Ślepi odzyskali wzrok, a głusi odzyskali słuch. Pewna siostra, która nie mogła chodzić od urodzenia z powodu paraliżu niemowlęcego, zaczęła chodzić, a jedna z jej nóg, która była krótsza, wydłużyła się o 5 cm.

Misja była możliwa dzięki wsparciu ze strony członków naszego kościoła, przez ich posty, modlitwy i dary. Wielu ludzi oddało swój „wdowi grosz" dzięki wierze jako dary ewangelizacyjne. Bóg powiedział mi, że ci ludzie otrzymają błogosławieństwa na ziemi oraz piękne nagrody, złoto i biżuterię w królestwie Bożym.

Bóg był zadowolony z misji w Pakistanie, i z tego powodu powiedział mi, że otoczył nasz kościół oraz wszystkie jego filie na całym świecie światłem stworzenia.

Ponadto, powiedział mi, że daje nam miecz ognia jako dar. Kiedy światło stworzenia odsunie całą ciemność, miecz ognia przedzieli się i złamie. Wyjaśnił, że dzięki temu zagwarantuje mojemu moc słowu, na przykład jeśli rozkażę kościom, aby się zrosły, zrosną się. Będą również miały miejsce dzieła stworzenia.

Boża moc zmartwychwzbudzenia

6 maja 2001 roku okrągła tęcza pojawiła się wokół słońca nad kościołem podczas niedzielnego nabożeństwa. Było to znakiem, że Bóg był z nami podczas dziewiątego dwutygodniowego nabożeństwa ewangelizacyjnego, które miało zacząć się następnego dnia.

W czasie spotkanie ewangelizacyjnego, tęcze pojawiały się na niebie nad kościołem kilkukrotnie. Miało miejsce wiele uzdrowień. Na przykład, uleczono nowotwór żołądka oraz białaczkę.

Yamazaki Hiromi z Japonii miała skrzywiony o 90 stopni kręgosłup przez około 10 lat przed spotkaniem ewangelizacyjnym. Przez pierwszy tydzień brała udział w nabożeństwach przez Internet. Kiedy przyjęła modlitwę o chorych, jej plecy wyprostowały się prawie całkowicie, a ból ustępował z dnia na dzień.

Była bardzo zaskoczona, więc przyjechała do Korei, aby

wziąć udział w nabożeństwie ewangelizacyjnym. 17 maja, kiedy przyjęła modlitwę, zstąpił na nią ogień Ducha Świętego. Zaczęła się pocić na całym ciele, a jej kręgosłup wyprostował się całkowicie.

Ueda Hideo, również z Japonii, cierpiał z powodu cukrzycy, zapalenia wątroby oraz alkoholizmu. Uczęszczał na spotkanie ewangelizacyjne jedynie pod namową innych osób. Kiedy przyjął modlitwę, poczuł jakby śmieci zostały wymiecione z jego głowy, zaczął normalnie chodzić, dzięki nowej sile, którą otrzymał.

Ciało całkowicie sztywne i zimne

Jaeho Lee był parafialnym pastorem w naszym kościele. 8 maja coś mu się stało. Członkowie jego rodziny wyjaśnili mi sytuację. Nagle wcześnie rano zaczął wymiotować. Do 2.00 popołudniu nie był już w stanie kontrolować swojego ciała.

Tracił płynu poprzez biegunkę i wymioty, a około 5.00 popołudniu stracił przytomność. Ponieważ szybko tracił płynu, jego skóra stała się pomarszczona. Rozszerzył mu się odbyt i biały płyn z bąbelkami zaczął wypływać z jego ciała. Medycznie oznaczało to, że był martwy.

Był zdrowym mężczyzną, a to stało sie nagle w ciągu kilku godzin. Członkowie jego rodziny przywieźli go do kościoła wieczorem, kiedy miało rozpoczynać się nabożeństwo ewangelizacyjne. Obawiali się, że jeśli dowiem się o sytuacji, może to mieć wpływ na całe nabożeństwo. Więc zdecydowali się czekać do zakończenia nabożeństwa, żeby mi powiedzieć.

Do tego czasu pastor Lee był już całkowicie sparaliżowany. Nastąpiło kilka skurczów mięśni, a następnie pastor całkowicie stracił przytomność.

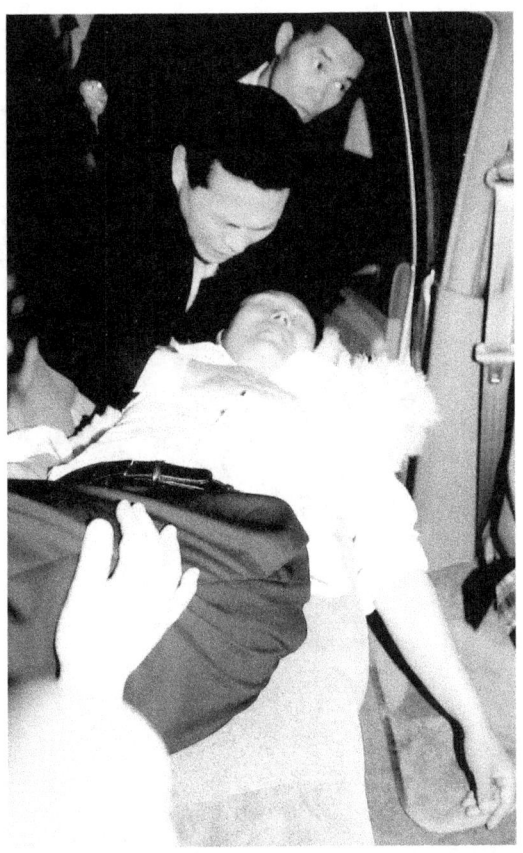

Modlitwa za nieprzytomnym pastorem Lazarusem Jaeho Lee

Około 11.00 wieczorem, dowiedziałem się o sytuacji i szybko wyszedłem na zewnątrz. Pastor Lee leżał w samochodzie w śmiertelnej ciszy. Miał powiększone źrenice, a jego ciało było całkowicie sztywne i zimne. Jednak członkowie jego rodziny wierzyli, że może zostać uzdrowiony, jeśli tylko położę na nim

Misjonarz w Ameryce Łacińskiej (Sala kongresowa w Cuzco w Peru)

ręce.

Kiedy z wiara modliłem sie do Boga, który ożywia nawet umarłych, Bóg natychmiast odpowiedział na moją modlitwę. Jak tylko skończyłem się modlić, jego ciało rozluźniło się i odzyskał przytomność. W ciągu 5 minut mógł już samodzielnie stać. Pastor Lee zmienił swoje imię na „Łazarz" Lee, mówiąc, że otrzymał dodatkowe życie. Dziś pracuje jako misjonarz w Ameryce Łacińskiej.

Wykłady na temat początku świata oraz cudów

Bóg wyjaśnił mi księgę Rodzaju. Zacząłem lekturę Księgi Rodzaju 1 grudnia 2000 roku. Było to podczas piątkowego nabożeństwa całonocnego. Cykl trwał to przez kolejnych sześć lat. Ponieważ Bóg jest jedynym, który stworzył wszystko we wszechświecie, jest w stanie wyjaśnić wszystko nawet to, co miało miejsce przez stworzeniem Ziemi.

W dzisiejszych czasach nawet przy tal rozwiniętej nauce i wiedzy, nikt nie potrafi zrozumieć tego, co było zanim zaistniała Ziemia. Mamy zrozumienie jedynie wtedy, kiedy Bóg nam wyjaśnia.

Jednakże, jak możemy wierzyć, że dane wyjaśnienie jest prawdziwe? Bóg zaczął wyjaśniać nam Księgę Rodzaju po tym, jak oglądaliśmy wiele Jego potężnych dzieł takich, jak te opisane w Biblii.

Jezus powiedział: *„Jezus rzekł do niego: Jeżeli znaków i cudów nie zobaczycie, nie uwierzycie"* (Jan 4:48). Jak powiedziano, w dzisiejszych czasach, nawet mając dowody, ludzie nie wierzą i dlatego mamy tak wielką potrzebę działania żyjącego Boga.

5 kwietnia 2001 roku odbyła się niewielka konferencja liderów małych grup prowadzona przez kobiecą misją w naszym kościele. Przygotowano szczególny program pod tytułem „Obserwując Chmury". Organizatorki planowały konrefencję od stycznia tamtego roku.

Ponieważ Bóg pokazywał nam wiele cudownych widoków, takich jak spadające gwiazdy, jako jeden z punktów programu zaplanowanie oglądanie chmur. Modliłem się za to przedsięwzięcie.

„Boże, odbędzie się spotkanie, podczas którego uczestnicy będą oglądać chmury, prosimy, pokaż nam cuda".

Bóg odpowiedział: „Pokażę wam różne rodzaje chmur".

Otrzymałem odpowiedź na moją modlitwę i powiedziałem o tym członkom kościoła już wcześniej, podczas całonocnego nabożeństwa piątkowego 30 marca oraz podczas nabożeństwa niedzielnego.

„Bóg pokaże nam różne rodzaje i kształty chmur, kiedy będziemy oglądać chmury".

W rzeczywistości, ponieważ wydarzenie było planowane wiele miesięcy wcześniej, nie wiedzieliśmy, jaka będzie pogoda tego dnia. Nie wiedzieliśmy, czy niebo nie będzie zasłonięte ciemnymi chmurami i nie będzie padał deszcz. Jednak wyznaję, że modliłem się gorliwie i Bóg wysłuchał mojej modlitwy.

Od 8.00 rano na niebie była tęcza. Mieliśmy konferencję w Sali gimnastycznej. Oglądanie chmur było zaplanowane na 3.00 po południu. Sala była wypełniona tysiącami wierzących, którzy przybyli z całego kraju. Kiedy wyszedłem na zewnątrz, aby sprawdzić, co się dzieje z pogodą, zobaczyłem całkowicie bezchmurne niebo.

Modliłem się o chmury. Rozpoczęliśmy nasze spotkania i wierzący spacerowali dookoła. W tej chwili chmury w kształcie baranków pojawiły się na niebie, wypływając zza słońca i powoli okrywając niebo. Przesuwały się z zachodu na wschód.

To nie chmury, które były już na niebie poruszały się, lecz to bramy niebios otwarły się, aby chmury mogły wypłynąć. Chmury w kształcie baranków okryły niebo, a następnie zniknęły, aby mogły pojawić się kolejne chmury w kształcie litery „v" jako symbol zwycięstwa. Następnie powstały na niebie chmury, które wyglądały jak prorocy, ale te również zniknęły.

Kiedy gęste chmury pojawiły się na niebie i zakryły słońce, które wyglądało wtedy jak księżyc. Szybko zrobił się ciemno jakby był późny wieczór. Bóg pokazał nam, w jaki sposób prowadził lud izraelski w czasie wędrówki po pustyni.

Dzięki tym cudom, Bóg pozwolił nam zrozumieć otwarcie brzwi i bram nieba. Była to niezwykła panorama chmur, przygotowana dla nas przez Boga. Cały pokaz trwał półtorej godziny. Był niesamowity.

Misja w Indonezji

Od 19 do 29 kwietnia 2001 roku grupa misyjna prowadziła misję w czterech miastach stanu Iryanjaya w Indonezji.

„Oni zaś poszli i głosili Ewangelię wszędzie, a Pan współdziałał z nimi i potwierdził naukę znakami, które jej towarzyszyły" (Marek 16:20).

Grupa misyjna prowadziła misję oraz używała chusteczek, na których się modlili. Zawsze, kiedy ludzie prosili mnie, abym modlił się na chusteczce, modliłem się: „Natchnij chusteczkę mocą stworzenia tak, aby zawsze kiedy modlą się z wiarą, chorzy oraz zmarli powstawali". Kiedy ludzi modlili się z wiarą na tych chusteczkach, miały miejsce potężne działania Ducha Świętego.

Bóg pokazał nam ogniste działanie Ducha Świętego podczas każdej sesji. Kiedy grupa misyjna głosiła poselstwo oraz modliła się na chusteczkach, złe duchy odchodziły. Dzieci, które nie

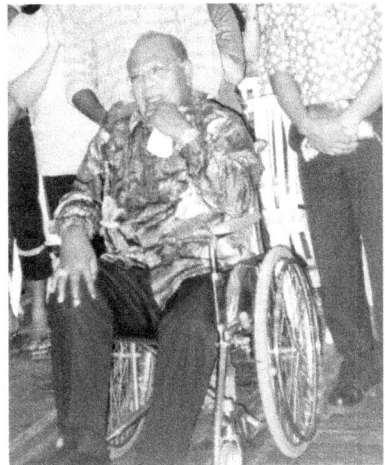

Jacob Patipi wstał z wózka inwalidzkiego i zaczął chodzić dzięki modlitwie

chodziły od urodzenia zaczynały chodzić, głusi zaczynali słyszeć. Miało miejsce wiele znaków. Lokalna prasa zwracała na to pilną uwagę. Jeden z lokalnych nadawców zaprosił nawet naszą grupę misyjną do studia, aby wzięli udział w programie nadawanym na żywo.

Gubernator Stanu wstał ze swojego wózka inwalidzkiego

Były gubernator stanu Iryanjaya w Indonezji, Pan Jacob Patipi miał wtedy 65 lat. W 1996 roku z powodu wysokiego ciśnienia miał wylew i upadł. Miał częściowy paraliż. Brał udział w spotkaniach misyjnych na wózku inwalidzkim. Ledwie chodził nawet z pomocą innych ludzi. Nie mówił, ani nie słyszł zbyt dobrze.

Jednak kiedy nasz pastor asystujący modlił się za niego, kładąc na nim chusteczkę, Patipi wstał z wózka i zaczął chodzić. Zaczął również mówić i słyszeć. Po zakończeniu misji, otrzymaliśmy list dziękczynny ze stanu Iryanjya, w którym było napisane, że pan Jacob Patipi prowadził obecnie normalne życie.

Działanie Ducha Świętego, które poruszyło Uhuru Park

W czerwcu 2001 roku, zorganizowaliśmy misję w Kenii, miasta prowadzącego do wschodniej Afryki. Moc stworzenia, którą otrzymaliśmy podczas misji w Pakistanie ukazała się również podczas tej misji. Przed rozpoczęciem misji odbyła się konferencja pastorów w Międzynarodowym Centrum Konferencyjnym Kenyatta w Nairobi.

Mówiłem o istnieniu Boga, zanim zaistniał czas. Wyjaśniłem bunt Lucyfera, Ogród Eden oraz kwestie dotyczące duchowego królestwa. Uczestnicy słuchali uważnie z tęsknotą za słowem Bożym. Niektórzy z nich opuścili nawet obiad, aby zachować swoje miejsca siedzące.

Następnego dnia mieliśmy około 8000 uczestników. To o 2000 więcej niż pierwszego dnia. Było to spowodowane tym, że niektórzy pastorzy nie chcieli współpracować po tym, jak usłyszeli pewne fałszywe pogłoski, jednak wielu z nich ostatecznie

Misja w Kenii (Uhuru Park)

przyszło na konferencję następnego dnia. Pewni koreańscy misjonarze przygotowali fałszywe dokumenty i wysyłali je do kościołów oraz do prasy, aby przeszkodzić w prowadzeniu misji.

Wielka Misja odbyła się od 29 czerwca do 1 lipca w parku Uhuru. Scena stała dokładnie naprzecie słońca. Nie było łatwo głosić poselstwo, kiedy słońce raziło bezpośrednio w oczy.

Bóg i tutaj pokazał swoją moc. Kiedy wyszedłem za kazalnicę, na niebie pojawiły się chmury i zakryły słońce. Kiedy chmury zakryły słońce, mogłem głosić poselstwo bez przeszkód.

Ludzie byli zaskoczeni, widząc, co działa się przez trzy kolejne dni. Nawet miejscowy kierowca, który mnie woził był bardzo zaskoczony tym, co widział.

Od pierwszego dnia misji, scena była pełna ludzi, którzy chcieli wydać świadectwo uzdrowienia przez modlitwę. Park Uhuru był przepełniony ponad 100 000 ludzi każdego dnia.

Było tam dziecko z jedną nogą krótszą, które miało trudności z chodzeniem. Dziecko została uzdrowione i zaczęło kuleć. Wielu ludzi zostało uleczonych z AIDS i innych chorób. Kiedy widziałem ich tak szczęśliwych, również byłem szczęśliwy i czułem się nagrodzony.

Następnego dnia mieliśmy wspólny obiad z członkami miejscowego komitetu organizacyjnego. Wielu biskupów było zaskoczonych manifestacją mocy Bożej i pytali mnie, w jaki sposób mogliby otrzymać taką moc od Boga.

Chroma zaczęłą chodzić

Było wiele komentarzy, takich jak na przykład:

„Pierwszy raz widziałem tylu ludzi uzdrowionych w jednym momencie, co było tym bardziej niezwykłe, ponieważ nie modliłeś się o każdego z nich z osobna".

„Czułem się, jakbym oglądał sceny z Biblii dwa tysiące lat temu".

„Trudno było mi całkowicie uwierzyć Biblii, jednak dzięki tej misji, jestem pewien, że Biblia jest prawdziwa".

Wszyscy słudzy Boga mają pragnienie manifestowania mocy Boga tak, jak Jezus potwierdzał słowa znakami, które po nich następowały. Jednak nie było to łatwe do wyjaśnienie w tak niedługim czasie.

Podczas powrotnego lotu do Korei, widziałem tęczę za oknem.

Ożywienie martwych cebulek włosów

W 2001 roku brat Heehoon Park miał gęste włosy, jednak kiedy był w siódmej klasie, zaczął łysieć bez przyczyny. Tracił włosy po trosze i kiedy był w szkole średniej, zostało mu tylko kilka włosów. Wyglądało to nieciekawie, nawet dla niego samego, dlatego po prostu ogolił głowę.

Lekarze powiedzieli, że był to bardzo rzadki przypadek utraty włosów. Nie było to spowodowane słabymi cebulkami, a tym, że cebulki były martwe. Nie było lekarstwa.

Leczenie nie działało. Przyjmował ziołowe lekarstwa, jednak one również nie pomogły. Próbował wielu sposobów ludowych i różnych drogich leków, jednak nic nie przynosiło efektu.

Kiedy kończył szkołę średnią, zaczął uczęszczać do naszego kościoła. Wziął udział w dwutygodniowym szczególnym spotkaniu ewangelizacyjnym w 1998 roku. Wtedy jego włosy zaczęły odrastać. Od momentu, kiedy mieliśmy studnię Muan ze słodką wodą, Park spryskiwał nią głowę.

W 2001 roku całkowicie odzyskał włosy. Martwe cebulki zostały ożywione dzięki łasce Bożej i jego włosy stały się zdrowe i silne.

Początek największej mocy stworzenia

Na Filipinach większość ludzi to katolicy, którzy mają w swoich domach figurkę Marii. Ludzie często proszą Marię o błogosławieństwo. We wrześniu 2001 roku, Bóg pozwolił, aby najwyższa moc stworzenia została zamanifestowana podczas misji na Filipinach.

Kiedy modliłem się o misję na Filipinach, Bóg powiedział, że ostatecznie ostrzeże katolików na całym świecie dzięki tej misji. Co oznacza, że wcześniej otrzymali już ostrzeżenia.

Słyszałem kiedyś, że z oczu figurki Marii wypłynęła krew. Jednak katolicy nie zdawali sobie nawet sprawy, dlaczego Bóg pozwolił na coś takiego.

Maria, narzędzie w rękach Bożych

Dziewica Maria jest stworzeniem tak, jak cały rodzaj ludzki.

Jednak kiedy Jezus przyszedł na Ziemię jako człowiek, to Maria wydała Go na świat. Jednak Maria nie może zostać matką Jezusa. Ponieważ Jezus został poczęty przez Ducha Świętego, Jezus nie powstał z jajeczka Marii lub spermy Józefa. Skoro nie otrzymał jajeczka Marii, w rzeczywistości nie jest ona Jego matką, a Józef nie jest Jego ojcem. Dlatego też, w Biblii nie czytamy, aby Jezus kiedykolwiek nazwał ją „matką".

„Niewiasto! Oto syn twój" (Jan 19:26).

Jak napisał apostoł Jan, kiedy stał obok Jezusa wiszącego na krzyżu. Jezus nie nazwał Marii „matką", lecz „niewiastą". Natomiast określenie „syn" odnosi się tutaj do apostoła Jana.

W Ewangelii Jana 2:4 czytamy, że Jezus powiedział do Marii: *„Czyż to moja lub Twoja sprawa, Niewiasto? Czyż jeszcze nie nadeszła godzina moja?"* Jezus używał określenie „niewiasta", aby podkreślić, że przyszedł na tę ziemię jako Zbawiciel.

Jezus Zbawiciel jest częścią Trójcy i Stworzyciela, więc nie może mieć matki. Z tego względu Jezus nie nazywał Marii „matką", lecz „niewiastą".

Kiedy katolicy robią sobie figurki Marii i modlą się do nich, przestępują Dziesięć Przykazań Bożych, które mówią, abyśmy nie czynili sobie żadnych bożków, nie klękali przed nimi, ani ich nie uwielbiali.

Jeżeli Dziewica Maria patrzy z nieba na ziemię, widząc, że ludzi uczynili z Jezusa jedynie dzieciątko u jej boku i wielbią ją, która jest stworzeniem, czyż nie będzie załamana do tego stopnia, że krew wypłynie z jej oczu.

Tajfuny uciszają się

Na Filipinach od czerwca do października jest sezon tajfunów (huraganów), i deszcz pada kilka razy w ciągu dnia. Z powodu ulewnych deszczy wstrzymany jest ruch uliczny. Przybyliśmy na międzynarodowe lotnisko Manila o 11.00 wieczorem 24 września 2001 roku. Z powodu tajfunów, wiatr mocno wiał i padał deszcz.

Mieliśmy konferencje prasową w hotelu Manila zaraz po przyjeździe. Dziennikarze wydawali się być najbardziej zainteresowani kierunkiem tajfunów oraz skutków ataków terrorystycznych z 11 września.

„Właśnie przeszedł u nas tajfun i nadchodzi kolejny. Czy możecie przeprowadzić swoje spotkania misyjne w pomieszczeniu? Czy mogą pojawić się jakiekolwiek problemy związane z atakami terrorystycznymi z 11 września?"

Powiedziałem im, że „od teraz nie będzie już deszczu, a tajfuny znikną. Ponieważ Bóg jest z nami, nie będzie wojny ani żadnych wypadków w czasie misji. Nie martwcie się".

Moje oświadczenie było odważne, ponieważ zawsze doświadczałem prowadzenia Bożego i wiedziałem, że nigdy nie mieliśmy deszczu podczas misji. Dziennikarze nie wierzyli mi. Jednak Bóg spełnił to, co zostało powiedziane.

Niezgodnie z prognozą pogody, tajfun o prędkości 130 km/h nagle zmienił kierunek i skierował się w stronę Tajlandii. Kolejny tajfun zwolnił o osłabł, jakby napotkał na silną ścianę, a następnie po prostu zniknął.

Latem na Filipinach jest bardzo gorąco i wilgotno. Jednak podczas naszego pobytu, mieliśmy dobrą pogodę i delikatną bryzę. Miejscowi pastorzy byli szczęśliwi i mówili, że nawet po warunkach pogodowych można było być pewnym, że Bóg był z nimi.

Odczuwając najwyższą moc stworzenia

26 września 2001 roku w międzynarodowym centrum konferencyjnym w Manili odbyła się konferencja pastorów, w której uczestniczyło ok. 5000 osób.

27 września mieliśmy również poranną konferencje dla pastorów oraz pierwsze spotkanie misyjne w parku Luneta w Manili. Wielu ludzi zostało uzdrowionych.

Jednym z nich był koszykarz o imieniu Gilbert Ondinal. Gilbert miał nieszczęśliwy wypadek podczas gry w koszykówkę, w skutek którego złamał i skręcił nogę. Aby mógł znów chodzić, musiałby mieć operacyjnie wszczepiony metalowy implant w dwóch kościach. Jednak nie było go stać na taką operacje.

Cierpiał już od roku, chodząc o kulach. Kiedy tamtego dnia przyjął modlitwę podczas konferencjo pastorów, jego ciało bardzo się rozgrzało i ból ustał.

Po zakończeniu konferencji Gilbert chciał wziąć udział w spotkaniu misyjnym w parku Luneta, jednak spóźnił się na autobus. Postanowił iść pieszo o kulach. Odkrył, że ból całkowicie zniknął oraz, że odzyskał siłę w nodze. Odrzucił kule i szedł ponad 2 km, aby dotrzeć na spotkanie.

Bóg był zadowolony z Jego pragnienia, aby podziękować za Bożą łaskę i dał mu nowe siły oraz umożliwił chodzenie.

Później Gilbert został zbadany w szpitalu i okazało się, że kości zrosły się odpowiedni i wróciły do normy. Napisał nam później w liście, że znów mógł grać w koszykówkę.

W Parku Luneta

Podczas sesji uwielbieniowych pierwszego dnia misji niezwykłe dzieła Ducha Świętego miały miejsce. Ludzie, którzy przychodzili o kulach, zaczęli normalnie chodzić. Niektórzy wydali świadectwo, że zostali uzdrowieni, jak tylko przyszli na miejsce spotkania. Niektórzy zostali uzdrowieni, słuchając poselstwa. Była tam również osoba, która usłyszała dźwięki uwielbienie i weszła do środka, aby wziąć udział w spotkaniu. Była to osoba niewidoma już od 10 lat, jednak podczas spotkania odzyskała wzrok.

Po kazaniu, modliłem się za chorych. Nagle, jacyś ludzie przynieśli na scenę człowieka, który był sztywny jak drewno.

Miał problemy z sercem i nagle stracił przytomność. Jego ciało było całkowicie zesztywniałe, a jego źrenice wyglądały tak, jak źrenice umarłego.

Obawiałem się, że jeżeli umrze w tym miejscu, być może znieważę Boga. Zszedłem na dół i modliłem się w imieniu Chrystusa, kładąc na nim ręce. Po zakończonej modlitwie mężczyzna odzyskał przytomność i wstał.

Bóg działał potężnie swoją najwyższą mocą stworzenia. Byłem niezwykle wdzięczny Bogu za Jego łaskę i wielką moc. Jednak kiedy wróciłem do hotelu, zalałem się łzami. Byłem zawstydzony przed Bogiem, że nie wypełniłem Jego woli jeszcze bardziej.

Proroctwo dotyczące sytuacji na świecie

W 1982 roku niedługo po otwarciu kościoła, Bóg powiedział mi, że na świecie władzę sprawować będę trzy potęgi: Stany Zjednoczone, zjednoczone Chiny i Rosja, oraz Unia Europejska.

Powiedział mi również, że Stany Zjednoczone będą coraz bardziej odizolowane, a ich potęga osłabnie. Wyjaśnił, że nawet ich sprzymierzeńcy pewnego dnia odwrócą się od USA, sprzeciwią się i podążą za swoimi celami, aby osiągnąć własne korzyści.

Stany Zjednoczone miały wiarę, by wielbić Boga, kiedy kraj został założony, a Bóg błogosławił im, by stały sie najpotężniejszym państwem na świecie. Jedna dzisiaj, wieku ludzi w USA unika Boga.

Bóg wyjaśnił, że Chiny wejdą w sojusz z Rosją. Ich siły zbrojne będą wspólne, dzięki czemu staną się potężne. Kraje, które kiedyś podążały za USA, zwrócą się w stronę Chin.

Wizyta w Dubaju

I rzeczywiście, widzimy, że wiele krajów Ameryki Łacińskiej jest obecnie w lepszych relacjach z Chinami niż z USA. Kiedy głosiłem poselstwo o tych rzeczach, było to jeszcze na długo przed tym, jak Chiny zaczęły zaznaczać swoją obecność na arenie światowej. Dlatego też członkowie kościoła byli sceptycznie nastawieni i nie odpowiadali „Amen".

Było im trudno uwierzyć, biorąc pod uwagę sytuację, jaka miała wtedy miejsce na świecie. Ponadto, Bóg powiedział mi, że gospodarka światowa pogorszy się; wzrośnie cena ropy; kraje Środkowego Wschodu zjednoczą się, aby używać ropy jako broni przeciwko innym krajom.

W czerwcu 2001 roku Bóg wyjaśnił, że światem rządzi

bezgraniczna rywalizacja. Oznacza to, że bez względu na systemy polityczno-ekonomiczne, demokrację czy komunizm, kraje będą się jednoczyć lub odwracać od siebie, patrząc jedynie na własne korzyści.

Dawniej, kiedy dochodziło do sojuszu, trwał on przez wiele lat, jednak obecnie sytuacja całkowicie się zmieniła. Jest tak ponieważ świat zmierza ku końcowi.

Poczynając od terror z 11 września

Większość chrześcijan chciałoby znać czas powtórnego przyjścia Jezusa. Kiedy uczniowie zapytali Jezusa o znaki czasu końca w 24 rozdziale Ewangelii Mateusza, Jezus dał im odpowiedź.

„Będziecie słyszeć o wojnach i o pogłoskach wojennych; uważajcie, nie trwóżcie się tym. To musi się stać, ale to jeszcze nie koniec! Powstanie bowiem naród przeciw narodowi i królestwo przeciw królestwu. Będzie głód i zaraza, a miejscami trzęsienia ziemi. Lecz to wszystko jest dopiero początkiem boleści" (Mateusz 24:6-8).

21 października 2001 roku głosiłem kazanie pod tytułem „Jaki będzie znak czasów końca?" Oto jego fragment:

„Jak wiecie, 11 września miała miejsce wielka tragedia, która zszokowała cały świat. Był to atak terrorystyczny w samo serce Stanów Zjednoczonych. USA poprzysięgły zemstę, więc wybuchła wojna. Teraz cały świat żyje w

napięciu.

Jest to alarm, który ma nas ostrzec, że nadeszły czasy końca. Jest to również sytuacja, która może doprowadzić do III Wojny Światowej, którą dopuści Bóg. Oczywiście, dopuszczenie do wojny nie oznacza wywołania jej.

Bóg nie przeszkodzi wybuchowi wojny, ponieważ stanie się to z powodu zła ludzkiego. Poczynając od ataku 11 września, Bóg mówi, że wiele katastrof będzie miało miejsce w czasach końca.

Ponieważ USA ucierpiały z powodu terroryzmu, świat wyraża współczucie, a ich sojusznicy obiecali współpracę, jednak w trakcie wojny, państwa Środkowego Wschodu zjednoczą się. Zjednoczą się również kraje Unii Europejskiej, by stanąć przeciwko Stanom Zjednoczonym. Będzie to coś podobnego do wali między chrześcijanami a muzułmanami".

„Atak terrorystyczny może być uważany za przyczynę III Wojny Światowej. Każdego roku będą miały miejsce głody i trzęsienia ziemi.

Kiedy tysiące ludzi zginie w różnego rodzaju wypadkach, nie powiemy, że jest to początek katastrofy czasów końca. Niniejszy akt terroru zszokował cały świat. Jest to początek katastrof i nieszczęścia.

Osobiście, nie mam nic przeciwko Stanom Zjednoczonym i nie zamierzam nikogo obrażać. Bardzo mi przykro, że taka sytuacja miała miejsce. Chcę jednak spróbować wyjaśnić sytuację z punktu widzenia Boga, aby jako naród mogli z tego skorzystać. Oto, jak Bóg wyjaśnił mi to zdarzenie:

Jeżeli Bóg będzie ich chronił, tego rodzaju wydarzenia

nie będą miały miejsca. W przeciwieństwie do tego, jaki był początek tego narodu, Stany Zjednoczone zmieniły się pod względem swojej wiary. Niektóre kościoły ordynują nawet pastorów, którzy są zdeklarowanymi homoseksulalistami.

Kiedy taka tragedia ma miejsca, gdyby ich serca były wierne, spojrzeliby najpierw na swoją przeszłość i zadali sobie pytanie, dlaczego Bóg ich nie chronił oraz żałowali swoich złych czynów.

Kiedy Bóg zapowiedział karę mieszkańcom Niniwy, król oraz ludzie skruszyli się i pościli. Tak samo, poczynając od prezydenta, mieszkańcy Stanów Zjednoczonych powinni uniżyć się w pokorze przed Bogiem. Powinni szukać sposobów, aby odnaleźć pokój z każdym człowiekiem poprzez przebaczenie i pojednanie.

Jednak z powodu ich dumy jako najpotężniejszego narodu na ziemi, pomyśleli, że są w stanie zemścić się za to, co się stało dzięki swojej potędze. ,Oko za oko, ząb za ząb'. I to doprowadziło do kolejnych trudności.

Stany Zjednoczone wydają się pewne w swojej zemście, jednak ciągle pojawiają się kolejne trudności polityczne i ekonomiczne. Jako, że gospodarka USA ma problemy, cała gospodarka światowa jest zagrożona trudnościami.

Kraje Środkowego Wschodu zjednoczą się, aby stanąć przeciwko USA. Ropa stanie się ich bronią, dzięki której będą w stanie kontrolować gospodarkę światową. Wiele krajów będzie obawiać się terroryzmu, więc zdecydują, aby zaprzestać korzystnej współpracy z USA. Zaczną się wycofywać".

„Jest wiele powodów do wojny na całym świecie. Na samym Środkowym Wschodzie, wiele krajów, takich jak Iran, Irak i Syria żywią negatywne uczucia w stosunku do USA. Na całym świecie ma miejsce wiele ataków terrorystycznych.

Jest powód, dla którego wojna, która będzie powodem zakończenia istnienia ziemi, ma miejsce w Afganistanie. Jeżeli walki wybuchły w jednym miejscu, powodując konflikty na całym Środkowym Wschodzie, wojna może szybko rozwinąć się w III Wojnę Światową, Co w konsekwencji wywoła zaangażowanie całego świata.

Jak powiedział Jezus, te rzeczy nadejdą, jednak nie jest to koniec. To nie koniec, lecz początek katastrof i nieszczęść, które wystąpią na szeroką skalę. Będzie to powód III Wojny Światowej. Dlatego właśnie Afganistan został do tego wybrany.

Koniec nastąpi, kiedy zostaniemy zabrani w powietrze. I to wydarzenie zakończy dzieje tej ziemi. To wydarzenie rozsypie nasiona wojny, do której włączą się wszystkie kraje Środkowego Wschodu".

„Więc co się stanie z Koreą? Kiedy nadejdzie czas, że relacja Korei z USA nie będzie już korzystna, powinniśmy polegać na kimś innym. Z powodu ekonomicznego chaosu oraz szoku związanego z cenami ropy, nasza gospodarka będzie również miała problemy.

Jednak ponieważ Bóg ma plan, który pragnie zrealizować, On częściowo ochroni nas przed ostatecznym cierpieniem.

W szczególności, dzięki naszemu kościołowi otworzą się drzwi. Bóg pozwolił nam przeprowadzić misje zagraniczne w Ugandzie, Pakistanie, Kenii oraz innych krajach wokół Środkowego Wschodu.

Bóg wielokrotnie powiedział nam, że zrozumiemy, dlaczego poprowadził misje w innych krajach. Powiedział, że informacje o mnie oraz naszym kościele dotarły do władz krajów muzułmańskich".

Rozdział 6

Tylko w imieniu
Jezusa Chrystusa

Nawet przebitymi dłońmi

Przed całonocnym nabożeństwem piątkowym członkowie naszego kościoła zaczęli przychodzić do mojego domu ok. 15.00. Rozpocząłem spotkania z nimi od godziny 16.00. Przez ten krótki czas, konsultowali się ze mną, a ja udzielałem im rad, modliłem się za nich oraz ściskałem ich dłonie. Zazwyczaj kończymy nasze spotkania ok. 18.00.

Później udałem się do kościoła i rozpocząłem kolejną sesję spotkań z członkami kościoła. Zawsze kiedy nabożeństwo rozpoczyna się o godzinie 23.00, czuję że tracę już siły, jednak Bóg pomaga mi wytrwać tak, abym mógł z siłą głosić poselstwo.

Nawet w niedzielę, członkowie kościoła przychodzą do mnie od wczesnego ranka. Ze względu na współczucie, które odczuwam, widząc, że przychodzą tak wcześnie, wychodzę, aby ich przywitać. Spotkania rozpoczynają się już przed 5.00 rano. Wysłuchuję ich problemów i modlę się za nimi. I tak przez trzy godziny, a następnie idę do kościoła.

Od piątkowego nabożeństwa całonocnego do nabożeństwa niedzielnego, ściskam dłonie tysiącom ludzi, więc moje ręce są podrapane, poobcierane, a nawet krwawią. I tak w każdym tygodniu, jednak mam powód, dla którego ciągle organizuję takie spotkania.

To dzięki łasce Bożej członkowie kościoła, dzieci i dorośli, kochają swojego pasterza i chcą się z nim spotykać oraz przywitać się z nim. Modlę się o nich oraz ściskam ich ręce, aby moc Boża zeszłą na nich i aby otrzymali odpowiedzi na swoje modlitwy.

Kiedy widzę ludzi, którzy radują się z powodu uzdrowienia lub otrzymania odpowiedzi, lub tych, którzy znajdują rozwiązanie swoich problemów, dzięki uściskowi mojej dłoni, oddaję chwałę Bogu i czuję się nagrodzony nową siłą.

Co zrobiłby Jezus? Z całej gorliwości modlę się o każdego, kładę ręce na każdym dziecku, nie zaniedbując żadnego z nich.

W kierunku celu

Na początku 2002 roku Bóg wyznaczył mi nowy cel. Celem tym była doskonałość najwyższej mocy stworzenia. Najwyższa moc stworzenia jest mocą pochodzącą od Boga, dzięki której stworzył niebo i ziemię przez swoje słowo. Na przykład, na Jego rozkaz, ślepi odzyskują wzrok, głusi odzyskują słuch, a chromi zaczynają chodzić.

Jak zapisano w Biblii, rzeczy mogą być stworzone z niczego przez słowo mówione. Najwyższa moc stworzenia może wzbudzić armię z suchych kości. Może otworzyć usta osła, aby przemówił. Kiedy bez żadnych przeszkód objawia się taka moc stworzenia, możemy powiedzieć, że jest to doskonałość. Najwyższa moc stworzenia może sprawować kontrolę nie tylko nad fizycznym światem, ale również nad niewidzialnym światem duchowym.

Aby objawiła się najwyższa moc stworzenia, Bóg wyjaśnił mi, że muszę przejść przez trzy próby tak, jak Jezus przeszedł trzy próby. Jezus jest Synem Boga, jednak narodził się jako człowiek, by zostać Zbawicielem. Dlatego przechodził próby takie jak ludzie. Jest to sposób objawienia władzy Jego słowa w świecie fizycznym i duchowym.

Jezus zawsze posiadał najwyższą moc stworzenia, jednak zaczął używać jej dopiero, kiedy przeszedł swoje trzy próby. Zmienił wodę w wino podczas wesela. Nakarmił pięć tysięcy ludzi pięcioma bochenkami i dwiema rybami. Uciszył wiatr i morze Swoim słowem. To wszystko było dziełem stworzenia. Kiedy wyrzekł słowo, paralityk zaczął chodzić, a trędowaty został oczyszczony.

Powiedział również, że może przywołać 12 legionów aniołów (Mat. 26:53). Jednak, aby żyć zgodnie z naturalnym porządkiem, podążać za sprawiedliwością oraz spełniać wolę Boga Ojca, nie zrobił tego, pomimo tego, iż miał władzę i moc, by rządzić światem duchowym i fizycznym.

W lutym 2002 roku udałem się na górę modlitwy, aby wziąć udział w sesji modlitewnej. W czasie modlitwy Bóg uświadomił mi próby, jakie przeszedłem odkąd zostałem powołany na sługę Bożego. Dzięki każdej z nich otrzymałem najwyższą moc stworzenia. Bóg przygotował dla mnie również bardzo ciekawą alegorię.

W alegorii, żegluję na łodzi o nazwie „Manmin". Bóg zsyła potężny tajfun. Proszę wziąć pod uwagę, że w 1998 i 1999 roku wstrząsnął kościołem poprzez trzy próby. Niektórzy ludzie wyskakują z łodzi i wpadają o morza. Inni wahają się i zastanawiają, czy skoczyć. A inni mocno trzymali się poręczy i lin, aby nie upaść.

Byli tam również ludzie, którzy poszli do swoich kajut i wygodnie spali, nawet kiedy łódź była wstrząsana. Oni podobali się Bogu.

Byłem duchowym kapitanem „Manmin". Ci, którzy się wahali, czy skoczyć, walczyli w swoim sercu, ponieważ byli kuszeni przez szatana. Oczywiście, Bóg okazał im miłosierdzie i ocalił ich.

Ci, którzy spali w kajutach całkowicie ufali kapitanowi. Wiem, że ci ludzie wzrastają i stają się wojownikami duchowymi. To oni otrzymują wiele błogosławieństw.

Dzięki trzem próbom, członkowie kościoła mogli sprawdzić swoją wiarę. Powodem, dla którego Bóg pozwolił na próby, było doprowadzenie nas do Nowego Jeruzalem oraz zrealizowanie Jego planu światowej misji oraz zbudowania Wielkiego Sanktuarium.

W swoim planie Bóg pozwolił szatanowi sprawdzić nas, jednak zwyciężyliśmy dzięki wierze Bóg dopuścił na mnie wiele testów i prób, które były nie do zniesienia. Jednak, kiedy je zwyciężyłem, Bóg dawał mi większą moc. Aż w końcu otrzymałem najwyższą moc stworzenia. Szatan nie mógł mnie o nic oskarżyć. Bóg dopuścił na mnie próby, ponieważ był to koniec wszelkich prób.

Uzdrowienie nowotworu nosa poprzez uściśnięcie rąk

W styczniu 2002 roku otrzymałem list od diakonisy Hoim Choo. Oto jego treść:

„W grudniu 2001 roku moja teściowa mieszkała w Mokpo. Nagle zaczęła mieć krwawienia z nosa. Poszła do pobliskiego szpitala, gdzie powiedzieli jej, aby udała się do szpitala w Seulu. Pojechała do Seulu. W dwóch szpitalach postawiono taką samą diagnozę – nowotwór nosa.

Miała już wtedy spore przerzuty. Lekarze sugerowali operację, aby usunąć kość nosową i zastąpić ją sztuczną kością. Teściowa miała krwawienia już ponad 15 dni, dlatego nosiła w nosie gazę.

Dwa dni po usłyszeniu diagnozy, wzięłam udział w piątkowym nabożeństwie całonocnym. Kiedy nabożeństwo się skończyło, napisałam na dłoni nazwę choroby mojej teściowej. Później, kiedy przechodziłeś, uścisnąłeś mi rękę, pastorze. Miała szczere pragnienie, aby Bóg okazał swoją moc przez ciebie. Wcześnie rano w niedzielę, kiedy wróciłam do domu po całonocnym nabożeństwie, jeden z moich krewnych ze wsi był u nas.

Powiedziałam jej, że zapisałam nazwę choroby mojej teściowej na ręce, a ty uścisnąłeś mi dłoń. Byłam pewna, że Bóg ją uzdrowi.

W wierze wyznałam, że Bóg uleczy moją teściową. Zadzwoniłam do niej ok. 7.30 rano w sobotę. Wiedziałam, że cud już się wydarzył.

Moja teściowa rzekła: ,Hoim, obudziłam się dziś rano i nie było żadnego krwawienia'.

Wtedy pomyślałam sobie, że być może ustało jedynie krwawienie. Nie wiedziałam, że nowotwór został całkowicie uleczony. 2 stycznia 2002 roku, zawiozłam ją do szpitala na operację.

Prowadzili ostatnie badania przedoperacyjne. Lekarz powiedział: ,Dziwne, nie ma Pani raka'. Rak zniknął. Natychmiast została zwolniona ze szpitala.

Z wiarą uścisnęłam rękę pastora dla mojej teściowej, która nie miała zbyt wiele wiary. Bóg uzdrowił ją. Również, kiedy mój mąż przyjął modlitwę za chorych podczas nabożeństwa noworocznego, jego biegunka, z powodu której cierpiał od dwóch miesięcy, została wyleczona. Był szczęśliwy i składa obecnie świadectwo ludziom, z którymi się styka".

Teściowa diakonisy Hoim Choo uczęszcza teraz do naszego

kościoła i jest dobrego zdrowia. Najwyższa moc stworzenie nie tylko jest w stanie leczyć choroby poprzez dotyk czy modlitwę patrząc na zdjęcie pacjenta, ale również może zmienić warunki pogodowe.

Uzdrowienie nowotworu poprzez modlitwę na chusteczce

Soonchang Shim mieszka w Hampyeong, w prowincji Cheonnam. W kwietniu 2002 roku miał zawroty głowy oraz trudności z chodzeniem. Odczuwał ból podczas oddawania moczu, a jego mocz miał w sobie skrzepy krwi.

Zdiagnozowano u niego nowotwór pęcherzyka moczowego, który szybko rozprzestrzeniał się po jego ciele. Lekarz powiedział mu, że może mieć przerzuty do płuc, Dlatego zalecana była operacja w szpitalu w Seulu. Znajdował się w kobiecym szpitalu akademickim Ehwa. Na prośbę diakonisy Soollay Shim, która uczęszczała do naszego kościoła, jeden z pastorów odwiedził do w szpitalu.

Pastor wyjaśnił pacjentowi, że może zostać uzdrowiony dzięki wierze, jeżeli ukorzy się, że nie żył zgodnie ze słowem Bożym oraz nie zachowywał go. Pastor modlił się za niego, trzymając w ręku chusteczkę.

Chusteczka, której użył pastor, była chusteczką, która

otrzymała moje modlitwy. Bóg pokazywał nam niezwykłe dzieła Ducha Świętego, kiedy ludzie modlili się z wiarą, trzymając te chusteczki.

Po tym, jak Shim przyjął modlitwę, nie mógł spać z powodu olbrzymiego bólu. Oddał mocz o 4.00 nad ranem i coś, co bardzo ciążyło mu w brzuchu, wyszło z jego ciała.

Rak opuścił jego ciało. Od tamtego czasu, nie bolało go podczas oddawania moczu, a jego mocz był czysty. Następnego dnia usłyszał ostateczną diagnozę. Okazało się, że wszystko było w porządku. Został zwolniony ze szpitala natychmiast.

Nawet po przeprowadzeniu operacji byłoby mu trudno wyzdrowieć całkowicie, ponieważ miał już przerzuty. Jednak dzięki modlitwie, doświadczył działania Bożego i odzyskał zdrowie.

W każdym tygodniu nie tylko z Korei, ale i z całego świata otrzymujemy świadectwa ludzi, którzy zostali uzdrowieni przez modlitwy z chusteczkami, na których się modliłem. Mogę tylko dziękować i oddawać chwałę za to Bogu.

Szczery płacz

Coroczne dwutygodniowy cykl spotkań ewangelizacyjnych był niczym przyjęcie niebiańskie, na którym doświadczaliśmy działania Bożego. Cykl, który odbywał się od 6-16 maja 2002 roku był zatytułowany „Moc".

Kiedy modliłem się w sprawie tego cyklu, Bóg powiedział mi, że skoncentruje się na uzdrawianiu tych, którzy mają słaby wzrok w poniedziałek w drugim tygodniu, we wtorek na tych, którzy są niepełnosprawni i którzy nie mogą chodzić, w środę na tych, którzy nie słyszeli ani nie mogli mówić. Powiedział mi, że wielu ludzi zostanie uzdrowionych.

W niedzielę 5 maja tęcza pojawiła się nad kościołem. Kiedy zobaczyłem tęczę, wiedziałem, że Bóg pokaże swoją moc w niezwykły sposób.

Bóg pozwolił nam doświadczyć dzieła stworzenie bardziej niż się spodziewaliśmy. Ślepi odzyskali wzrok, niemy zaczęli mówić, wiele chorób zostało uleczonych – tak jak w Biblii.

Jakże wielką radością było dla mnie to, ze tak wielu ludzi zostało uzdrowionych dzięki mojej modlitwie. Krzyczałem do Boga z całego serca.

Dzięki potężnym i nagłym dziełom Ducha Świętego, setki ludzi zostało uzdrowionych i wypełniali kościół. Ludzi składali świadectwo cudów, które dotykały ich ciała.

Jak obiecał Bóg, poprzez promienie uzdrawiającego światła, wielu ludzi było w stanie zdjąć okulary, inni odrzucali kule I wstawali z wózków inwalidzkich.

Niektórzy widzieli kulę ognia szybko wirującą w mojej klatce piersiowej, która następnie wyszła przez moje ręce z mocą Ducha Świętego. Widzieli aniołów, którzy dotykali chorych i rozluźniali sztywne kości.

Podczas cyklu spotkań ewangelizacyjnych ludziom, którzy mieli słaby wzrok, wzrok się poprawiał, a ślepi odzyskiwali wzrok. Ci, którzy nie widzieli z powodu zaćmy lub cukrzycy, również odzyskali wzrok. Wiele osób wstało z wózków inwalidzkich, uzdrowionych zostało wielu paralityków. Wierzący, którzy byli świadkami tych wszystkich cudów, wspólnie się radowali i oddawali chwałę Bogu.

Nagły i silny podmuch Ducha Świętego

Bóg dał nam święte poselstwo i moc stworzenia, ponieważ stanowią one silną broń duchową, dzięki której zrealizowanie misji światowej będzie możliwe w świecie pełnym grzechu I ciemności. Wszędzie, gdzie się udajemy niezwykle potężne dzieła Ducha Świętego przyciągają ludzi do Boga.

Odrzucenie kandydatury na prezydenta

Hinduras jest głównie krajem rzymsko-katolickim. Cierpi z powodu ubóstwa oraz wielu różnych chorób.

Przed moim wyjazdem do Hondurasu, nasi pracownicy, którzy przygotowywali misję, poinformowali mnie, że bezpieczeństwo publiczne w tym kraju była na kiepskim poziomie. Nawet cywile nosili i było to bardzo niebezpieczne.

Powiedzieli również, że z powodu upalnej pogody, niektórzy

ludzie umierali na skutek ukąszenia przez komary. Kiedy modliłem się o to, Bóg powiedział mi, że otoczył już miasto oraz miejsce, gdzie będzie odbywać się misja światłem swojej mocy oraz że niebiańska armia i aniołowie ochraniali ten obszar. Więc nie musiałem się niczym martwić.

23 lipca 2002 roku przyleciałem na międzynarodowe lotnisko San Pedrosula. Przywitało mnie ok. 1700 miejscowych ludzi. Wśród nich był również kongresman Pan Esteban Handal. Odegrał on główną rolę w zorganizowaniu misji w Hondurasie.

Pan Handal był kandydatem na prezydenta. Był znanym kongresmanem, biznesmanem oraz dyrektorem chrześcijańskiej stacji nadawczej.

Od czasu, kiedy wziął udział w naszej misji na Filipinach w 2001 roku oraz był świadkiem mocy Bożej, jego życie uległo zmianie.

Zapytał: „Pastorze, czy powinienem tym razem startować w wyborach prezydenckich, czy lepiej abym skoncentrował się na pracy dla Boga?"

„Gdybym to ja miał podjąć decyzję, zasugerowałbym, abym skoncentrował się na pracy dla Boga".

Dzięki mojej radzie, przestał działać w polityce i zdecydował się rozpowszechniać świętą ewangelię na świecie.

Nigdy nie możemy iść na kompromis pod względem naszej religii

Kiedy przyjechałem do hotelu, było tam wielu reporterów i dziennikarzy z siedmiu stacji telewizyjnych oraz 5 stacji radiowych. Pierwsze pytanie jakie mi zadali brzmiało: „Dlaczego wybrał pastor Honduras?"

„Powodem, dla którego Bóg nakazał mi przyjechać do Hondurasu jest to, że pragnie On pobłogosławić ten kraj. Podczas misji przekonacie się, że tysiące ludzi zostanie uzdrowionych".

Rozwinąłem ten temat.
„Mówię tysiące ludzi, ponieważ nie tylko uczestnicy misji, ale również ludzie, którzy będą oglądać w telewizji lub słuchać w radio, zostaną uzdrowieni".

Mogłem ogłosić to odważnie, ponieważ Bóg zawsze pokazywał nam swoje niesamowite znaki i cuda podczas każdej misji. Ponieważ ogłosiłem coś tak niezwykłego w publicznym miejscu, zostałbym uznany za wielkiego kłamcę, gdyby takie znaki nie miały miejsca.
Jednak moje słowa spełniły się. Dzięki transmisjom mogliśmy usłyszeć, że stacje nadawcze odbierały wiele telefonów od widzów. Słyszałem, że ponad tysiąc telefonów zostało odebranych, gdzie ludzie mówili o uzdrowieniach, których doświadczyli oglądając misję w telewizji.

Drugie pytanie dziennikarzy brzmiało: „Kościół rzymsko-katolicki oraz protestanci próbują zjednoczyć się i doprowadzić do pojednania różnych religii, co pastor o tym sądzi?" Moja odpowiedź była surowa.
„Jedynym Bogiem jest Bóg Stworzyciel. Chrześcijaństwo nigdy nie powinno iść na kompromis z innymi religiami. Bóg jasno mówi nam w Dziesięciu Przykazaniach, że jest jedynym Bogiem i nie ma przed Nim innego boga. Dlatego też nie może być żadnej innej religii".

Dziennikarze wydawali się zaskoczeni, ponieważ mówiłem niezachwianie w kraju takim jak Honduras, gdzie ponad 90% populacji należała do kościoła rzymsko-katolickiego.

Następnego dnia przeglądałem gazetę „*La Tiempo*" (Czas). Z jednej strony było tam zdjęcie papieża. Pomagali mu inni ludzie, ponieważ cierpiał z powodu choroby Parkinsona.

Jednak z drugiej strony znajdowało się ogłoszenie na temat misji z moim zdjęciem oraz nagłówkiem: „Dzisiaj uzdrawia Jezus Chrystus. Ślepi widzą, niemi mówią, a głusi słyszą".

Upały ustąpiły

26 i 27 lipca w godzinach porannych mieliśmy konferencję dla pastorów w kościele Ebenezer. Pogoda była chłodniejsza.

Słyszałem, że pogoda nagle się zmieniła w dniu, kiedy nasza grupa misyjna przyjechała do Hondurasu. Wcześniej było ponad 40°C, jednak w dzień, kiedy przyjechaliśmy zaczęła wiać przyjemna bryza, a w ciągu dnia chmury zakrywały słońce, sprawiając, że podoba była bardzo przyjemna.

Przed wyjazdem do Hondurasu, Bóg powiedział mi kilkukrotnie, że będzie kontrolował warunki pogodowe i że nie muszę się o to martwić. Ponieważ nigdy wcześniej nie mieliśmy żadnych trudności podczas organizowanych pod gołym niebem spotkań misyjnych, nie obawiałem się i tym razem. A ponieważ On powiedział mi tyle razy, że mam się o nic nie martwić, czułem, że coś się wydarzy.

O godz. 19.00 26 lipca rozpoczęliśmy pierwsze spotkanie misyjne. Jednak ok 18.00 tego wieczoru zaczął padać deszcz.

Kiedy deszcz przechodził w ulewę, nie można było używać sprzętu do nadawania ani mikrofonów.

Stadion, który mógł pomieścić 60 000 ludzi był juz pełny. Wiedziałem, że jeśli zacznie padać, mieszkańcy wrócą do domów. Jednak wtedy nasz zespół wyszedł na scenę i w ulewnym deszczu wystąpił, prezentując niezwykłe koreańskie tańce. Mieli na sobie piękne tradycyjne stroje koreańskie o nazwie „Hanbok".

Scena była bardzo śliska z powodu deszczu, więc zdjęli buty, aby móc zaprezentować tańce uwielbieniowe pełne mocy. Uczestnicy nie opuścili stadionu nawet z powodu deszczu. Miejscowi artyści również wyszli i wszyscy zaczęli wspólnie uwielbiać Boga w tańcu i podnoszeniu rąk.

Byłem w poczekalni i chciałem wyjść na scenę ok. 18.00, jednak organizatorzy mnie powstrzymali. Byłem pewny, że deszcz przestałby padać, gdybym wyszedł na scenę. Jednak organizatorzy nie chcieli, abym zmokł.

O 19.00 nie chciałem już dłużej czekać, więc wyszedłem na scenę, pomimo sugestii organizatorów.

W jednym momencie ulewa zmieniła się w mżawkę, a wkrótce przestało zupełnie padać. Niebo stało się bezchmurne i wiała delikatna chłodna bryza. Dzięki deszczowi i bryzie, zniknęły również uciążliwe i szkodliwe komary.

Na zewnątrz było wielu ludzi, którzy nie mogli wejść do środka

Po wygłoszonym poselstwie, modliłem się za chorych. Ludzie opowiadali świadectwa o swoim uzdrowieniu do godziny 22.00. AIDS, ślepota, niemota i wiele innych chorób zostało uzdrowionych.

Ogniste i potężne działanie Ducha Świętego ukazało się w najwyższej mocy stworzenia. Ponieważ miało miejsce tak wiele znaków, jakże wiele ludzi musiało zostać uzdrowionych z chorób wewnętrznych, których nie widać?

Drugiego dnia, jeszcze zanim rozpoczęliśmy spotkania misyjne, tłum wypełnił miejsca siedzące oraz nawierzchnię na stadionie.

Mieliśmy delikatną bryzę. Nie było jednak żadnych ciem ani komarów, nawet blisko światła. Problem z komarami był tak poważny, że zastępca burmistrza San Podrosula prosił mnie o modlitwę w tej sprawie. Jednak, kiedy Bóg była z nami, nie było wokół żadnych insektów.

„Pastorze, łącznie z ludźmi, który nie udało się wejść na stadion, liczba wyznawców wynosiła ponad 100 tys. Na zewnątrz jest nadal ponad tysiąc ludzi".

Kiedy siedzenia zostały zapełnione, ze względów bezpieczeństwa, nie wpuszczano tych, którzy próbowali dostać się na stadion. Było mi żal osób, które musiały zostać poza stadionem.

Dzięki modlitwie o chorych, wielu ludzi wstało z wózków inwalidzkich i zaczęło chodzić, uzdrowionych zostało wiele chorób i usłyszeliśmy wiele świadectw.

Nie ma nic niemożliwego dla mocy Ducha Świętego

Pod kierownictwem dra Jose Samary ze szpitala Bethesda w San Pedrosula, lekarze zweryfikowali oraz udokumentowali przypadku uzdrowienia. Przeprowadzili badania kontrolne, prześwietlenia, rezonanse oraz morfologię.

Osoby z personelu medycznego, które były świadkami potężnego działania Bożego, również uwierzyły. Jeden z lekarzy, dr Cruz Marin, przedstawił wyniki badań kontrolnych przeprowadzonych u 12-letniej dziewczynki – Marii Yesenia. Straciła wzrok w prawym roku z powodu grypy, którą miała w wieku dwóch lat.

Miała wszczepiony implant rogówki, jednak mimo to nie widziała. Jednak, kiedy modliłem się o nią podczas misji, światło dostało się do jej oka i mogła rozróżniać przedmioty.

12-letni chłopiec, Esteban Zuninga został zarażony wirusem HIV w ósmym miesiącu życia. Wziął udział w spotkaniach misyjnych dzięki reklamie, którą zobaczył w telewizji. Podczas modlitwy za chorych, poczuł, że ciepło wychodzi z jego ciała.

Z powodu słabego trawienia, nie mógł dużo zjeść. Jednak ten ból również całkowicie zniknął, a Esteban zaczął normalnie jeść. Kilka dni później miała badania i okazało się, że został całkowicie uzdrowiony.

Osman Guerra Miranda miała AIDS. Nie mogła chodzić, więc ciągle leżała w łóżku. Kiedy wzięła udział w spotkaniach misyjnych i przyjęła modlitwę, poczuła jakby ogień wstąpił w jej ciało. Ból zniknął. Od razu wstała i zaczęła chodzić.

Arnaldo Bartes był kierownikiem ochrony podczas misji. Miesiąc przed misją, zranił się w nogę. Miał problemy z poruszaniem. Nie mógł nawet pomarzyć o bieganiu. Nadal ciężko pracował, nawet pomimo bólu. Jednak podczas modlitwy za chorych, poczuł, że jego ciało drży i było mu zimno. Został całkowicie uleczony.

Jego noga została uzdrowiona tak, że był w stanie grać w piłkę nożną już następnego dnia. Jego 8-letnia córeczka nie słyszała od urodzenia, jednak kiedy modliłem się za nią podczas misji, odzyskała słuch.

Suiafa Liera była mormonką. Oglądała relację ze spotkań misyjnych w telewizji. Podczas modlitwy za chorych położyła dłonie na nogach. Nie była w stanie nimi poruszać od wypadku, który miała osiem miesięcy wcześniej. Kiedy przyjęła modlitwę, ogień Ducha Świętego zstąpił na nią tak, że mogła chodzić, a nawet biegać. Przeszła na protestantyzm.

Miejscowi pastorzy mówili: „Czuję się, jakbym żył w czasach biblijnych. Wierzę, że Bóg jest wszechmocny". Byłem bardzo uradowany, słysząc takie słowa.

Tak, jak w czasach Jezusa, gdy chorzy ludzie przychodzili do Niego z wiarą, tak teraz, ci ludzie doświadczali działania Ducha Świętego i byli uzdrawiani.

Kiedy wróciłem do Korei po zakończonej misji, otrzymałem list od wice-prezydenta Hondurasu. Dziękował mi w imieniu całego kraju za uzdrowienie tak wielu ludzi oraz pomoc i duchowe prowadzenia.

Nowy wymiar mocy

Wielkie dzieła mocy Bożej manifestowały się podczas każdej zagranicznej misji, jednak nie byłem całkowicie zadowolony. Taka moc nie wystarczyła, aby wypełnić światową misję, ponieważ świat jest pełen grzechu.

Po misji w Hondurasie, Bóg pokazał mi nowy wymiar mocy. Wyjaśnił mi kwestię „twórczego głosu stworzenia", o którym nigdy wcześniej nie słyszałem. Dał mi nowy cel: miałem odnaleźć twórczy głos stworzenia, aby osiągnąć doskonałość najwyższej mocy stworzenia.

„Śpiewajcie Bogu, królestwa ziemi, zagrajcie Panu, który przemierza niebo, niebo odwieczne. Oto wydał głos swój, głos potężny: Uznajcie moc Bożą! Jego majestat jest nad Izraelem, a Jego potęga w obłokach" (Psalm 68:33).

Twórczy głos jest głosem Boga Stworzyciela od początku. Jest tak wielki i wspaniały, ż brzmi w całym wszechświecie. Bóg stworzył wszechświat i wszystko mocą swoje głosu. Twórczy głos Boży jest zakorzeniony we wszystkich rzeczach tak, aby natychmiast słuchały Jego głosu, gdy go usłyszą.

„Wtedy Bóg rzekł: Nie może pozostawać duch mój w człowieku na zawsze, gdyż człowiek jest istotą cielesną; niechaj więc żyje tylko sto dwadzieścia lat" (Ks Rodz. 6:3).

Istnieje jedynie jedno stworzenie, które nie jest w stanie słyszeć twórczego głosu. Jest to człowiek ciała, który się nie narodził na nowo z wody i z ducha. Aby wzbudzić takich ludzi, konieczna jest moc Boża. W czterech ewangeliach, czytamy opisy rzeczy, które były posłuszne rozkazom Jezusa.

„Przystąpili więc do Niego i obudzili Go, wołając: Mistrzu, Mistrzu, giniemy! Lecz On wstał, rozkazał wichrowi i wzburzonej fali: uspokoiły się i nastał cisza. A do nich rzekł: Gdzie jest wasza wiara? Oni zaś przestraszeni i pełni podziwu mówili nawzajem do siebie: Kim właściwie On jest, że nawet wichrom i wodzie rozkazuje, a są Mu posłuszne" (Łuk. 8:24-25).

Wiatr I fale były posłuszne słowu Jezusa. Ponieważ rozkazywał twórczym głosem stworzenia, nawet nieżyjące rzeczy słyszały i były posłuszne. Jezus mówił tym samym głosem, co Bóg.

Jest różnica między mocą objawioną przez twórczy głos

o mocą objawioną dzięki modlitwie pełnej wiary. Chodzi o szybkość oraz potęgę objawienia. Twórczy głos może czynić dzieła stworzenia natychmiast. Natomiast modlitwa wiary pierwsze porusza zastępy niebiańskie i aniołów, co oczywiście zajmuje więcej czasu.

W Korei mamy mądrych ludzi, którzy prorokują na temat rzeczy, które wydarzą się kilka dziesięcioleci lub stuleci później.

Ci ludzie porzucili swoją złą naturę, przez długi czas trwając w duchowej dyscyplinie i osiągając stan „nicości". Nie osądzają ani nie potępiają niczego i słyszą głos Boga. Nie zawsze, lecz od czasu do czasu słyszą i rozumieją, a to, o czym prorokują wypełnia się.

Na przykład, admirał Soonshin Lee poświęcił swoje życie

dla króla i ludzi o dobrym sercu, którzy wyrzekli się zła. W jego pamiętnikach możemy przeczytać, że uświadomił sobie istnienie Boga i modlił się do Niego z całego serca.

Ponieważ znał przyszłość, wiedział o nadchodzącym ataku ze strony Japonii. Pomimo krytyki, przygotował tak zwany „Statek-Żółw", dzięki któremu ochronił kraj przed upadkiem.

Ojcowie wiary, którzy słyszeli twórczy głos

Kiedy wzrastamy w Duchu, możemy usłyszeć głos twórczy i otrzymać prowadzenie Ducha Świętego. A kiedy zmienimy ten stan rozwoju w nicość, a następnie przejdziemy do głębszego wymiaru duchowości, usłyszymy twórczy głos Boga. Bóg powiedział, że musimy zmienić poziom naszej duchowości, który osiągnęliśmy w poziom nicości (1 Tes. 5:23).

W Biblii czytamy o ludziach, którzy słyszeli głos twórczy. Aby Morze Czerwone mogło się rozstąpić, Mojżesz musiał usłuchać głosu Bożego. Rozłożył ręce i rozkazał morzy rozstąpić się. Wielkie dzieło Boże mogło mieć miejsce.

Kiedy Jozue rozkazał zatrzymać się słońcu i księżycu, słyszał głos twórczy. Dlatego słońce i księżyc się zatrzymały. Nie było to jedynie dzięki jego wierze. Gdyby sam w sobie miał moc, aby zatrzymać słońce i księżyc, mógłby uczynić wszystko swoim słowem.

Nie musiał rozkazać słońcu i księżycu, aby się zatrzymało. Gdyby tylko powiedział: „Wszyscy żołnierze Amalekitów, bądźcie zniszczeni", żołnierze zniknęliby, a wojna by się skończyła.

Tak sama sytuacja miała miejsce w przypadku Łazarza, który

był martwy od czterech dni, a Jezus przemówił, aby go wzbudzić. Jezus słyszał głos Boga. On zawsze słuchał głosu swego Ojca.

Ponieważ słyszał głos Boga, mówiący Mu, aby wzbudził Łazarza i został uwielbiony, Jezus nie musiał się niczym martwić. Kiedy nakazał Łazarzowi twórczym głosem, ten wyszedł z grobu.

Owoc krwi męczeństwa Tomasza

Chennai w Indiach jest miejscem, gdzie apostoł Tomasz głosił ewangelię i był prześladowany. Obecnie znajduje się tam katedra, która została zbudowana na pamiątkę Tomasza. Tomasz był jednym z dwunastu apostołów Jezusa. Jest dobrze znany jako niewierny Tomasz, ponieważ miał wiele wątpliwości. Jednak kiedy spotkał zmartwychwstałego Pana, jego wiara wzmocniła się i otrzymał Ducha Świętego. Został męczennikiem, głosząc ewangelię.

W październiku 2002 roku Bóg skierował moje kroki do Indii, które są krajem, gdzie główną religię stanowi hinduizm. Powiedział mi, ze ta misja było już zaplanowana przez stworzeniem ziemi i dzięki niej objawi się twórcza moc stworzenia. Był to również ważny początek głoszenia ewangelii na Środkowym Wschodzie i w Izraelu.

Poważna susza

Chennai leży w południowo-wschodniej części Indii. Jest czwartym co do wielkości miastem w tym kraju. Misja odbywała się na plaży Marina, przy wsparciu grupy Chennai Full Gospel.

8 października, opuściłem lotnisko Incheon. Kiedy lecieliśmy do Singapuru, tęczą pojawiała się na niebie i znikała. Jak już mówiłem, tęcza towarzyszyła nam, gdziekolwiek jechaliśmy na misję. Tym razem tęcza znajdowała się ciągle za samolotem przez około godziny.

Prawdopodobnie był to znak od Boga. Chciał nas zapewnić, że będzie z nami podczas czterech dni misji. Pojawiały się różne rodzaje tęczy. Członkowie zespołu misyjnego wykrzykiwali z zaskoczeniem i radością, ponieważ nagrywali film za pomocą kamer i aparatów.

O ok. 22.00 8 października przybyłem na lotnisko Chennai. Mżyło. Kiedy wsiadłem do samochodu i wyjeżdżałem z lotniska, deszcz zaczął ulewnie padać.

Jednak ci, którzy przyszli, aby nas przywitać było tak szczęśliwi, że nie odczuwali tego, że mokną. Dowiedziałem się, że susza trwała tam już od trzech lat, a od dziewięciu miesięcy nie było tam deszczu. Był to duży problem społeczny dla kraju.

Całe miasto Chennai strajkowało przeciwko rządowi z powodu problemów w dostawą wody. Kiedy przyjechałem na miejsce, deszcze zaczęły padać z dużą częstotliwością. Niektórzy ludzie nazywali mnie „bogiem deszczu", mówiąc, że przywiozłem ze sobą deszcz.

Prawo przeciwne nawracaniu

Bóg pragnął być wielce uwielbiony dzięki tej misji. Oczywiście szatan robił wszystko, aby temu zapobiec.

Pewne osoby rozpowszechniały fałszywe opowieści w Chennai, aby przerwać misję. Jednak wydarzyło się jeszcze coś o wiele bardziej znaczącego. Wydano zarządzenie przeciwko jakimkolwiek nawróceniom o Następującej treści:

„Żadna osoba nie powinna zmieniać wyznania lub próbować zmienić wyznanie, czy bezpośrednio czy też w jakikolwiek inny sposób, pod wpływem przymusu, wabienia czy oszustwa. Każdy, kto zostanie oskarżony o naruszenie niniejszego rozporządzenia trafi do więzienia na okres 3 lat oraz otrzyma karę w wysokości 50 000 rupii. Jeżeli osoba zmieniające wyznanie jest małoletnim, kobietą lub członkiem zarejestrowanej kasty lub plemienia, okres kary więziennej wyniesie 5 lat, a kara 100 000 rupii".

Ci, którzy zmienią wyznanie według własnego uznania oraz liderzy religijni zaangażowani w jakiekolwiek próby nawracania mają konieczność zgłosić to miejscowej administracji.

Niniejsze prawo weszło w życie pierwszego dnia misji – 10 października. Głosząc ewangelię ryzykowałem, że zostanę aresztowany.

Nie wiedziałem o tym przed przyjazdem do Indii. Członkowie kościoła, którzy przygotowywali misję, nie poinformowali mnie o tym. Obawiali się, że za bardzo bym się martwił.

Z powodu zaistniałej sytuacji, organizatorzy prosili mnie,

abym głosił jedynie poselstwo pokoju i błogosławieństw.

Jednak gdybym nie mógł głosić o Bogu Stworzycielu oraz o Jezusie Chrystusie, nie miałbym powodu, aby tam w ogóle jechać. Nie usłuchałem. Nawet gdybym miał zostać aresztowany, zamierzałem głosić ewangelię o Bogu Stworzycielu i o Jezusie.

Podczas każdego spotkania, podkreślałem, że ich grzechy mogą zostać wybaczone, że mogą zyskać zbawienie, jeżeli tylko zaakceptują Jezusa. W swoich kazaniach mówiłem również o pięknym niebie i ohydnym piekle.

Konferencja Pastorów

Spotkania misyjne rozpoczęły się 10 października. Na niebie wokół słońca pojawiła się tęcza. Rano mieliśmy konferencje pastorów w Kamaraj Arangam.

W konferencji wzięło udział 3000 pastorów, czyli dwa razy więcej niż spodziewali się organizatorzy. Mówiłem na temat powodu, dla którego Bóg umieścił w raju drzewo poznania dobra i zła.

Widziałem, że słuchacze byli bardzo uważani i zadowoleni, klaskali od czasu do czasu. Czułem, że byli spragnieni duchowo, kiedy słuchali poselstwa.

Tłumacz, który miał być zatrudniony podczas konferencji, nie przyjechał na czas i ktoś inny musiał go zastąpić. Później dowiedziałem się, że ten tłumacz miał umowę z osobą z komitetu organizacyjnego, że nie będzie tłumaczył, jeśli będę mówił o duchowej rzeczywistości.

Mówiłem o drzewie poznania dobra i zła, a gdybym nie wspomniał nic na temat ogrodu Eden, najważniejsza część

Festiwal cudów i uzdrowień w Indiach (Marina Beach)

zostałaby pominięta.

Ponieważ nowy tłumacz nie znał sytuacji, po prostu tłumaczył wszystko. W Channai nie było żadnego ruchu, więc kiedy dowiedziałem się o spóźnieniu tłumacza, czułem, że była to Boża interwencja.

Przyjechałem na plażę Marina ok. 18.00, mając wielkie nadzieję i odczuwając delikatne zdenerwowanie. Jest to druga najdłuższa plaża na świecie. Znajdowała się w odległości 15 minut drogi od hotelu. Mogłem zobaczyć scenę z pokoju hotelowego okna.

Scena miała wysokość trzech pięter i szerokość 45 m. Była w stanie utrzymać 2000 ludzi. Była wystarczająco duże, aby pomieścić wszystkich, którzy będą chcieli złożyć świadectwo. Jej długość po przekątnej wynosiła 25 m. Już na godzinę przed rozpoczęciem spotkania misyjnego, zgromadziło się dużo ludzi.

Początek Wielkiej Misji

Tego dnia głosiłem o Bogu Stworzycielu. Obiecałem, że pokaże im czy Bóg jest tym prawdziwym wszechmocnym Bogiem, który naprawdę działa. Po wygłoszonym poselstwie, modliłem się za chorych z całego serca. Wypędzonych zostało wiele demonów, a wielu chorych zostało uzdrowionych. Całe wydarzenie była transmitowane na żywo w kilku stacjach.

Jednym z uzdrowionych był 16-letni chłopiec Ganesh. Był ofiarą wypadku i trafił do szpitala. Okazało się, że ma guza w kości biodrowej. Guz został usunięty wraz z fragmentem kości biodrowej. Wszczepiono mu metalowe pręty, aby połączyć uda z biodrem. Musiał leżeć w łóżku przez 6 miesięcy.

Pomimo zastosowanych środków, Ganesh miał trudności z siedzeniem i chodzeniem. Jednak wziął udział w spotkaniu misyjnym dzięki pomocy innych osób. Kiedy modliłem się za chorych, poczuł, jakby został porażony prądem. Od tego momentu ból zniknął całkowicie i chłopak mógł chodzić bez pomocy kul.

Drugiego dnia misji, wcześnie rano deszcz padał bardzo intensywnie. Jednak zgromadziło się jeszcze więcej ludzi niż pierwszego dnia oraz więcej ludzi zostało uzdrowionych. Setki tysięcy ludzi przychodziło na spotkania misyjne każdego dnia. Stałem na wysokiej scenie, a mimo to trudno było mi zobaczyć, gdzie kończył się tłum. Po zakończeniu modlitwy za chorych, niezliczona liczba ludzi przychodziła na scenę. Organizatorzy byli bardzo zaskoczeni.

Wielu znanych ewangelistów prowadziło spotkania misyjne na plaży Marina, jednak nie miało miejsce tyle uzdrowień, więc nikt się nie spodziewał, że coś takiego będzie miało miejsce.

Boże prowadzenie w największej i najcudowniejszej misji

Od trzeciego dnia misji, na niebie pojawiły się okrągłe i proste tęcze. Znów zgromadziły się setki tysięcy ludzi.

Jednak wydarzyło się coś niespodziewanego. Nagle zerwał się silny wiatr, a deszcz padał intensywnie podczas kazania. Grzmiało i błyskało. Nie byłem w stanie otworzyć oczu z powodu ulewnego deszczu.

Scena ruszała się pod wpływem silnego wiatru. Niektórzy z uczestników zaczęli się niepokoić. Wyglądało na to, że zamierzali odejść. Pocieszałem ich, aby nie przejmowali się deszczem, lecz przezwyciężyli go wiarą i oddali chwałę Bogu. Wkrótce uciszyli się i ponownie zaczęli słuchać poselstwa.

Nie mogłem powstrzymać kliku obaw. Największym problemem było to, że zmoknie i zepsuje się sprzęt telewizyjny. Transmisja telewizyjna zostałaby wtedy przerwana. Jednak starałem się o tym nie myśleć, wierząc, że moc Boża czuwa nad wszystkim.

Silny wiatr i deszcz nie ustawały przez następną godzinę, jednak ani oświetlenie, ani ekrany, sprzęt elektryczny czy sprzęt telewizyjny nie zostały zniszczone. Przy takim wietrze i ulewie, mogliśmy naprawdę mieć duży kłopot.

Na scenie znajdowały się kable elektryczne. Deszcz przemoczył kilka gniazdek, jednak nie było żadnego przecieku ani spięcia. Nie wydarzył się żaden wypadek, ponieważ ochraniał nas Bóg.

Kiedy głosiłem poselstwo, w sercu modliłem się, aby Bóg powstrzymał deszcz. Jednak padało coraz mocniej. Przez ostatnich 20 lat, Bóg zawsze dawał nam dobrą pogodę podczas każdego zewnętrznego wydarzenia. Nawet ulewne deszcze ustawały dzięki modlitwie. Po raz pierwszy naprawdę przemokłem.

Byłem zdenerwowany i straciłem siłę w nogach. Marzyłem o tym, aby usiąść i zacząć płakać. Jednak nie mogłem okazać się tak słaby. Nadal głosiłem poselstwo. Modliłem się również o chorych. Wszystko bez parasolki. Myślę, że ludzie byli tym poruszenia i nie chcieli nigdzie odejść.

Bóg pokazał nam tego dnia wielkie dzieła uzdrowienia. Wielu ludzi oglądało transmisję w telewizji lub przez Internet.

Po zakończonej modlitwie, nadszedł czas na świadectwa. Patrzyłem na ludzi, którzy przychodzili. Niektórzy z tych, którzy stali na niższej scenie, patrzyli w moim kierunku i pokazywali wdzięczność ze łzami w oczach.

Kiedy wróciłem do hotelu, zapytałem Boga w modlitwie, dlaczego dopuścił taką ulewę, która nie ustała nawet dzięki modlitwie. Powiedział mi, że ulewa i silny wiatr były zgodne z

Modlitwa o chorych w ulewnym deszczu

prowadzeniem Bożym.

Ponieważ deszcz padał dzięki woli Bożej, nie przestał padać nawet dzięki modlitwie.

„Dzięki temu, Bóg i Jezus zostali głęboko zakorzenieni oraz zachowani w umysłach mieszkańców Indii, podobnie jak ty".

Podał mi powód, dla którego padał ulewny deszcz: chciał, aby miejscowi pastorzy oraz mieszkańcy zrozumieli, czym jest prawdziwa wiara, oraz aby wyryli miłość Bożą głęboko w swoich sercach. A ponieważ, przeszliśmy z wiarą przez to doświadczenie, otrzymamy w zamian wiele błogosławieństw.

Od 2001 roku, Bóg mówił mi, że misja w Indiach została zaplanowana jeszcze przed stworzeniem świata oraz, że będzie to najwspanialsza i największa misja pod wieloma względami. Ponieważ Bóg zna serc człowieka, wiec, jak sprawić, aby zebrało się jak najwięcej ludzi.

Misja była transmitowana na czterech kanałach telewizyjnych oraz w Internecie, co było czyś niezwykle rzadkim w kraju takim jak Indie, szczególnie, że było to wydarzenie chrześcijańskie.

Niezliczona liczba ludzi oglądała misję w telewizji, co nie zostało przerwane nawet pomimo ulewnego deszczu. Ludzie ci również byli bardzo poruszeni. Poczuli prawdziwą miłość Jezusa oraz miłość Boga, które wyryły się na ich sercach.

„Kim jest Ten, który kocha mieszkańców Indii tak ogromnie?"

Największy tłum

Następnego dnia, 13 października, pokonaliśmy rekord, ponieważ na plaży Marina zgromadziło się 1,5 miliona ludzi. Wiele osób, które oglądały nas w telewizji było niezwykle poruszonych i przybyli na plaże Marina. Nie było widać końca tłumu.

Niektórzy mówili, że wyglądało na to, że piasek na plaży zmienił się w ludzi. Kiedy tego dnia modliłem się za chorych, słyszałem krzyki wielu demonów.

Demony wiedziały, że każę im odejść i krzyczały. Wielu Hindusów był opętanych przez demony, dzięki którym oddawano chwałę bożkom przez długi czas.

Kiedy wygnałem demony, krzyki ustały i wokół zrobiła się cisza. Niektórzy widzieli, że demony uciekały, nie oglądając się za sobą.

Moc twórczego głosu była niesamowita. Demony zostały wypędzone, głusi odzyskiwali słuch, a niemi mowę.

Niektóre osoby zostały przyniesione na spotkanie misyjne na noszach, jednak wracali już o własnych siłach. Wiele nieuleczalnych chorób zostało uleczonych. Szczególnie ostatni dzień misji był wypełniony działaniem Ducha Świętego, które pozostawiło po sobie wiele śladów.

To jednak nie wszystko. Pewni Hindusi uprawiali czarnoksięstwo. Wieszali w swoich domach jajka lub owoce i przeklinali innych. Kiedy wróciłem do Korei, otrzymałem wiele listów dotyczących zachowań związanych z czarną magią.

Pewnie niewierzący człowiek wieszał jajka w wielu miejscach swojego domu. Jego żona była jednak osoba wierzącą. Oglądała misję w telewizji.

Kiedy modliłem się o chorych, gwoździe, na których były zawieszone jajka, powypadały, więc jajka spadły i stłukły się. Zaskoczony mąż powiedział, że zacznie chodzić do kościoła i nie będzie już nigdy zwalczał chrześcijaństwa.

Miejscowy pastor powiedział, że ta misja była najcudowniejsza i największa pod wieloma względami. Poselstwo było głoszone w harmonii z Bogiem Stworzycielem oraz Jezusem Chrystusem, a znaki i cuda, które miały miejsce potwierdzały wypowiadane słowa. Poselstwo było doskonałe i wolne od oskarżeń.

Organizatorzy poinformowali mnie, że ponad 60% uczestników było Hindusami. Wielu z nich przyjęło Jezusa i nawróciło się.

Nie tylko na plaży Marina, ale także w innych miastach ustawione były olbrzymie ekrany, dzięki którym spotkania misyjne były transmitowane na żywo również w innych

Wielu ludzi składa świadectwo o swoim uzdrowieniu

miejscach. Dziesięć tysięcy ludzi gromadziło się w tych miejscach. Słuchali poselstwa i zostali uzdrowieni. Był to znaczący moment w historii chrześcijaństwa w Indiach. Była to misja, w której cena męczeńskiej krwi Tomasza przyniosła owoce.

Obalenie prawa przeciwnego nawracaniu

Od pierwszego dnia misji, wielu policjantów przyglądało mi się podejrzliwie. Jednak ich wyraz twarzy szybko zmienił się. Kiedy widzieli tylu uzdrowionych ludzi, przyszli do mnie, uklękli i prosili o modlitwy.

Policja zdała raport do rządu Tamil Nadu oraz rządu głównego, że ponad 3 miliony ludzi zgromadziło się w tych czterech dniach spotkań misyjnych, które były pełne pokoju. Żadne wypadki nie miały miejsca. Mieszkańcy Indii mieli szansę, aby ponownie ocenić chrześcijaństwo. Wielu wierzących, którzy byli prześladowani, teraz mogło być z siebie dumnych.

Wielu ludzi nawróciło się, a chrześcijaństwo stało się silniejsze. Liderzy chrześcijańscy zjednoczyli się i wydali oświadczenie, żądające obalenie prawa przeciwnego nawracaniu. Zamknięto chrześcijańskie szkoły i szpitale, a pojedyncze osoby protestowały przeciwko rządowi i pościły. Wcześniej taka sytuacja byłaby nie do pomyślenia.

W końcu, podczas wyborów w 2004 roku partia All-India Anna Dravida Munnetra Kazhagam (AIADMK) poniosła znaczącą porażkę.

Gubernator stanu Tamil Nadu Ms Jayalalitha należał do partii AIADMK. Zamiast nich, partia Democratic Progressive Alliance (DPA), która była bardziej przyjacielsko nastawiona do chrześcijaństwa, zdobyła większość.

Gubernator Ms Jayalalitha wydał wiele oświadczeń, które miały zdobyć serca ludzi. Jednym z nich było odrzucenie prawa przeciw nawróceniom 18 maja 2004 roku.

Wielu pastorów oraz dziennikarzy wzięło udział w misji. Przybyli ze Stanów Zjednoczonych, Środkowego Wschodu, Rosji, Australii, Izraela oraz innych krajów. Byli świadkami mocy Boga, o której myśleli, że istnieje jedynie w Biblii, i poprosili nas, abyśmy poprowadzili spotkania misyjne również w ich krajach.

Ponad trzydzieści krajów poprosiło o misję. Była to już

siódma misja od 2000 roku, jednak nigdy nie podejmowałem sam decyzji w sprawie miejsca. Zawsze podążałem za Bożą wskazówką.

Rozdział 7

Narody przyjdą do Twojego światła

Co zdarzyło się w Dubaju

Po zakończonej misji w Ugandzie, Bóg powiedział mi, że udam się do Dubaju. Do tamtego momentu nigdy nie słyszałem o tym mieście.

W drodze powrotnej z misji w Kenii przesiadaliśmy się właśnie w Dubaju. Po raz pierwszy moja noga stanęło w tym kraju. Kiedy stałem na lotnisku, modliłem się: „Ojcze, obyś został wielce uwielbiony na tej ziemi".

Dubaj jest drugim co do wielkości emiratem w Zjednoczonych Emiratach Arabskich. Stamtąd Korea importuje większość ropy. Bóg powiedział mi, że wcześniejsza misje były znaczące pod względem liczby zgromadzonych ludzi, jednak misja w Dubaju będzie miała większe znaczenie pod względem jakości.

Bóg powiedział, że musimy porzucić nasze ramy myślowe, ponieważ nie sama misja była celem w przypadku Dubaju. Chodziło o to, aby stał się znany w kręgach wysokich urzędników oraz wypełnił wolę Bożą w kwestii budowy Wielkiego Sanktuarium.

Otrzymaliśmy od władz zgodę na przeprowadzenie spotkania i przygotowaliśmy się do „Koreańskiego Kulturalnego Festiwalu Chrześcijaństwa", który miał odbyć się od 2 do 4 kwietnia 2003 w międzynarodowej Sali konferencyjnej hotelu Hyatt. Chcieliśmy przedstawić tradycyjne tańce koreańskie oraz muzykę, aby ułatwić współpracę między dwoma krajami oraz głosić delikatne poselstwo.

Mogliśmy zorganizować spotkanie w kościele, jednak wtedy muzułmanie nie mogliby w nim uczestniczyć. Dlatego wybraliśmy hotel. Od samego początku byłem bardzo poruszony, ponieważ wiedziałem, że spotkanie nie odbędzie się, jednak nie powiedziałem nic moim współpracownikom. Pozwoliłem im przygotowywać się do spotkania.

Pomimo, że Dubaj jest bardziej otwarty niż inne kraje Środkowego Wschodu, nadal jest to kraj muzułmański i głoszenie ewangelii miejscowym jest całkowicie zakazane.

Przyjechałem do Dubaju dzień przed rozpoczęciem misji. Poinformowano mnie, że spotkanie musi zostać odwołane ze względów bezpieczeństwa.

Akurat skończyła się wojna w Iraku, więc sytuacja na świecie nie była stabilna. Jednak nie była żadnej bezpośredniej przyczyny. Jeden z naszych współpracowników przypadkowo spotkał Księcia Dubaju, który przyjechał sprawdzić hotel, i wręczył mi zaproszenie. Wiedząc, że było to chrześcijańskie wydarzenie, książę wydał polecenie, aby odwołać spotkanie.

Pod ścisłą obserwacją policji

2 kwietnia ponad 100 policjantów przeprowadziło inspekcję wokół hotelu. Odsyłali wszystkich, którzy przychodzili, aby wziąć udział w spotkaniu misyjnym. Również całą naszą ekipę misyjną mieli na oku.

Wróg diabeł sądził, że gra będzie skończona, jeżeli spotkanie zostanie odwołane przez wysokie władze kraju, jednak Boża wola cichutko się wypełniała.

Następnego dnia Klub Osób Niepełnosprawnych zwrócił się do nas z prośbą. Udaliśmy się na miejsce w grupach 3-5 osobowych. Ponieważ spotkanie zostało zorganizowane nagle, wzięło w nim udział około 100 osób.

Większość z nich była w znacznym stopniu niepełnosprawna. Wielu z nich nie mogło chodzić o własnych siłach. Wiele kobiet miało na sobie czarne szaty abaja. Wygłosiłem 15-minutowe kazanie i modliłem się w imieniu Jezusa Chrystusa. Bóg zadziałał w swej wielkiej mocy. Wielu odzyskało możliwość chodzenia oraz słuch. Osoby, które miały zesztywniałe ciała z powodu paraliżu mogli się zginać, rozciągać i poruszać.

To spotkanie oraz poprzednie misje były transmitowane przez ZEE TV w Dubaju. ZEE TV jest kanałem telewizji satelitarnej w Indiach, który jest nadawany w 16 krajach.

Kiedy przebywałem w hotelu, ludzie, którzy pragnęli doświadczyć mocy Bożej, przychodzili do mnie jakoś omijając policję. Gdyby misja odbyła się, nie byłbym w stanie spotkać się z tymi ludźmi osobiście. Spotkałem wielu ludzi, których przysłał do mnie Bóg.

Z powodu wypadku samochodowego Sheila Diwikar była

na wózku inwalidzkim już od długiego czasu. Trudno było jej się poruszać. Jednak kiedy modliłem się za nią, wstała z wózka i zaczęła chodzić. Nie potrafiła powstrzymać swojej radości.

Pomagali nam również niektórzy dziennikarze. Dr Omer Yassin przyszedł ze swoją żoną i córką. Jego córka miała problemy z mówienie już od 30 lat z powodu zapalenia mózgu oraz rdzenia kręgowego.

Jednak kiedy się za nią pomodliłem, powiedziała: „Dziękuję!". Rodzice zobaczyli po raz pierwszy, jak ich córka mówi. Byli bardzo poruszeni.

Dr Omer powiedział, że zamierza napisać o uzdrowieniu swojej córki. Pomimo, że nie spędziłem w Dubaju dużo czasu, udało mi się spotkać z wieloma ludźmi, którzy byli pomocni podczas misji na Środkowym Wschodzie. Ci ludzie stali się linią łączącą, aby pomóc wypełnić wolę Bożą.

Misja w Rosji, oficjalna rocznica 300-lecia St. Petersburga

27 maja 2003 roku prezydent Rosji, Vladimir Putin zaprosił przywódców ponad 50 krajów na obchody rocznicy 300-lecia założenia miasta St. Petersburg. Ponieważ wielu przywódców zebrało się w jednym miejscu, St. Petersburg przyciągnął uwagę całego świata.

Nasza misja w Rosji odbyła się w tym samym roku i uznano ją jako jedno z wydarzeń związanych z obchodami rocznicy, dzięki czemu otrzymaliśmy wsparcie ze strony władz i rządu. Od pierwszego dnia misji, która rozpoczęła się 12 listopada 2003 roku, stadion olimpijski w St. Petersburgu był wypełniony ludźmi.

W listopadzie jest bardzo zimno i często pada śnieg. Jednak podczas spotkań misyjnych mieliśmy niezwykle ładną pogodę z plusową temperaturą. Głosiłem o Bogu Stworzycielu, o tym,dlaczego Jezus Chrystus jest Zbawicielem oraz o mocy Ducha Świętego.

Festiwal w Rosji (Stadion olimpijski w St. Petersburgu)

Podczas każdej modlitwy o chorych stadion wypełniał się ciepłem Ducha Świętego.

Ludzie krzyczeli, że odzyskali słuch; chromi zaczynali chodzić, wielu ludzi, którzy chodzili o kulach lub przy pomocy chodzików z powodu zdeformowanych lub wykręconych nóg, zaczęło samodzielnie chodzić; inni zdejmowali okulary i odzyskiwali wzrok; ludzie, którzy mieli zaburzenia mowy, zaczynali mówić. Całe wydarzenie było transmitowane na żywo na cały świat.

Poza St. Petersburgiem misja była również transmitowana do pięciu innych miejsc: Panzy, Izhevesk oraz na Ukrainie.

Na przyjęciu, które odbywało się po zakończonym spotkaniu misyjnym, podszedł do mnie pastor, który brał udział w spotkaniu misyjnym w Izhavesku. Pomimo zimna (temperatura poniżej 20°C) ponad tysiąc osób zgromadziło się i wielu zostało uzdrowionych.

Jeden z pastorów, który opiekował się klubem dla niepełnosprawnych wyraził swoją radość, mówiąc, że wielu ludzi niewidomych oraz głuchych odzyskało wzrok i słuch.

Spotkania misyjne były transmitowane na żywo nie tylko w Rosji, ale w 150 innych krajach przez 27 kanałów telewizyjnych, kablówek oraz dzięki 12 różnym satelitom. Ludzie doświadczyli boskiego uzdrowienia, oglądając misję w telewizji w sąsiadujących krajach, jak Estonia, i wysyłali swoje historie do stacji nadawczych.

Miejscowi lekarze uczestniczyli w spotkaniach misyjnych, aby zapisywać przypadki uzdrowienia. Jeden z nich wyraził swoje zaskoczenie w słowach: „Byłem zaszokowany, widząc tak wielu ludzi uzdrowionych jedynie przez modlitwę".

Przewodniczący Stowarzyszenia Kościołów Prawosławnych w Moskwie powiedział, że odczuwał działanie Ducha Świętego oraz obecność Bożą. Był to wspaniały punkt zwrotny ożywienia kościołów w Rosji.

Opowiadał o tym, jak pastorzy zostali obudzeni z duchowej drzemki. Uwierzyli, że moc Boża istnieje nie tylko w Biblii, ale i w rzeczywistości, oraz że jej dzieła mogą być widoczne każdego dnia. Dzięki temu zaczęli pragnąć Bożej mocy oraz zjednoczenia kościołów.

Początek badań duchowych

Bóg jest duchem, a kiedy doświadczymy zmiany życia w duchu i w prawdzie, również możemy doświadczyć przestrzeni duchowej. Dzięki temu, możemy zjednoczyć się z Bogiem i otrzymać Jego moc. Moc poselstwa będzie jeszcze potężniejsza.

Nie trudno jest wywrzeć wrażenie na słuchaczach za pomocą głoszonego poselstwa. Jednak, aby spowodować zmianę w słuchaczu poprzez dotarcie do jego duszy, ducha, istoty, musimy otrzymać moc od Boga.

Głębia świata duchowego jest niezmierzona. Bóg umożliwił mi prowadzenie studiów duchowych w styczniu 2003 roku, aby mnie poprowadzić ku wyższym wymiarom Jego mocy.

Był to proces konieczny, abym usłyszał twórczy głos Boga dochodzący z Jego serca w 100% oraz całkowicie odkrywający przede mną najwyższą moc stworzenia.

Bóg wyjaśnił mi duchowe prawa ustalone na początku

czasu. Wyjaśnił również prawo sprawiedliwości. Opowiedział mi dokładnie o prorokach Bożych, którzy osiągnęli poziom duchowości nazywanym „pełnym poziomem duchowości", takich jak Abraham, Mojżesz, Eliasz czy apostoł Paweł.

Nauczał mnie o Bogu Stworzycielu oraz Jezusie Chrystusie i innych prorokach i apostołach, którzy objawiali moc Bożą. Poprowadził mnie również, aby studiował o poziomach światłości.

Przygotowywanie pastorów do służby duchowej

W oparciu o to, czego nauczyłem się od Boga o głębokiej duchowej rzeczywistości, prowadziłem klika konferencji dla pastorów w ciągu roku.

Aby poprowadzić pastorów w naszym kościele oraz misjonarzy, aby wzrastali w duchu oraz stali się ukochanymi i silnymi sługami Boga, nauczałem ich z całej swojej mocy oraz modliłem się za nich ze łzami, trzymając się słowa Bożego.

Apostoł Paweł powiedział: „*Dlatego czuwajcie, pamiętając, że przez trzy lata we dnie i w nocy nie przestawałem ze łzami upominać każdego z was*" (Dz. Ap. 20:31). Nauczałem ich wszystkiego, czego nauczyłem się od Boga tak, aby mogli przejść na wyższy poziom wiary oraz duchowości.

Jakież byłoby to szczęście, gdyby więcej pastorów otrzymało większą moc niż ja tak, aby królestwo Boże powiększało się oraz wiele dusz mogło być zbawionych. W lipcu 2003 roku, przemawiałem podczas 21 konferencji pastorów pod tytułem „Podmuch Ducha Świętego".

Mówiłem pastorom o przestrzeni, o której dowiedziałem

się od Boga. Nauczałem ich, w jaki sposób możemy posiąść serca duchowe oraz poruszać się dzięki temu podmuchowi w przestrzeni. Wspomniałem również o 24 starcach w Nowym Jeruzalem. Zachęcałem ich, aby sięgnęli po większą moc w służbie duchowej i mieli więcej nadziei na niebo.

Wiele tekstów biblijnych, takich jak 1 Król. 8:27 oraz Jer. 10, 12 mówią nam, że istnieje nie tylko jedno niebo, lecz kilka różnych. Nawet w Nowym Testamencie, w Ks. Efez. 4:10 użyte jest określenie: „ponad wszystkie niebiosa".

Niebo nie jest jedno, lecz jest ich wiele. Ogólnie rzecz biorąc, może być podzielone na przestrzeń fizyczną oraz duchową, która jest rzeczywistością duchową. Przestrzeń fizyczna jest bardzo niewielka w porównaniu z przestrzenią duchową.

Przestrzeń fizyczna jest pierwszym niebem, zaś poczynając od drugiego nieba, wszystko należy do rzeczywistości duchowej.

Ogród Eden oraz złe duchy istnieją w drugim niebie. Królestwo niebieskie zlokalizowane jest w trzecim niebie, zaś w czwartym niebie znajduje się tron Boga. Ten tron znajduje się w innym wymiarze niż tron Boże w Nowym Jeruzalem.

Przestrzeń

Wszelka przestrzeń wszechświata zawarta jest w Bożym sercu. Aby posiąść tę przestrzeń, należy wypracować ją w swoim sercu. Posiąść o niej głęboką wiedzę, pielęgnować ją jako wiedzę duchową oraz dopełnić jej w swoim sercu.

Psalm 68:33-35 mówi: *„Śpiewajcie Bogu, królestwa ziemi, zagrajcie Panu, który przemierza niebo, niebo odwieczne. Oto wydał głos swój, głos potężny: Uznajcie moc Bożą! Jego majestat jest nad Izraelem, a Jego potęga w obłokach".*

Potężny głos odnosi się właśnie do twórczego głosu stworzenia.

Jest to poziom posiadania i kontroli przestrzeni w czwartym niebie. Jedynie na tym poziomie możliwe jest użycie twórczego głosu. I jest to dźwięk „potężnego głosu", którego nie jesteśmy w stanie usłyszeć.

Na dźwięk twórczego głosu stworzenia, wszystko, co znajduje się we wszechświecie jest posłuszne. Władza i godność twórczego głosu poruszą niebiosa.

Jeżeli człowiek mógłby usłyszeć ten głos, doszłoby do pęknięcia bębenka usznego. Jesteśmy w stanie usłyszeć potężny głos Boży jedynie wtedy, kiedy On sam otworzy nasze uszy.

Bóg przekazał mi wiedzę dotyczącą przestrzeni w czwartym niebie. Jest to możliwe jedynie wtedy, kiedy człowiek przejdzie poziom duchowy i dojdzie do poziomu czystości ducha Bożego oraz w pełni posiądzie przestrzeń czwartego nieba.

Ci, którzy osiągnęli poziom pełnej duchowości jak Eliasz, Mojżesz i apostoł Paweł, dotarli do poziomu kontrolowania złych duchów, które są obecne w drugim niebie. Złe duchy drżą przed ludźmi, którzy osiągnęli pełnię duchową. Co więcej, nie są nawet w stanie zbliżyć się do tych ludzi.

Jednak dopóki ludzi, którzy osiągnęli poziom pełnej duchowości żyją na tej ziemi, wróg diabeł pobudza złych ludzi, aby prześladowali ich oraz utrudniali im życie. Taka władza jest władzą daną złym duchom przez Boga na czas życia ludzkości na tej ziemi. Wróg diabeł używa swojej władzy i próbuje prześladować oraz przeszkadzać w osiągnięciu dzieła dla Królestwa Bożego.

Dlatego też, kiedy osiągamy poziom pełnej duchowości, nadal musimy walczyć w mocami ciemności aż do zakończenie naszej służby na tej ziemi. Jeżeli jednak człowiek posiądzie przestrzeń czwartego nieba, wszystko dzieje się jakby na głos twórczego głosu, więc wróg diabeł nie jest w stanie przeszkodzić.

Niektórzy mogą zadać pytanie: „Jeżeli Bóg dał złym duchom moc, czy są one w stanie wykonywać wielkie dzieła?" Jednak prawdą jest, że wróg diabeł nie jest w stanie wykonywać dzieła mocy dzięki swojej własnej władzy.

Wróg diabeł stawia próby i testy na drodze tych, którzy zapominają o słowie Bożym i grzeszą. Jest to zgodne z zasadami rzeczywistości duchowej. Bóg nakazał wężowi zjadać kurz z ziemi przez wszystkie dni swojego życia (Ks. Rodzaju 3:14), jednak wąż nie je kurzu. Węże jedzą żaby i myszy.

Kurz ma tutaj duchowe znaczenie. Odnosi się do człowieka, który został stworzony z prochu ziemi. Bóg pozwala szatanowi pożerać „ludzi ciała", którzy nie są posłuszni słowu Bożemu oraz popełniają grzechy.

Moc stworzenia, która ożywia z martwych, podnosi chromych, przywraca wzrok, należy wyłącznie do Boga. Diabeł nie posiada takie mocy, dlatego w żadnym miejscu w Biblii nie jest napisane, że złe duchy wykonują dzieło mocy.

Podczas procesu szkolenia, przygotowującego, aby udać się w przestrzeń czwartego nieba, Bóg zabrał moją siłę fizyczną i wypełnił mnie duchową energią. Podczas tego procesu z moim ciałem działy się różne dziwne rzeczy. Było to spowodowane faktem, iż moje ciało znalazło się w świecie trójwymiarowym, a ja odbywałem szkolenie, które miało mnie przygotować do tego, abym posiadł przestrzeń czterowymiarową czwartego nieba.

Przestrzeń duchowa w czwartym wymiarze należy do wymiary, w którym istnieje jedynie Bóg jako twórczy głos oraz światłość. Jest to poziom, w którym cel może zostać osiągnięty poprzez wypracowanie go w sercu.

Błogosławieństwo otrzymane w trzech próbach dzięki Opatrzności

Przypuśćmy, że moc Jezusa wynosi 100. Natomiast moc, które może objawić się przez człowieka wynosi maksymalnie 50. Apostoł Paweł był jednym z ludzi, którzy objawiali potężną moc Bożą wśród biblijnych postaci. Czynnie komunikował się z Bogiem i napisał 14 ksiąg biblijnych. Pomimo tego, posiadał on jedynie 50% mocy w porównaniu z mocą Jezusa.

Dlatego właśnie nie mógł przywrócić ślepym wzroku, a niemym mowy. Nie był w stanie objawić dzieła, które przekracza granice czasu i przestrzeni.

Niektórzy mogą uważać, że Mojżesz objawiał moc Bożą w większym stopniu niż Paweł. Jednak Mojżesz pokazywał znaki i cuda, takie jak rozstąpienie się Morza Czerwonego, dzięki posłuszeństwu Słowu Boga.

Jedna w tym przypadku apostoł Paweł, nawet bez polecenia Bożego, dzięki swojej wierze objawiał znaki I cuda. Aby wypełnić misję światową w czasach pełnych grzechu, Bóg powiedział, że nawet 50% mocy apostoła Pawła nie wystarczy.

Jeżeli moja moc wynosiła 1, kiedy otwierałem kościół, Bóg wypełnił mnie pozostałymi 99 i pokazał wielkie grzechy oraz cuda. Dzięki różnym próbom wiary od samego początki, moc którą posiadam rosła, aż osiągnęła poziom 50 zaraz przed rozpoczęciem trzeciej próby w 1998 roku.

50% nie wystarczy, aby wypełnić wolę Bożą. Dlatego Bóg poprowadził mnie, aby otrzymał większą moc dzięki trzem próbom. Musiałem przejść przez zdradę wielu ludzi i byłem prześladowany bez powodu. Udało mi się to wszystko przejść z uwielbienie i podziękowaniem dla Boga, modlitwą, miłością i dobrocią.

Wróg diabeł próbował mnie zniszczyć poprzez trzy próby oraz na różne inne sposoby, jednak mu się nie udało. Prawo duchowego królestwa mówi, że karą za grzech jest śmierć. Dlatego diabeł nie jest w stanie zniszczyć kogoś, kto nie popełnia grzechów. Diabeł podjudzał złych ludzi, aby ukrzyżowali Jezusa, jednak ponieważ Jezus był bez grzechu, złamał władzę śmierci i powstał z martwych.

Od tego czasu wróg diabeł nie był w stanie uczynić nic, aby stanąć mi na drodze i przeszkadzać misji. Kiedy przeszedłem zwycięsko przez trzy próby, Bóg obdarzył mnie światłością czterech poziomów mocy. Wcześniej, kiedy modliłem się, moc zstępowała na mnie z nieba i wychodziła przeze mnie, jednak od tamtego czasu, światłość Bożej mocy zaczęła wypływać ze mnie.

Aby zakończyć historię ludzkości na tym świecie pełnym grzechu, potrzebujemy mocy stworzenia. Dlatego Bóg poprowadził mnie na ten poziom, dopuszczając próby tak, aby diabeł nie mógł oskarżać mnie lub sprzeciwiać się misji.

Ponieważ pokonałem próby, diabeł nie mógł sprzeciwić się, że Bóg dał mi moc. Gdybym nie przeszedł prób zwycięsko, szatan sprzeciwiałby się Bogu, mówiąc: „Dałeś swojemu słudze tak wielką moc, że wielu ludzi zaczyna dzięki temu wierzyć. Czy to jest prawdziwe doskonalenie ludzkości?"

Boże działanie jest sprawiedliwe i bez skazy. Bóg pragnie udoskonalić rodzaj ludzki i czyni to już od długiego czasu, jednak nigdy nie uczynił nic, co byłoby niezgodne ze sprawiedliwością. Bóg dał mi cztery poziomy mocy i przygotował mnie, aby wstąpił jeszcze wyżej.

Bóg pragnie, abyśmy wypełnili Jego misję na świecie oraz głosili o żywym Bogu na całym świecie. Dzięki temu, głęboko zdałem sobie sprawę, że Bóg w swej dobroci rozumie i pragnie, aby nawet źli ludzie uwierzyli w Niego i Jego boskość, która rozpoznaje zło w człowieku. Był to proces Bożej miłości i sprawiedliwości.

W 2000 roku poziom mocy znacząco wzrósł. Począwszy od misji w Ugandzie, drzwi misji ogólnoświatowej otwarły się szeroko i objawiła się moc stworzenia. Jednak człowiekowi nie jest łatwo wstąpić do przestrzeni czwartego wymiaru.

Pomyślcie tylko, jak ciężkie szkolenie przechodzą astronauci, aby przystosować swoje ciała do odmiennego środowiska w kosmosie. Podobnie jak w ich przypadku, kiedy odczuwali opór przechodząc do innej atmosfery, ja odczuwałem silne drgawki, kiedy miałem wstąpić do przestrzeni czwartego wymiaru.

W listopadzie 2003 roku moje przygotowanie trwały intensywnie. Zbliżała się misja w Rosji. Drgawki były bardzo silne. Nie mogłem nawet spać, ponieważ musiałem walczyć z drgawkami w dzień i w nocy. Jednak w 2004 roku drgawki ustały prawie całkowicie.

Nawet teraz, ciężar misji światowej oraz budowa sanktuarium i kwestie finansowe powodują stres w moim życiu. Kiedy wszystkie te troski znikną, odpocznę, ponieważ drgawki ustąpią całkowicie.

15 kwietnia 2004 roku był dniem zakończenie moich duchowych badań. Od tamtej chwili czekało mnie szkolenie praktyczne. Miałem przekonać się, czego się nauczyłem. Tego dnia przebywałem w moim domku modlitewnym. Na niebie jaśniała piękna tęcza.

Odczuwałem wzrost mocy od momentu zakończenia moich badań duchowych. Uzdrowienia odbywały się szybciej niż wcześniej. Nawet ja byłem zaskoczony. Osoba, która miała na swoim ciele poważne oparzenie wyzdrowiała, a jej ciało zostało oczyszczone w tydzień.

Członkowie kościoła otrzymywali błogosławieństwa. Wszystko działo się szybko. Kiedy całkowicie zakończę swoje duchowe szkolenie, będę mógł objawiać potężne dzieła mocy Bożej zgodnie z Bożym prawem miłości i sprawiedliwości bez przeszkód związanych z ograniczeniami czasu i przestrzeni. W październiku 2004 roku rozpocząłem duchowe szkolenie poprzez ręce Boga, który prowadził mnie do głębszych poziomów poznania Jego mocy.

Uzdrowienie z depresji poprzez udział w nabożeństwie przez Internet

Wei Iran, która mieszkała w Tajwanie, cierpiała na depresję i bezsenność od maja 2004 roku z powodu nadmiernego stresu w pracy. Każdego dnia od 16-17.00 miała problemu w oddychaniem do tego stopnia, że musiała być hospitalizowana. Zakładali jej maskę tlenową. Żądne lekarstwa nie działały.

Głównym powodem depresji był stres, który trudno pokonać jedynie dzięki sile woli. W ciężkich przypadkach, pacjent popełnia samobójstwo. Jest to obecnie ogólnoświatowy problem.

Jej stan stale się pogarszał i w lipcu wzięła zwolnienie lekarskie. Nie cierpiała jedynie z powodu depresji, ponieważ miała również chorobę Ménière'a, co oznaczało zawroty głowy i brak równowagi. Straciła ostrość widzenia. Jej ciało było tak sztywne, że nie była w stanie poruszać się bez pomocy innych ludzi.

Przyjęła ewangelię, którą przekazała jej przyjaciółka i odwiedziła kościół Manmin w Tajwanie. Zaczęła brać udział w nabożeństwach niedzielnych przez Internet i przyjęła łaskę Bożą. Zgodnie z radą pastora słuchała również moich wcześniejszych kazań i krzyczała do Boga w modlitwie. Słuchając poselstwa, uświadomiła sobie swoje grzechy oraz zło. Żałowała tego, co robiła w swoim życiu i płakała przed Bogiem. Jej wiara rosła z dnia na dzień.

Pastor kościoła Manmin w Tajwanie wysłał do nas jej zdjęcie oraz prośby o modlitwę. 17 września podczas piątkowego nabożeństwa całonocnego, położyłem moje dłonie na jej zdjęciu i modliłem się gorliwie. Bóg odpowiedział na moją modlitwę i jej depresja oraz choroba zostały uleczone.

Modła spokojnie spać i normalnie oddychać od tamtego czasu. Wkrótce wróciła do pracy i odwiedziła kilkukrotnie główny kościół Manmin w Korei. Jest wierną chrześcijanką.

Pielgrzymka

W marcu 2004 roku udałem się na pielgrzymkę. Byłem już na pielgrzymkach wiele razy, jednak tym razem było inaczej i odczuwałem zupełnie inne szczególne emocje. Galilea była głównym miejscem publicznej służby Jezusa. To tam Jezus powołał wielu swoich uczniów oraz pokazał wiele znaków. Nasza grupa przeżyła wspaniałe doświadczenia uwielbiając Boga, modląc się i rozmyślając podczas rejsu po Jeziorze Galilejskim.

Rozmyślając o Jezusie

Tak wiele słów, których nauczał Jezus stało się niczym błyszczące kamienie, połyskujące w jeziorze. Czy Jezus przechodził tą drogą? Jezus głosił ewangelię i czynił znaki, nie mając nawet czasu, by odpocząć i zjeść dobry posiłek. Nie potrafiłem przejść obok jednego drzewa, kamienia czy rośliny w Galilei. Kiedy rozglądałem się po mieście, tęskniłem za Panem tak bardzo, że kiedy o tym myślałem, moje serce było złamane. O świcie modliłem się gorliwie, patrząc na Jezioro Galilejskie oraz rozmyślałem o czynach Jezusa.

Moja tęsknota za Panem szybko zmieniła się we łzy, które zbierały mi się w oczach. Kiedy modliłem się w Galilei, Bóg pokazał mi inspirujące sceny z Biblii.

Jezus odwiedzał wiele miejsc, nauczając ludzi i uzdrawiając chorych, nie mając czasu na odpoczynek. Jezus i Jego uczniowie wędrowali, aż w pewnym momencie usiedli, aby na chwilę odpocząć. Piotr, który był liderem grupy, był przepełniony pragnieniem, aby trwać przy Jezusie i służyć Mu. Piotr zawsze szedł z przodu, zdejmował swoją szatę i wycierał głaz, na którym miał usiąść Jezus.

Stopy Jezusa były brudne, kiedy chodził po zakurzonych ulicach. Kiedy Jezus siadał, Jan wycierał Jego stopy i sandały swoją szatą. Uczniowie udali się do pobliskich domów, aby poprosić o coś do jedzenia. Otrzymali płaskie, cienkie bochenki chleba.

Piotr wybrał najlepszy bochenek i dał go Jezusowi. Widziałem uczniów siedzących z boku drogi i dzielących się tym, co dostali. Uczniowie Jezusa służyli Mu z całego serca, dlatego dali Mu jeden cały bochenek do zjedzenia.

Słowa wypowiadane przez Jezusa były niczym krople wody w Jeziorze Galilejskim. Nie słyszymy głosu Jezusa nawet dzięki współczesnej nauce, jedna jeśli Bóg otwiera nasze duchowe oczy i uszy, możemy widzieć i słyszeć. Dzięki duchowym oczom można dojrzeć promienie jasnego światła w miejscach, gdzie stał lub przechodził Jezus.

Nad Jeziorem Galilejskim

Góra Przemienienia

Góra Przemienienia jest miejscem, gdzie Jezus udał się wraz z Piotrem, Jakubem i Janem, aby sie modlić. Uczniowie mieli możliwość zobaczyć przemienienie Jezusa w ciało duchowe oraz obserwować Jego spotkanie z Mojżeszem i Eliaszem, a nawet sami przeprowadzić z nimi głęboką duchową rozmowę. Piotr powiedział, że pragnie zbudować trzy namioty.

Kiedy wyszedłem na górę, przekonałem się, że było tam wystarczająco dużo miejsca, aby zbudować trzy namioty. Czy trudno było Jezusowi i uczniom wspiąć się na górę? Czułem duchową światłość, dźwięki i energię.

Dzięki duchowym oczom można łatwo rozpoznać miejsce, gdzie Jezus spotkał się z Mojżeszem I Eliaszem, ponieważ było ono pokryte silnym światłem. Kościół, który został wybudowany na pamiątkę przemienienia znajduje się w odległości 50-60 m od tego miejsca.

Odwiedziłem również ogród Getsemane oraz Kościół Narodów (co w języku koreańskim oznacza „manmin"), który jest zbudowany w miejscu, gdzie Jezus modlił się zanim został pojmany i gdzie krople Jego potu zmieniły się w krew.

Via Dolorosa

Jerozolima jest przygnębiającym i ponurym miastem. Jest to spowodowane faktem, iż mieszkańcy tego miasta nie rozpoznali Jezusa jako Zbawiciela, lecz ukrzyżowali Go. Wyczuwałem żal i łzy Jezusa za Jerozolima. Obok Ściany Płaczu znajduje się złota kopuła, która jest świątynią islamską.

Dzień po naszym przyjeździe do Jerozolimy, usłyszeliśmy zaskakujące wiadomości w CNN. Rząd Izraela zamordował palestyńskiego przywódcę Sheika Ahmeda Yassina. W Jerozolimie dało się odczuć duże napięcie.

Palestyńczycy zamknęli swoje sklepy w ramach demonstracji. Zazwyczaj Via Dolorosa jest zatłoczona i hałaśliwa. Znajduje się tam wiele sklepów oraz kupców arabskich, którzy zapraszają klientów do swoich sklepów. Zazwyczaj trudno jest pielgrzymom rozmyślać w ciszy o Jezusie, który niósł tędy swój krzyż i zmierzał na szczyt wzgórza wśród tłumu ludzi.

Jednak tamtego dnia, ponieważ Arabowie zamknęli swoje sklepy na znak demonstracji, Via Dolorosa była cichą i spokojną ulicą. Wielu innych pielgrzymów również odwołało swoje plany ze względów bezpieczeństwa i nie byliśmy nawet w stanie zobaczyć zbyt wielu mieszkańców miasta. Mogliśmy kontynuować naszą pielgrzymkę w cichym i spokojnym otoczeniu. Bóg podarował mi swoją łaskę, abym poczuł i zobaczył sceny z czasów Jezusa, dzięki wyraźnej inspiracji.

Czułem, jak Jezus komunikował się z Bogiem w duchu, kiedy zmierzał na Golgotę. Jezus pokonał ból, będąc w stałym kontakcie z Bogiem. Kiedy Jezus szedł tą drogą, Ojciec w niebie odczuwał ten sam ból.

Również Piotr podążał w ukryciu za tłumem. Płakał z powodu żalu i skruchy. Nie ośmielił się podejść blisko Jezusa, ponieważ myślał: „Jak mogłem zaprzeć się Pana trzykrotnie?"

Po tym, jak Piotr trzykrotnie zaparł się Jezusa, natychmiast odszedł i żałował za swoje grzechy. Wydaje się czymś naturalnym dla Piotra, aby podążać za Jezusem, który niósł swój krzyż. Powodem, dla którego nie zostało to opisane w Biblii jest to, że Piotr podążał za Jezusem z odległości i inni uczniowie nie mogli go widzieć.

Kobieta, która była z Jezusem do końca

Dziewica Maria podążała za Jezusem. Miała złamane serce. Była tak bardzo mentalnie i fizycznie oszołomiona, że nie kontrolowała w pełni swojego ciała. Magda Magdalena wspierała ją i współczuła jej z całego serca. W tej chwili kobieta, która została uzdrowiona z krwotoku, odważnie podeszła do Jezusa i wytarła Jego krople potu.

Rzymski żołnierz próbował ja odepchnąć, jednak ona bardzo szybko przemknęła między ludźmi i wytarła Jezusa. Znikąd pojawił się bicz, który mocno ja uderzył. Upadał na zmienię. Żołnierze używali włóczni i tarcz, aby trzymać ludzi z daleka.

Te kobiety mogły zostać schwytane i zabite przez rzymskich żołnierzy. Jednak nie bały się i podążały za Jezusem przez całą drogę na Golgotę.

To również te kobiety pierwsze przybyły do grobu Jezusa . Golgota leży około 800 m n.p.m. W tamtym czasie drogi nie wyglądały tak, jak teraz nasze. Trudno było iść taką drogą.

Zaraz o świcie w pierwszy dzień po sabacie, Maria Magdalena oraz Maria, matka Jezusa udały się na Golgotę. Ich stopy były poranione, zniszczyły swoje ubrania na ostrych kamieniach, jednak nie obchodziło ich to. Ich doskonała miłość odegnała strach (1 Jana 4:18).

Ogień Ducha Świętego w Niemczech

Boże ręce, które prowadziły nas w realizowaniu światowej misji, posłały nas do Niemiec. Wolą Bożą było obudzenie Niemiec oraz Europy, ponieważ ustało tam zaangażowanie religijne.

Niemcy to kraj, gdzie narodziła się reformacja, jednak obecnie wiele kościołów jest tam pustych, i podobnie jak w innych krajach europejskich, trudno znaleźć w kościołach młodych ludzi. Jest to spowodowane rozwojem filozofii oraz liberalnej teologii, która naucza ludzi, że można iść na kompromis ze światem, oraz że życie ukierunkowane na Biblię nie jest konieczne.

W sensie duchowym, wiele kościołów europejskich w dzisiejszych czasach nie różni się od kościoła w Sardes, który otrzymał napomnienie od Jezusa: *„...masz imię, że żyjesz, a jesteś umarły"* (Ap. 3:1).

Ci, którzy korzystają ze Słowa Bożego jedynie jako ze źródła wiedzy, nie rodzą uczynków, które wypływałyby z ich wiary. Oznacza to, że ich wiara jest martwa i nie osiągną zbawienia (Jak. 2:26).

W Niemczech już dawno temu młodsze pokolenia opuściły kościół. Wielu ludzi zatraciło czystą wiarę. Kiedy słyszą o tym, że cuda biblijne maja miejsce w dzisiejszym świecie, rzucają dziwne spojrzenia oraz wyrażają zwątpienie. Aby obudzić Niemcy ze stanu ich duchowej drzemki, od 1 do 3 października 2004 roku zorganizowaliśmy spotkania misyjne w Arena Oberhausen w pobliżu miasta Düsseldorf.

Starszy Alexander Yepp oraz inni pastorzy, którzy przygotowywali się do misji powiedzieli, że nie jest łatwo zgromadzić dwa lub trzy tysiące ludzi nawet, jeżeli mają możliwość spotkać się ze znanym ewangelistą. Stwierdzili, że jeżeli zgromadzi się tysiąc ludzie to będzie już wielki sukces. Z tego względu zdecydowali się wynająć miejsce, które pomieściłoby 1500 ludzi.

Przekonaliśmy ich, że maszerujemy z wiarą i w końcu wynajęli Arena Oberhausen, które mieści 12000 osób. Tysiące członków naszego kościoła modliło się podczas spotkań modlitewnych, które odbywały się codziennie w sprawie misji w Niemczech.

Prawdopodobnie Bóg był poruszony naszymi modlitwami, postem oraz darami na misję, aby obudzić kościoły w Europie i objawił nam prawdziwą eksplozję działania Ducha Świętego.

Ocena miejscowych pastorów nie spełniła się i Arena była pełna ludzi od samego początku misji, a uczestnicy bardzo uważnie słuchali poselstwa. Słuchając poselstwa, odzyskali wiarę, a kiedy modliłem się o chorych, doświadczyli uzdrowienia.

Od tego dnia wielu ludzi, którzy przyjechali na wózkach

Festiwal w Niemczech na Arena Oberhausen

Ludzie, którzy składali świadectwo o uzdrowieniu

inwalidzkich, wstawało i zaczynało chodzić, głusi odzyskiwali słuch, a wielu osobom poprawił się wzrok, więc mogli zdjąć okulary. Wielu zostało uzdrowionych z nieuleczalnych chorób i wydawało świadectwa na scenie. Lekarze dokumentowali oraz weryfikowali uzdrowienia na miejscu.

Dr Geoffrey był specjalistą w dziedzinie medycyny sportowej. Z powodu zapalenia mózgu i rdzenia kręgowego cierpiał na cukrzycę. Przeżył zawał serca i jego ciśnienie skoczyło do 180. Lekarze stwierdzili, że nie pożyje długo.

Jednak uczęszczał w spotkaniach misyjnych od pierwszego dnia. Trzeciego dnia, zadziałał na niego ogień Ducha Świętego dzięki modlitwie o chorych. Jego wada serca zniknęła. Jego ciśnienie wyrównało się. Jego stan zdrowia zdecydowanie się poprawił. Dr Geoffrey przysłał nam list z podziękowaniem za uleczenie, które zostało udokumentowane w dokumentacji medycznej.

Wielu ludzi wzięło udział w spotkaniach misyjnych dzięki plakatom i billboardom umieszczonym na ulicach. Inni przybyli, ponieważ usłyszeli wiadomości w telewizji. Doświadczyli uzdrowienia. Spotkania misyjne były transmitowane w 75 krajach przez cztery satelity. Wielu ludzi opowiadało swoje świadectwa o uzdrowieniu w telewizji.

Miejscowi pastorzy byli zszokowani, widząc członków kościoła i swoich krewnych uzdrowionych. Widząc działanie Ducha Świętego, wyznali, że teraz naprawdę wierzą w działanie żyjącego Boga takie samo, jakie miało miejsce za czasów Jezusa. Zyskali więcej pewności w swojej służbie i mieli nowe pomysły.

W Peru, kiedyś Imperium Inków

W Peru nadal można odczuć powiew Imperium Inków, które rozkwitało jako niezwykła starożytna cywilizacja. Machupicchu jest jednym z miejsc, przypominających o Inkach, zlokalizowanym z Dolinie Urubamba 2280 m n.p.m.

Jest otoczone wysokimi górskimi szczytami i nie można go zobaczyć stojąc w zboczy gór. Dlatego nazywane jest „miastem w powietrzu".

Znajdują się tam świątynie, budynki mieszkalne oraz pałace zbudowane przez Inków w XV w. Leżą tam olbrzymie kamienie wysokie na 6 m, a szerokie na 1,5 m.

Jeden z takich kamieni waży kilka ton. Jest to jeden z cudów świata, ponieważ zagadką jest to, w jaki sposób zostały przeniesione na szczyt góry, lub też w jaki sposób zostały powycinane tak łatwo, jak tnie się tofu i ustawione w doskonały sposób, pozostawiając przerwy. Machupicchu oznacza „starą skałę". Miasto zostało odnalezione oraz stało się znane na początku XX w., kiedy to amerykański historyk Hiram Bingham odkrył je w 1911 roku.

W grudniu 2004 roku, kiedy przyjechałem do Peru, czułem, dlaczego Bóg wybrał Peru do przeprowadzenie kolejnej misji. Peruwianie byli dumnymi potomkami Inków, jednak bardzo cierpieli, ponieważ przez wiele lat byli kolonią. Byli biedni, a ich serca były czyste. Widziałem, że tęsknili za mocą Bożą bardziej niż jakikolwiek inny kraj.

Spotkanie z prezydentem Peru w pałacu prezydenckim

Spotkanie z prezydentem Toledo

1 grudnia 2004 roku, zaraz po przyjeździe na misję do Peru, zostałem zaproszony do pałacu prezydenckiego na spotkanie z prezydentem Toledo. Pierwsze wrażenie ukazało mi go jako człowieka pełnego zmartwień oraz cierpienia, prawdopodobnie ze względu na stres związany z rządzeniem krajem.

Rozmawialiśmy na temat wielu rzeczy, kiedy w pewnym momencie prezydent powiedział: „Żyjąc z dnia na dzień, trudno jest spełniać duchowe potrzeby. Szanuję tych, którzy prowadzą życie duchowe i wskazują drogę innym".

Poprosił mnie również o modlitwy, mówiąc: „Módl się proszę, abym otrzymał mądrość z nieba oraz siłę, aby prowadzić i rozwijać ten kraj w odpowiedni sposób. Módl się też o zjednoczenie Peruwian". Modliłem się o wiele rzeczy, łącznie z rozwojem ekonomicznym oraz stabilnością polityczną Peru.

Pomimo, że spotkaliśmy się tylko na chwilę, podziękował mi. Być może dlatego, że zyskał spokój umysłu dzięki modlitwie. Kiedy wyjeżdżaliśmy z Peru po zakończonej misji, wysłał do nas szefa partii rządzącej, aby wyraził podziękowanie.

Niezliczony tłum

Od 2 do 4 grudnia zorganizowalismy misję w „Campo de Marte" w Limie. Misja odbyła się dzięki wsparciu ze strony polityków, biznesmenów oraz dziennikarzy. W ciągu trzech dni w misji wzięło udział 500 000 ludzi.

Silne działanie Ducha Świętego uzdrowiło nie tylko uczestników. Niektórzy ludzie, którzy oglądali spotkania misyjne w telewizji również doświczyli mocy uzdrowienia i przybywali na spotkania. Ludzie, którzy nie mogli chodzi, wstawali z wózków inwalidzkich i odrzucali kule oraz zaczynali chodzić.

Nowotwory zostały uleczone. Ludzie odzyskiwali wzrok. Scena była wypełniona ludźmi, którzy opowiadali swoje świadectwa o uzdrowieniu. Przychodzili nie tylko ludzie, którzy sami doświadczyli cudów, ale również członkowie ich rodzin oraz sąsiedzi cieszyli się, wspólnie roniąc łzy.

Misja była transmitowana na żywo w trzech kanałach w Peru oraz w 20 stacjach na całym świecie, przez kablówki oraz przez Internet.

Na scenie siedziało wielu polityków, biznesmenów, dziennikarzy oraz przywódców religijnych. Był z nami były wice prezydent Maximo San Roman oraz Pani Rosa Graciela Yanarico, szefowa partii rządzącej. Wielu członków parlamentu, pastorów oraz dziennikarzy z całego świata brało udział w naszych spotkaniach.

W rogu miejsca, gdzie odbywała się misja, ustawiony był stolik, gdzie ludzie składali swoje pisemne świadectwa. Ponad 20 miejscowych lekarzy oraz pielęgniarek zapisywało przypadki uzdrowienia oraz świadectwa. Victor Callo Yerena (profesor na uniwersytecie medycznym San Hernando) powiedział: „Nigdy nie wierzyłem w Boga. Jednak dzięki tej misji uświadomiłem sobie cuda Boże, widząc uzdrowienia, które miały tutaj miejsce".

Historia pewnego biznesmena, Pana Arce

Pewnien biznesmen, Vicente Diaz Arce był aktywnym uczestnikiem misji. Jest wpływowym biznesmen znanym z działalności charytatywnej. Usłyszał głos Ducha Świętego,

Misja w Peru

który powiedział mu o tym, że powinien pomóc naszym pracownikom, którzy przygotowywali misję w Peru, więc spotkał się z nimi. Przedstawił nas szefowej partii rządzącej i pomógł w przeprowadzeniu udanej misji.

Jednak był on na liście poszukiwanych, ponieważ zrobił coś niezgodnego z prawem. Został fałszywie oskarżony przez swojego byłego wspólnika i sędzia skazał go. Miał iść do więzienia na 3 lata, jeżeli zostanie złapany, więc pozostawał w domu, aby uniknąć policji. Jeden raz spotkał się z naszymi pracownikami, jednak nie został wytropiony przez policję.

Wielu ludzi składa świadectwo o uzdrowieniu

30 listopada, w dniu kiedy przyjechałem do Peru, Vicente przybył do hotelu, aby spotkać się ze mną. Modliłem się w jego sprawie. W tamtej chwili podjął decyzję, że weźmie udział we wszystkich spotkaniach misyjnych. Było to jego decyzja, ponieważ chciał w pełni polegać na Bogu.

Następnego dnia doświadczyliśmy działanie Bożego. W Peru sędziowie mogli spotkać się ponownie i znów zbadać sprawę. Ponadto, inni sędziowie mogli wprowadzić poprawki i zaprowadzić zmiany. Okazało się, że inny sędzia przejrzał sprawę Vicente Arce. Stwierdził on, że Pan Arce nie był winny i cofnął oskarżenia przeciwko niemu.

2 grudnia Pan Arce otrzymał list od sędziego I był bardzo wzruszony, kiedy uświadomił sobie moc modlitwy. Ponieważ problem został rozwiązany, Pan Arce mógł swobodnie pomagać nam w misji. Pomógł przeprowadzić udaną misję, biorąc na siebie wiele kwestii administracyjnych i innych.

Kiedy misja zakończyła się, wielu ludzi, którzy doświadczyli uzdrowienia, wysłało do nas świadectwa. Ponieważ wielu ludzi doświadczyło cudów, dowiedziałem się, że w kościołach nastąpiło ożywienie.

W misji w ciągu trzech dni wzięło udział ponad 500 000 ludzi. Spotkania były bardzo udane. Misja wpłynęła na dyplomację niezwiązaną z rządem Peru. Politycy, biznesmeni oraz dziennikarze nadal odwiedzali nas w Korei.

15 maja 2005 roku wice prezydent David Waisman oraz były wice prezydent Maximo San Roman wzięli udział w niedzielnym nabożeństwie w naszym kościele w Seulu. W tamtym czasie wice prezydent Waisman pracował nad odbudowaniem wpływu Pery, pomagając prezydentowi Toledo oraz byłemu wice prezydentowi Maximo San Roman, którzy ciężko pracowali dla dobra społeczeństwa.

W kolejnym roku odwiedzili nas wice prezydent David Waisman oraz jego żona, wraz z Panem Vicente Arce oraz szefem partii rządzącej w Peru. Byli poruszeni służbą kościoła Manmin i wspomagali naszą pracę. Po misji w Peru, pastor Lazarus Jaeho Lee został wysłany na misję do Ameryki Łacińskiej. Założono

Przewodniczący uniwersytetu San Antonio National University w Cuzco nadaje tytuł profesora honorowego dr Esther Kooyoung Chung

kościół w Limie, gdzie pastor prowadził aktywne działania misyjne poprzez stacje nadawcze oraz organizowanie spotkań misyjnych.

Wybrany jako Jeden z Nowych Siedmiu Cudów Świata

Dr Esther Kooyoung Chung jest przewodniczącą Międzynarodowego Seminarium Manmin (M.I.S.). Działa misyjnie ożywiając wielu pastorów na całym świecie. Ponadto

Konferencje MIS ewangelizacyjne dla pastorów na całym świecie (w Hondurasie)

jest dyrektorem Biura Tłumaczeń, gdzie kieruje oraz dogląda prac tłumaczeniowych dla naszego kościoła. Była również przewodniczącą Uniwersytetu dla Kobiet w Seulu – najmłodszą przewodniczącą uniwersytetu w historii Korei. W maju 2007 roku wyjechała na wyprawę misyjną do Ameryki Łacińskiej, prowadząc konferencje dla pastorów w wielu krajach. Zaplanowana była również konferencja dla pastorów w Cusco w Peru.

Jednakże, pewni miejscowi pastorzy rozpowszechnili fałszywe plotki, które usłyszeli od innych misjonarzy koreańskich i konferencja miała zostać odwołana. Jedna i tym razem moc Boża została nam objawiona jeszcze bardziej niż zwykle.

Przewodniczący Uniwersytetu Narodowego San Antonio w Cusco usłyszał te wiadomości i zaprosił dr Chung do przeprowadzenia konferencji na jego uniwersytecie. Uczestniczył w misji w Peru, dlatego służba kościoła Manmin była mu znana.

Dr Chung przyjechała do Cusco po przeprowadzonej konferencji w Miami. Głosiła poselstwo pt. „Prawa duchowe: stworzenie i nauka". Konferencja wystartowała konferencją prasową i trwała przez dwa dni. Była transmitowana na żywo przez CTC, która nadaje w całym stanie Cusco. Konferencja nabrała takiego rozgłosu, że wielu ludzi chciało jej nagranie.

Po zakończeniu konferencji, przewodniczący uniwersytetu San Antonio w Cusco przekazał dr Chung honorową profesurę, która została zatwierdzona przez rząd Peru.

W tym samym czasie władze miasta Cusco ubiegały się o to, aby Machipicchu zostało wybrane jako jeden z Siedmiu Cudów Świata. Głosowanie odbywało się na różne sposoby, m.in. przez Internet i telefon. Peru startowało z gorszej pozycji, jako że niewielu mieszkańców ma tam dostęp do Internetu. Burmistrz Cusco poprosił nasz kościół o modlitwy w tej sprawie, kiedy dr Chung odwiedziła miasto.

Drugiego dnia konferencja odbywała się w sali kongresowej miasta Cusco. W tym samym czasie w naszym kościele w Korei odbywało się piątkowe nabożeństwo całonocne. Kiedy poprosili nas o modlitwy, podczas nabożeństwa modliłem się za Machupicchu, aby zostało wybrane jako jeden z siedmiu Cudów Świata. Władze Cusco przyjęły modlitwę, która była do nich transmitowana na żywo.

7 lipca 2007 roku ogłoszono wyniki głosowania.

Machupicchu zostało wybrane jako jeden z siedmiu Cudów Świata, przyciągają uwagę do Peru.

„Dzięki modlitwom i wsparciu członkom Centralnego Kościoła Manmin, Machupicchu zostało wybrane jako jeden z siedmiu Cudów Świata. Bardzo dziękujemy".

Burmistrz Cusco, Marina Zaqueiros wysłał tę wiadomość do naszego kościoła z pozdrowieniami oraz słowami wdzięczności.

Ciężka walka z biedą i chorobą w Demokratycznej Republice Konga

Demokratyczna Republika Konga jest trzecim, co do wielkości krajem w Afryce. Pomimo, że posiada wiele zasobów naturalnych, jest nękana przez biedę, spowodowaną wojnami domowymi oraz chorobami endemicznymi. Bardzo potrzebowali słowa życia oraz mocy Boga. Przez wiele lat otrzymywaliśmy prośbę o przeprowadzenie spotkań misyjnych w tym kraju.

Wiadomości na temat mocy Boga rozprzestrzeniały się dzięki transmisjom, Internetowi oraz publikacjom. Otrzymujemy wiele próśb, dotyczących prowadzenia misji, jednak nigdy nie podejmuję decyzji sam. Wyjeżdżałem z misją do krajów, do których Bóg nakazał mi wyruszyć. Kiedy modliłem się w sprawie Kongo, Bóg odpowiedział mi, że mamy zorganizować tam misję w 2006 roku. Miała to być ostatnia misja w Afryce.

Pomimo przeszkód diabła

Kiedy zbliżał się czas zorganizowania misji, informacje były każdego dnia transmitowane w krajowej telewizji. Diabeł obawiał się tego, co ma się wydarzyć w czasie misji w Kongo i próbował nam przeszkodzić. Kościoły w Kongo były podzielone na dwie grupy.

Kościoły ewangelickie współpracowały z nami w ramach organizacji misji, jednak ich relacje z pozostałymi kościołami nie były dobre. Byli tam pastorzy, którzy pod wpływem pewnych misjonarzy koreańskich rozpowszechniali fałszywe plotki i nie chcieli współpracować.

Wśród osób współpracujących z prezydentem Konga byli pewni czarnoksiężnicy, którzy nie mieli ochoty oglądać misji chrześcijańskiej w swoim kraju. Zupełnie absurdalne informacje były przedstawiane prezydentowi wraz ze sfałszowanymi dokumentami, które zostały wysłane z Korei.

„Starszy Jaerock Lee przyjeżdża do nas, aby powiększyć swoje wpływy".

„Nie będzie w tym nic dobrego dla prezydenta. Powinien Pan to powstrzymać".

Wybory powszechne oraz wybory prezydenckie były zaplanowane na kwiecień i czerwiec. Wiele osób składało złe świadectwo o nas u prezydenta, tak więc prezydent naturalnie miał o nas złe zdanie.

Podążając za Bogiem

Jeden dzień przed tym, jak wyjechałem z Korei, otrzymałem prośbę od ministra sportu, aby zmienić miejsce misji na

Festiwal w Demokratycznej Republiki Konga

inne nawet teraz, w ostatniej chwili. Ponieważ w niedzielę
miał miejsce ważny mecz piłki nożnej, chcieli się do niego
przygotować już w sobotę.

Trudno było nam przesunąć scenę w ostatniej chwili.
Musieliśmy przesuwać olbrzymią scenę, oświetlenie oraz ekrany,
głośniki, wszystko i ustawiać je na nowo. Wszystko w ciągu
jednego dnia.

Według naszej umowy, mogliśmy pozostać na „Stade des
Martys" (Stadion Męczenników) przez całe trzy dni, jednak
Boże słowo mówi nam, abyśmy dawali innym to, o co proszą.
Oczywiście spełnianie wszystkich próśb innych ludzi może nie
zawsze być odpowiednim zachowaniem, jednak jeżeli dajemy,
podążając za Bogiem, Bóg jest uradowany. Poprosiłem moich

współpracowników, aby zgodzili się na ich prośbę.

„Zgódźcie się na to, o co proszą. Jeżeli będziemy naciskać, aby wszystko odbyło się zgodnie z umową, kierownik stadionu będzie miał sporo problemów z powodu tego, że zapomniał o tak wielkim wydarzeniu i podpisał z nami umowę. To musi być wolą Bożą, że zmieniamy miejsce w ostatniej chwili".

Zgodziliśmy się na ich prośbę i zdecydowaliśmy się, aby trzeciego dnia spotkanie misyjne odbyło się w innym miejscu. Chcieliśmy wykorzystać drogi oraz otwarte przestrzenie w okolicy „Triumph Boulevard", jednak nie było łatwo uzyskać na to zgodę.

Drogi zostały zamknięte tylko jeden raz, kiedy miało miejsce wydarzenie narodowe na cześć prezydenta. Trzeciego dnia misji miało miejsce bardzo ważne wydarzenie polityczne. Było to prawie niemożliwe, aby drogi zostały zamknięte, szczególnie, że miejsce to znajdowało się bardzo blisko parlamentu.

Pamiętne Spotkanie z Prezydentem

15 lutego 2006 roku, kiedy przyjechałem do Demokratycznej Republiki Konga, zrozumiałem, dlaczego politycy tak bardzo zwracają uwagę na mój przyjazd.

W ostatni dzień misji rząd przeprowadzał ceremonię zmiany konstytucji. Zmienili organizacje rządu oraz flagę narodową. Był to bardzo istotny czas przed wyborami prezydenckimi. Dlatego nie zaangażowali się w pomoc, lecz obserwowali, w jaki sposób misja może mieć na nich wpływ.

16 lutego, pierwszego dnia misji, zostałem zaproszony do pałacu prezydenckiego przez prezydenta Josepha Kabilę.

Spotkanie z prezydentem Kongo Josephem Kabilą

Niektórzy próbowali nas powstrzymać przed tym spotkaniem, jednak ponieważ to Bóg poruszył serce prezydenta, spotkanie zostało cudownie umówione. Podczas bardzo przyjemnej rozmowy prezydent Kabila dowiedział się, że treść raportów, które otrzymywał były inne niż rzeczywista sytuacja.

Zrozumiał, że nie przyjechałem ze względów politycznych, jednak jedynie po to, aby przywieźć uzdrowienie i pokój Demokratycznej Republice Konga. Jego nastawienie zmieniło się.

„Proszę, abyście modlili się w sprawie spokojnych wyborów. Czy są jakiekolwiek problemy z organizacją misji?" Pomogę wam, powiedział prezydent.

„Trzeciego dnia misji jesteśmy zmuszeni się przenieść i trudno nam znaleźć odpowiednie miejsce" – odpowiedział biskup Kienza, przewodniczący komitetu ds. organizacji misji.

„Dlaczego nie spróbujecie na drugim stadionie?"

„Drugi stadion jest naprawiany. Prosimy o zgodę na zamknięcie dróg obok parlamentu".

Prezydent zgodził się na nasza prośbę. Kiedy opuściliśmy pałac prezydencki, podpisał dokumenty, które pozwalały nam na zamknięcie dróg. Było to możliwie tylko dzięki władzy prezydenta.

Pierwszego i drugiego dnia na stadionie na spotkaniach misyjnych zgromadziło się około 100 000 ludzi. Ponieważ prezydent był zajęty, nie mógł przybyć, jednak posłał swoją siostrę bliźniaczkę, dr Janet Kabila, która piastowała rolę pierwszej damy. Wice prezydent, Pan Bemba oraz jego żona również byli obecni. Na spotkania misyjne przybyło również wiele ludzi zza granicy.

Pan Werasson, słynny i lubiany piosenkarz afrykański, wziął udział w misji i zaśpiewał na chwałę Boga. Po zakończeniu misji, przyszedł do mnie ze swoją rodziną z prośbą o modlitwę. Miał dwie córeczki, jednak jego żona od siedmiu lat nie mogła mieć dzieci. Na jego prośbę modliłem się dla niego o syna.

Spotkania misyjne były transmitowane na żywo w narodowej telewizji Kongo oraz w innych kanałach do ponad 150 krajów przez ponad 10 anten satelitarnych. Bóg uzdrowił wielu ludzi cierpiących z powodu biedy oraz różnego rodzaju chorób, wylewając na nas swoją moc. Wielu ludzi składało świadectwo, że zostali uzdrowieni z AIDS. Ludzie przychodzili na scenę, aby złożyć świadectwo w takiej liczbie, iż obawialiśmy się, że scena może nie wytrzymać.

Niezliczony tłum

Trzeciego dnia zgromadził się tak olbrzymi tłum, że nie było widać jego końca. Szacowano liczbę przybyłych na około 500 000 osób. Gdybyśmy nie zmienili miejsca, nigdy nie udałoby nam się pomieścić tylu ludzi na stadionie.

Na stadionie mogłoby dojść do jakiegoś wypadku z powodu tak wielkiej liczby osób. Jednak Bóg o tym wiedział, dlatego zaprowadził nas w inne miejsce.

Ślepi i niemi, chromi o kulach i na wózkach inwalidzkich, cierpiący z powodu różnego rodzaju chorób, nowotworów i AIDS zostali uzdrowieni. Bóg uleczył ich przez ogień Ducha Świętego w imieniu Jezusa Chrystusa.

W spotkaniu misyjnym wziął udział pewien mężczyzna o imieniu Masudi Lisongi Bosongo, który był rybakiem. Miał 64 lata i zarabiał na życie łowiąc ryby. Nosił okulary, ponieważ z powodu zaćmy miał problem ze wzrokiem. Jego radością było słuchanie radia. Usłyszał wiadomości o misji w radiu, jednak nie był w stanie pokryć kosztów podróży.

Tak, jak wdowa, która oddała swój ostatni grosz, rybak sprzedał swoje radio, jedyne, co miał za 9 dolarów i przyjechał, aby wziąć udział w misji. Bóg przyjął jego dar i uzdrowił go.

Złożył świadectwo o tym, jak poczuł ogień przechodzący z jego szyi w stronę głowy, a następnie do oczu. Całkowicie odzyskał wzrok i nie musiał nosić okularów.

Transmisje satelitarne w Afryce oraz na całym świecie

Wyznaczyliśmy pastora Petera Kim, aby wyjechał do Kongo jako misjonarz. W ciągu mniej niż roku od czasu rozpoczęcie misji, ponad tysiąc członków uczęszcza na nabożeństwa niedzielne.

Również biskup Paul Musafari, były minister, był poruszony i pod wrażeniem spotkań misyjnych zaczął odwiedzać nasz kościół. Obecnie pomaga nam i aktywnie pracuje w Demokratycznej Republice Konga. Pozwólcie, że zacytuję jego list.

„Serdecznie pozdrawiam was z Demokratycznej Republiki Konga. Wszyscy wierzymy w Boga, który prowadzi pastora Jaerocka Lee. Pragnę wyznać, że niezwykłe dzieła Boże mają miejsce w tym kraju, dzięki temu, że modliłeś się za nami.

W styczniu 2008 roku, po tak wielu walkach podpisano w końcu traktat pokojowy w części wschodniej. Zostałem wysłany do Goma, które znajduje się we wschodniej części kraju i przebywałem tam przez miesiąc z powodu traktatu. Wziąłem udział w konferencji starszego Myong-ho Cheonga, arcybiskupa na kontynencie afrykańskim i byłem również bardzo poruszony poselstwem, które przekazywał.

Nawet, kiedy traktat pokojowy został podpisany, przeciwnicy próbowali wprowadzić kraj w zakłopotanie, rozpowszechniając plotki od wschodu do zachody Republiki Konga, jednak wierzę, że nasz kraj nadal pozostaje w twoich modlitwach.

Piszę do ciebie z prośbą o dalsze modlitwy. Proszę,

abyś z miłością modlił się o prezydenta Josepha Kabilę, polityków oraz całą świtę prezydencką. Mój współpracownik pastor Peter Kim ma się dobrze. Przyjaźnimy się bardzo blisko i jesteśmy bliżej niż bracia czy rodzina, dzieląc się marzeniami i wizjami o kościele Manmin.

Miał wiele problemów z policją, ponieważ jest zagranicznym misjonarzem, jednak zawsze udawało mu się je przezwyciężyć w imieniu naszego Pana. Znalazł dobre miejsce na budowę kościoła. Otrzymujemy wiele świadectw od członków kościoła. Przekazuję serdeczne pozdrowienia wszystkim członkom kościoła Manmin."

Biskup Paul Musafiri,
Twój wierny syn w Jezusie Chrystusie.

Pojawienie się krzyża podczas pierwszego publicznego wystąpienia na żywo

Kiedy założyłem kościół, Bóg przedstawił mi wizję Izajasza z 60 rozdziału, 1 wersetu: *„Powstań! Świeć, bo przyszło twe światło i chwała Pańska rozbłyska nad tobą".* Od tamtego czasu ogniste działanie Ducha Świętego zaczęło oddziaływać na cały świat.

Bóg pozwolił nam założyć telewizję GCN (Global Christian Network-Światowa Sieć Chrześcijańska). Jego planem było to, aby światłość zbawienia oświeciła wszystkich ludzi na całym świecie. Transmisja ewangelii rozpoczęła się w Nowym Jorku w USA. Poprzez GCN wiele stacji nadawczych na całym świecie realizuje Bożą wizję służby.

Transmisje GCN rozpoczęły się w Nowym Jorku

W maju 2004 roku chrześcijańskie stacje nadawcze z ośmiu krajów, łącznie z USA, Wielką Brytanią, Rosją i Australią zebrały

Krzyż nad Empire State Building

fundusze, aby założyć stację GCN. Nie mieliśmy żadnych profesjonalistów ds. transmisji telewizyjnych, żadnych techników ani źródeł dofinansowania.

Mogliśmy jedynie poprzez nasze modlitwy zainwestować wiarę w to przedsięwzięcie. Po przeprowadzeniu kilku prac przygotowawczych, pierwszą próbną transmisję przeprowadziliśmy 1 września 2005 roku na kanale 17 w Nowym Jorku.

Pokój nadawania GCN znajdował się w Empire State Building, który znajduje się w centrum Nowego Jorku. Aby uświęcić pierwszą transmisję GCN, zebrali się przedstawiciele ponad 20 stacji nadawczych z całego świata.

Na moment udali się do obserwatorium Empire State Building, aby obejrzeć nocny widok na miasto. W pewnej chwili ktoś zauważył wielki kształt krzyża, który pojawił się na niebie, lśniąc intensywnie.

Ci, którzy to zobaczyli byli przekonani, że Bóg był zadowolony z założenia telewizji GCN i dał nam znak. Dan Wooding, który był świadkiem tego wydarzenia, napisał artykuł na ten temat i wraz ze zdjęciem umieścił go na swojej stronie internetowej.

GCN transmituje program chrześcijańskiej przez 24 godziny dziennie we współpracy z telewizją Manmin. Rozwijają się tak szybko, że już niedługo staną się stacją nadawczą na skalę światową. Celem stacji jest odnowienie życia poprzez prowadzenie widzów na spotkanie Boga oraz rozwiązywanie ich problemów dzięki różnego rodzaju programom.

Przypadki uzdrowienia dzięki telewizji GCN

Otrzymaliśmy wiele listów nie tylko z Korei, ale również z innych krajów. Widzowie opowiadali o tym, że zostali uzdrowieni i rozpoczęli nowe życie dzięki oglądaniu telewizji GCN. Dzięki stacji nadawczej doświadczamy dzieła Bożego, które odbywa się bez względu na czas i miejsce. Jego działanie prowadzi wiele dusz na całym świecie drogą zbawienia.

Elizabeth Goodall jest mieszkanką Nowego Jorku I ogląda telewizję GCN. Powiedziała, że jej zdaniem, Bóg używa pastora Jaerocka Lee, aby uzdrawiał chorych, prowadził ich do pokuty i wskazywał im drogę do królestwa niebieskiego. Ogląda GCN w Nowym Jorku i opowiedziała nam swoje świadectwo. Oto jego fragment:

„Nazywam się Elizabeth Goodall. Od 2005 roku odczuwałam bóle brzucha i stóp. Miałam też guza pod językiem. Położyłam na brzuchu i na twarzy chusteczkę, którą mi przysłałeś i poszłam spać. Następnego ranka odkryłam, że guz pod językiem zniknął. Sprawdziłam również opuchliznę żołądka i stóp. Okazało się, że ustąpiła całkowicie. Dziękuję Bogu za to, co zrobił. Dziękuję również tobie".

9 listopada 2007,
Elizabeth Goodalll

Świadectwo, które otrzymałem z Kanady:

„Oglądałem program dra Jaerocka Lee w telewizji i chciałabym się dowiedzieć, czy planuje przyjechać do Kanady. Mieszkam w pobliżu Ottawy i odwiedzałam mojego męża, który mieszka w Nowym Jorku. Wczoraj wieczorem oglądałam GCN i kiedy dr Lee modlił się za chorych, zostałam uzdrowiona. Jestem pielęgniarką i rok temu, pomagając pacjentowi, uszkodziłam swoje ramiona. Ból ciągle powracał, jednak kiedy wczoraj pastor się modlił, poczułam jak ból całkowicie ustępuje. Mogę podnosić ramiona do góry i zginać łokcie. Chwała Panu! Miałam dziś o 4.00 rano wyjechać do Kanady i nie wiem, dlaczego nadal tutaj jestem. Może Bóg pragnął, abym dzisiaj z Tobą porozmawiała".

29 listopada 2007,
Marie Lenie Saint Loth

Uroczystość GCN

Nabożeństwo GCN

WCDN – Światowe Stowarzyszenie Lekarzy Chrześcijańskich

Celem założenia organizacji była medyczna weryfikacja przypadków boskich uzdrowień. WCDN powstało w maju 2004 roku. Pierwsza konferencja odbyła się w Seulu, a druga w Chennai w Indiach w maju 2005 roku. Wzięło w niej udział ponad 500 specjalistów, którzy zaprezentowali przypadki uzdrowień z perspektywy medycznej.

Kolejne konferencje odbyły się w Cebu, na Filipinach w 2006 roku, w Miami w USA w 2007 roku, Trondheim w Norwegii w 2008 roku. Podczas wszystkich tych konferencji lekarze opowiadali o analizowanych przypadkach uzdrowienia. Po konferencji w Miami w koreańskiej prasie codziennej ukazał się artykuł na temat konferencji.

Czwarta Międzynarodowa Chrześcijańska Konferencja Medyczna miała miejsce 13 i 14 lipca 2007 roku w hotelu Hyatt w Miami na Florydzie. Jej tytuł brzmiał: „Duchowość i medycyna". Zebrało się na niej ponad 150 lekarzy z 40 krajów.

Trzecia Międzynarodowa Chrześcijańska Konferencja Medyczna w Cebu na Filipinach

Pierwszego dnia, 13 lipca, konferencja rozpoczęła się przemową dra Jaerocka Lee, przewodniczącego zarządu WCDN. W swojej przemowie dr Jaerock Lee zachęcał publiczność do uzdrawiania nie tylko z chorób fizycznych, ale również do prowadzenia życia jak apostołowie Jezusa – życia, które pomaga innym odnaleźć swoją duchowość.

Dr Alvin Hwang, przewodniczący WCDN oraz dr Armando Pineda, dyrektor WCDN w Stanach Zjednoczonych przywitali lekarzy, pastorów oraz gości specjalnych. Następnie, lekarze prezentowali przypadki uzdrowień wraz z danymi

Czwarta Międzynarodowa Chrześcijańska Konferencja Medyczna w Miami w USA

medycznymi, m.in. na temat czerniaka złośliwego (Dr Mark Miller), rozszczepu kręgosłupa (Dr Brian Sanghoon Yeo,) odmy opłucnowej (Dr Gilbert Yoonseok Chae,) gruźlicy (Dr Junseong Kim) oraz dwóch przypadków uzdrowienia nowotworu piersi (Dr Pancheta Wilson).

U sędziego Roberta E. Newsom z Sulphur Springs w północnym Teksasie zdiagnozowano czerniaka złośliwego w szpitalu onkologicznym w Houston, w Teksasie. Lekarze twierdzili, że w przypadku czerniaka złośliwego, śmiertelność jest bardzo częsta, jednak zamiast rozpocząć chemioterapię, sędzia

Newsom powierzył swój problem Bogu i zdecydował się nie przyjmować terapii. Gorliwie prosił Boga o uzdrowienie. Wielu członków kościoła baptystów, do którego uczęszczał, modliło się za niego. Kiedy dwa miesiące później udał się ponownie na badania, okazało się, że zdarzył się cud. Czerniak złośliwy zniknął całkowicie. Dr William Mark Miller, który prowadził Newsoma, przemawiał podczas konferencji i opowiedział publiczności przypadek jego uzdrowienia, ukazując również dane medyczne, które potwierdzały historię choroby.

Dr Chauncey W. Crandall IV, który pracuje w klinice Palm Beach w Palm Beach Gardens na Florydzie przedstawił swoją dramatyczną prezentację w piątek 13 lipca. Powiedział: „Pewien 53-letni mężczyzna został przywieziony do nas na intensywną terapię. Stwierdziliśmy zgon. W tej same chwili Duch Święty kazał mi odwrócić się i modlić się o tego człowieka. Dlatego usiadłem obok jego ciała i zacząłem się modlić: „Boże Ojcze, wołam do ciebie o duszę tego mężczyzny, aby poznał moc Pana Zbawiciela. Proszę, wzbudź go z martwych w imieniu Jezusa”. Było to niesamowite przeżycie, kiedy kilka minut później patrzyliśmy zdziwieni na ekran, ponieważ powrócił rytm serca. Minęło kolejnych kilka minut, a mężczyzna zaczął się ruszać. Poruszał palcami rąk i nóg, a następnie zaczął niewyraźnie mówić”. Dr Crandall przedstawił ten przypadek wraz z danymi medycznymi.

Dr John Youl Chun, były dziekan Uniwersytetu Medycznego Kyunghee, przedstawił świadectwo uzdrowienia tajwańskiej pastorowej Cheny Tsen Man, która został uzdrowiona podczas piątkowego nabożeństwa całonocnego w kościele Manmin. Cierpiała z powodu paraliżu dziecięcego odkąd skończyła

2 latka. 14 lat temu miała wypadek samochodowy i od tego czasu musiała dodatkowo używać laski, aby pomagać sobie w chodzeniu, ponieważ ból w nogach ciągle się pogarszał, od niedawna zaczęła jeździć na wózku inwalidzkim. Kiedy jednak odwiedziła centralny kościół Manmin, została uzdrowiona dzięki modlitwom starszego Jaerocka Lee i znów zaczęła chodzić bez pomocy wózka czy laski.

We współczesnym świecie, trudno jest uwierzyć w Boga z powodu ogromu grzechu oraz rozwoju nauki. Jednak WCDN wykonuje służbę, która ma na celu bliskie przyjrzenie się przypadkom boskiego uzdrowienia, aby pokazać, że Biblia jest prawdziwa, a Bóg żyje.

Ogień Ducha Świętego w sercu Stanów Zjednoczonych

Kiedy dzięki Bogu rozpoczęliśmy transmisję GCN, Bóg poprowadził nas również do przeprowadzenia misji w Nowym Jorku. Madison Square Garden jest miejscem, gdzie większość artystów z całego świata chciałoby wykonać swój występ.

Bożą wolą było pobudzenie Stanów Zjednoczonych oraz rozpoczęcie naszej misji w Izraelu. Spotkania misyjne odbyły się w Nowym Jorku w lipcu 2006 roku i miały miejsce na Madison Square Garden. Ponieważ wszelkie występy są zaplanowane na rok lub dwa lata przed, bardzo trudno było zrealizować plan przeprowadzenia spotkań misyjnych właśnie w tym miejscu w tak krótkim czasie.

Najważniejszym punktem misji w Nowym Jorku była lokalizacja. Trudno było dostać miejsce, gdzie moglibyśmy zorganizować misję na kilka miesięcy przez wydarzeniem.

Podczas gdy próbowaliśmy znaleźć możliwie najlepsze miejsce, pewna grupa odwołała swoje plany i tym samym zwolnił się Madison Square Garden. Postaraliśmy się o to, aby uzyskać zezwolenie i otrzymaliśmy je. Wszystko jedynie dzięki łasce Bożej.

Stany Zjednoczone powstały dzięki wierze Purytanów. Wysłali oni największą liczbę misjonarzy na cały świat. Jednak dzisiaj, nauki darwinizmu oraz legalizacja homoseksualizmu wydają się oddalać ich od Boga.

Ludzie, którzy zebrali się na Madison Square Gardern uważnie słuchali poselstwa przez trzy dni oraz doświadczyli niezwykłych działań Ducha Świętego. Wielu zostało uwolnionych od złych duchów. Inni zostali uleczeni z nieuleczalnych chorób, a następnie wydawali świadectwo.

Uzdrowienia na Madison Square Garden

Maria Andrea Morang została uleczona z AIDS. Często trafiała do szpitala z powodu gorączki, bólów głowy, oraz wymiotów. Jej ciało było sparaliżowane i nie mogła chodzić. Ledwie mogła poruszać rękami.

Miesiąc po zakończeniu misji, odwiedziliśmy ją ponownie. Mogła normalnie chodzić i prowadziła normalne życie.

Inna osoba została uzdrowiona z nowotworu kręgosłupa. Miał złamania w sześciu punktach. Powiedział, że czuł się, jakby topiły mu się kości. Nie był w stanie siedzieć przez dłuższy czas ani zginać się. Jednak podczas misji został całkowicie uzdrowiony. Problemy z jego systemem nerwowym zniknęły i mógł normalnie chodzić.

Jego lekarze stwierdzili, że to niezwykłe, że może chodzić,

Misja w Nowym Jorku (Madison Square Garden)

jednak moc Boża uleczyła go całkowicie.

Mikhail został uzdrowiony ze schizofrenii, na którą cierpiał od 12 lat. Był opętany przez złe duchy i ciągle miał depresję. Miał też antropofobię, bał się ludzi i nie wychodził z domu. Cierpiał z powodu bólów głowy i nie był w stanie prowadzić normalnego życia. Nie potrafił się dobrze wysławiać z powodu silnych leków, jaki przyjmował, jednak bez nich groził mu wylew.

Podczas misji został całkowicie uzdrowiony. Był bardzo szczęśliwy, ponieważ mógł teraz kontynuować studia i zacząć ponownie prowadzić normalne życie.

Ci, którzy zostali uzdrowieni, zostali następnie sprawdzeni przez lekarzy WCDN. Dr Vitaliy Fishberg powiedział: „Ta misja zmieniła sens mojego życia. Poselstwo głoszone przez trzy dni okazało się kluczem do rozwiązania wszelkich problemów. Wziąłem udział w spotkaniach misyjnych prowadzonych przez wielu ewangelistów, jednak nigdy nie widziałem tak wielu ludzi, którzy zostali uzdrowieni dzięki jednej modlitwie zza kazalnicy".

Pod koniec tych trzech dni, otrzymałem oficjalne podziękowanie oraz odznakę od senatu i zgromadzenia stanu Nowy Jork, oraz od Urzędu Miasta Nowy Jork. Mogę jedynie dziękować Bogu, który pozwala mi głosić ewangelię w kraju, który najpierw głosił ewangelię nam.

Było kilku pastorów, którzy próbowali przeszkodzić w przeprowadzeniu misji w Stanach Zjednoczonych. Rozpowszechniali fałszywe dokumenty w wielu kościołach, zaangażowali klikę dziennikarzy oraz próbowali bojkotować spotkania misyjne na Madision Square.

Jednemu z pastorów z pewnego nowojorskiego kościoła wyjątkowo zależało na przerwaniu misji. Później musiał zrezygnować z pracy w kościele, ponieważ miał nieszczęśliwy wypadek i okazało się, że nie był w stanie służyć ani głosić ewangelii. Było mi przykro, kiedy usłyszałem tę wiadomość.

Kiedy jakaś osoba robi coś, przez co pragnie zapobiec działaniu Ducha Świętego, zbierze plony tego, co sieje na tej ziemi, jednak osąd, jaki go czeka w kolejnym życiu jest jeszcze bardziej przerażający.

Pewni koreańscy misjonarze pracowali intensywnie, aby zapobiec i przeszkodzić pracy naszego kościoła. Kiedy staraliśmy się o możliwość przeprowadzenia misji w wielu krajach, aktywnie rozpowszechniali fałszywe oskarżenia, plotki oraz sfałszowane dokumenty.

Jednak, ponieważ prawda mówi sama za siebie, im bardzo próbowali nam przeszkadzać, tym bardziej informacje o misjach były rozpowszechniane. W końcu okazało się, że ich wysiłki przyniosły dobre skutki. Widzieliśmy, że pastorzy, którzy współpracowali z nami podczas organizacji misji, otrzymywali wielkie błogosławieństwa. Ich kościoły doświadczały ożywienia, a oni sami byli umocnieni. Ich pozycja oraz status osobisty również się podnosił.

Początek misji w Izraelu

Od roku 2000 Bóg dał nam możliwość głoszenia ewangelii podczas 12 wielkich misji. Bóg tymczasowo zatrzymał nasze działania po zakończeniu misji w Nowy Jorku w lipcu 2006 roku. Nawet dzisiaj otrzymałem wiele zaproszeń z różnych krajów z prośbą o przeprowadzenie misji. Jest i przykro, że obecnie nie jestem w stanie odpowiedzieć na żadną z tych próśb. Powodem jest to, że obecnie pragnę zaangażować się w misję w Izraelu.

„A ta Ewangelia o królestwie będzie głoszona po całej ziemi, na świadectwo wszystkim narodom. I wtedy nadejdzie koniec. Gdy więc ujrzycie ‚ohydę spustoszenia,' o której mówi prorok Daniel, zalegającą miejsce święte – kto czyta, niech rozumie – wtedy ci, którzy będą w Judei, niech uciekają w góry!" (Mat. 24:14-16).

Dr Mikhail Morgulis (przewodniczący Fundacji Duchowa Dyplomacja) rozmawia z rabinem przy Ścianie Płaczu

Zaraz po założeniu kościoła, Bóg powiedział mi, że kiedy zbliży się czas powtórnego przyjścia Jezusa, Wielkie Sanktuarium zostanie zbudowane oraz rozpocznie się działalność misyjna w Korei Północnej oraz w Izraelu. Powiedział mi również, że Korea Północna otworzy swoje granice na jakiś czas. Czuję, że ten czas jest bardzo bliski.

W lipcu 2007 roku rozpoczęliśmy naszą misję w Izraelu. Aby głosić ewangelię Żydom, potrzebowaliśmy mocy Bożej. Ewangelia pochodziła w Izraela, jednak jego mieszkańcy sami ją zagubili. Bóg obiecał Abrahamowi, Dawidowi oraz innym swoim sługom, że nie zapomni swojego ludu izraelskiego.

Obietnica Boża musi się spełnić, a kto będzie głosił ewangelię w Izraelu? Jezus pokazał niesamowite działanie, którego nie był w stanie wykonać żaden człowiek, jednak oni nadal nie wierzyli. Człowiek może głosić ewangelię, jednak jeżeli nie objawia mocy Bożej, ludziom trudno przyjąć poselstwo.

Oto, co Bóg mi powiedział: *„Obudź ich z mocą. Głoś ewangelię w imieniu Jezusa Chrystusa, a kiedy ślepi odzyskają wzrok, głusi słuch, niemi zaczną mówić, ludzie dobrego serca uwierzą i przyjmą twoje słowa. Jednak nie wszyscy to uczynią".*

Powiedział, że Żydzi, którzy nadal czekają na przyjście swojego Mesjasza, ci, którzy naprawdę szukają Boga oraz ci, którzy są przez Niego przygotowani, to ludzie, którzy otworzą swoje serca i skruszą się, kiedy zobaczą objawienie się mocy Bożej.

Biblia mówi nam o przyjściu Jezusa na obłokach oraz o tym, że zostaniemy porwani w górę (1 Tesaloniczan 4:16-17). Zostaniemy porwani w powietrze na obłokach na spotkanie z Panem. „Powietrze" nie oznacza tutaj nieba, które widzimy naszymi oczami, jednak oznacza świat duchowy. Bóg podzielił duchową rzeczywistość na klika przestrzeni.

Wśród nich, drugie niebo jest podzielone na obszar światłości, gdzie znajduje się Ogród Eden oraz obszar ciemności, gdzie kryją się złe duchy. W Ogrodzie Eden przygotowanie jest miejsce na wielką siedmioletnią ucztę weselną. Kiedy Bóg powoła nas i zakończy istnienie tego świata, zostaniemy porwani w jednej chwili.

Tak, jak magnet pociąga do siebie metalowe części, ci, którzy są pszenicą otrzymają nowe ciała duchowe I spotkają Pana w powietrzu. W czasie, kiedy ludzie wierzący radują się podczas siedmioletniej uczty weselnej, na ziemi trwa siedmioletnie okres wielkich prześladowań.

Męka

Lud izraelski został wybrany przez Boga i nadal jest to Jego wolą, aż do końca czasu. W Biblii zawsze, kiedy świat był przepełniony grzechem, nadchodziła kara; ogień na Sodomę i Gomorę, potop za czasów Noego.

I podobnie, kiedy świat będzie jest pełen grzechu do takiego stopnia, że nie będzie już przebaczenia, nadejdzie sąd ostateczny. Ludzie wierzący zostaną porwani w niebo, zaś ziemia doświadczy siedmiu lat wielkiej męki oraz wojen i klęsk żywiołowych. To jest początek III Wojny Światowej oraz „czasy końca", o których mówi Biblia.

Kiedy uczniowie zapytali Jezusa o Jego powtórne przyjście oraz o znaki czasów końca, Jezus powiedział: *„Będziecie słyszeć o wojnach i o pogłoskach wojennych; uważajcie, nie trwóżcie się tym. To musi się stać, ale to jeszcze nie koniec!"* (Mat. 24:6).

Nie ma tutaj konkretnie określonego miejsca, gdzie wojna będzie miała miejsce. Jest to wojna, która będzie miała wpływ na cały świat. „Wojny" i „wieści wojenne" odnoszą się do I i II Wojny Światowej. Jednak to nie koniec, ponieważ nadejdzie również III Wojna Światowa.

Apokalipsa rozdział 6 opisuje sześć lat wielkiej męki, które będą miały miejsce po powtórnym przyjściu Jezusa oraz kiedy wierzący zostaną zabrani z tej ziemi. Na ziemi zaś podczas tych siedmiu lat męki wybuchnie III Wojna Światowa.

„I ujrzałem: oto biały koń, a siedzący na nim miał
łuk. I dano mu wieniec, i wyruszył jako zwycięzca, by
[jeszcze] zwyciężać" (Ap. 6:2).

„Biały koń" odnosi się do izraelitów, a „siedzący na nim"
to ludzie, którzy kontrolują swoje przeznaczenie. Określenie
„koń" symbolizuje władzę, godność oraz działania wojenne. Lud
izraelski czuje się ludem wybranym przez Boga.

Takie podejście czyni ich aroganckimi i upartymi, dlatego
ciągle prowadzą wojny z sąsiednimi krajami. Dlatego na
Środkowym Wschodzie wciąż panuje napięcie. Ponieważ
państwo Izraelskie zostało powołane na nowo, wiele krajów
arabskich walczy z Izraelem, jednak, jak zostało powiedziane, „i
wyruszył jako zwycięzca, aby jeszcze zwyciężać".

Jednak nie zwyciężyli całkowicie. Walka trwa nadal. III Wojna
Światowa będzie miała miejsce. Podobnie jak w przypadku I i II
Wojny Światowej, III Wojna Światowa również będzie związana
z Izraelem.

III Wojna Światowa

„A gdy otworzył pieczęć drugą, usłyszałem drugie Zwierzę mówiące: Przyjdź! I wyszedł inny koń barwy ognia, a siedzącemu na nim dano odebrać ziemi pokój, by się wzajemnie ludzie zabijali - i dano mu wielki miecz" (Ap. 6:3-4).

„Czerwony koń" odnosi się do Rosji oraz sugeruje, że dojdzie do wielkiego przelewu krwi. Od upadku Związku Radzieckiego w 19991 roku, wydawało się, że Rosja straciła swoją potęgę, jednak Rosja ponownie pojawia się na arenie światowej jako jedno z najsilniejszych państw na świecie. W przyszłości Rosja zjednoczy się z Chinami i wspólnie staną się największą potęgą.

Wraz z coraz większą potęgą Rosji, jej wpływ na sąsiadujące kraje również stanie się coraz większy, a to właśnie stanie się źródłem konfliktów. Podczas siedmioletniego okresu wielkiej męki pojawią się silne konflikty na tle rasowym. Te wojny nie zakończą się łatwo, lecz zwiększą swój zasięg, i dlatego zostało powiedziane, że „dano mu wielki miecz".

Rosja będzie prowadzić wojny z sąsiadującymi państwami oraz wojny na tle rasowym. Zaangażuje się również w konflikty z Izraelem na Środkowym Wschodzie. Następnie, jak przepowiedział w swoim proroctwie prorok Ezechiel (rozdział 38), to przerodzi się w III Wojnę Światową.

Znaczenie „oliwy i wina"

W Księdze Apokalipsy 6, 6 napisano: *„a nie krzywdź oliwy i wina"*. „Oliwa" odnosi się do narodu izraelskiego, a „wino" do ludzi, którzy uwierzyli w Jezusa, jednak nie prowadzili odpowiedniego życia chrześcijańskiego, i z tego powodu pozostali na ziemi podczas wielkiej męki.

„Oliwa" to ludzie w Izraelu, którzy otrzymają zbawienie. Oznacza to, że będą Żydzi, którzy kiedy zobaczą, co dzieje się po powtórnym przyjściu Jezusa, zrozumieją, że Jezus jest Mesjaszem i skruszą się.

„Wino" symbolizuje ludzi, którzy upadli na ziemię jak sok z winogron, który spływa, kiedy zbiera się owoce. Chodzili do kościoła i byli ludźmi wierzącymi, jednak ich wiara była martwa bez uczynków. Ci, którzy nie maja prawdziwej wiary, nie zostaną porwani na obłokach na spotkanie Pana.

Kiedy pozostaną na ziemi, jakże będą zszokowani! Niektórzy będą próbowali zdobyć zbawienie przez męczeństwo, nie przyjmując znamienia bestii 666.

Bóg zachowa ich do momentu aż trzecia pieczęć zostania złamana (Ap. 6:5), a kiedy to nastanie, da im szansę na zbawienie poprzez męczeństwo. Dlatego powiedziane jest „nie krzywdź oliwy i wina aż nadejdzie czas". Jednak nie oznacza to, że każdy zostanie zbawiony dzięki udrękom. Oznacza to, że ból i cierpienie zostanie zmniejszone aż do chwili wielkich prześladowań oraz męczeństwa.

Koń trupio blady: Unia Europejska

W Księdze Apokalipsy 6,8 napisane jest o Unii Europejskiej, która odegra główną rolę w III Wojnie Światowej.

„I ujrzałem: oto koń trupio blady, a imię siedzącego na nim Śmierć, i Otchłań mu towarzyszyła. I dano im władzę nad czwartą częścią ziemi, by zabijali mieczem i głodem, i morem, i przez dzikie zwierzęta"

„Koń trupio blady" odnosi się do działań prowadzonych przez Unię Europejską. „A imię siedzącego na nim Śmierć, i Otchłań mu towarzyszyła". Ten fragment odnosi się do antychrysta, tego, który kontroluje ciemności. W bliskiej przyszłości, na świecie zapanują trzy główne potęgi. Stany Zjednoczone, najsilniejszy naród, prowadzi wojny w poszukiwaniu własnych korzyści.

Aby kontrolować działania Stanów Zjednoczonych, powstaną inne potęgi: Chiny i Unia Europejska. Pierwszą potęgą są Stany Zjednoczone. Cieszą się pozycją najpotężniejszego kraju świata przez długi czas, jednak będą tracić swoją potęgę krok po kroku.

Drugą potęgą są byłe kraje komunistyczne – Chiny i Rosja, zaś trzecią UE. Kraje Środkowego Wschodu będą również próbowały użyć ropy jako broni, aby przejąć kontrolę, jednak są słabsze niż trzy ww. potęgi.

Kiedy wierzący zostaną porwani w niebo, na świecie zapanuje

olbrzymi chaos. Nawet ludzi, którzy nie wierzą, przekonają się, że to Jezus przyszedł ponownie. Będą się bać, nie mogąc uwierzyć i zastanawiając się, co mogą zrobić. Na świecie będą miały miejsce klęski żywiołowe i choroby. Zapanuje olbrzymia inflacja z powodu ogarniającego świat chaosu.

W międzyczasie, każda z trzech potęg będzie próbowała utrzymać kontrolę, w szczególności Unia Europejska, która wyrośnie jako największa siła, którą będzie kontrolował antychryst.

Wraz ze wzrostem zamieszania, ludzie będą potrzebowali silnych przywódców, aby zachować porządek w społeczeństwie. W ten sposób Unia Europejska z łatwością zdobędzie jeszcze większą potęgę. Na początku siedmiu lat udręki, wzmocnią swoją potęgę wojskową. Ich moc będzie funkcjonować w oparciu o wyrafinowany system, który posiadają oraz o bogactwo.

W ten sposób, nie tylko zjednoczą kraje europejskie, ale również doprowadzą do zjednoczenia wszystkich części świata dzięki swojemu systemowi.

Ich przywódcy będą mówić: „Jeżeli będziecie postępować zgodnie z naszym systemem, będziecie mieć stabilność, a wszyscy wspólnie będziemy cieszyć się płynącymi z niego korzyściami". Jednak jeżeli któryś kraj nie podporządkuje się ich sprytnym słowom, zaatakują i zniszczą go. Będą mieć pod kontrolą zapasy jedzenia oraz środków koniecznych do życia.

Komputer - bestia na ziemi

Co natomiast oznaczają słowa „*I dano im władzę nad czwartą częścią ziemi, by zabijali mieczem i głodem?*"

„Miecz" oznacza potęgę militarną, a "głód" oznacza, że na

ziemi będą miały miejsce głody oraz wzrośnie inflacja, jednak UE wykorzysta swoją szansę i zgromadzi wielką ilość bogactwa.

Określenie „i morem, i przez dzikie zwierzęta" oznacza, że nałożą ograniczenie na osoby, który nie zgodzą się z ich systemem oraz będą ich prześladować aż do śmierci. Określenie „dzika bestia na ziemi" odnosi się do komputera. Unia Europejska ustawi swój system super komputerów w taki sposób, że będą posiadać dane dotyczące każdego mieszkańca ziemi. Będą kontrolować ludzi oraz ich obserwować dzięki swoim komputerom.

Aby mieć nad wszystkimi kontrolę, zmuszą ludzi do przyjęcia znamienia bestii na swojej prawej ręce lub na czole niczym kodu kreskowego. Znamię bestii oznacza kontrolowanie wszystkich ludzi, kiedy władzę przejmie antychryst. Kody będą zawierały wszelkie informacje osobiste, co umożliwi kontrolę na każdym z osobna. Będą w stanie wyśledzić, gdzie znajduje się dana osoba i co robi.

Początkowo jedynie zalecali przyjęcie znamienia, jednak w połowie siedmioletniego okresu wielkiej męki, zmuszali każdego, aby przyjął znamię. Ci, którzy odmówią, zostaną potępieni, jako zagrożenie dla stabilności społeczeństwa. Od tego czasu ludzie, którzy nie przyjmą znamienia będą prześladowani.

Przyjęcie znamienia bestii w czasie męki oznacza współpracę z mocą antychrysta oraz uwielbienie jego bożków. Oznacza to zaparcie się Pana.

Ci, którzy pragną zachować wiarę, nie przyjmą znamienia, jednak antychryst nie będzie chciał do tego dopuścić. Będą ścigać każdego, torturować na różne sposoby oraz grozić im, aby przyjęli znamię.Ci, którzy przetrwają okrutne i bezlitosne tortury oraz staną się męczennikami, otrzymają zbawienie.

Po zakończeniu zbiorów, rolnik będzie szukał ziaren, które mogły upaść na ziemię. W ten sam sposób, Bóg da ludziom kolejną szansę, pomimo zakończenia historii ludzkości. Jednak tym razem nie będzie im łatwo udowodnić swoją wiarę.

Będą musieli przetrwać okrutne tortury, głód oraz groźby. Aby wykazać się wiarą po wypełnieniu się proroctw, będą musieli okazać swoją wiarę we wspanialszy sposób.

Diabeł będzie kierował antychrystem w taki sposób, aby choć jedną osobę więcej zabrać do piekła. Dlatego właśnie będą torturować wierzących w taki sposób, jakiego człowiek nie jest w stanie znieść, więc zaprą się Pana. Jeżeli osoba wierząca nie zaprze się Pana, przyprowadzą członków rodziny lub dzieci i będą ich torturować na jego oczach.

Jeżeli wierzący podda się, otrzyma znamię. Jest świadomy tego, że będzie cierpiał w ogniu piekielnym na zawsze, jeżeli zaprze się Jezusa, jednak jego ból będzie zbyt wielki, aby był w stanie go pokonać.

W tych czasach Duch Święty zostanie już zabrany z ziemi. Dlatego trudno będzie pokonać ból i cierpienie za pomocą własnej woli. Żyjemy w czasach, kiedy drugie przyjście Chrystusa jest bliskie i powinniśmy być w stanie dostrzec, jakiej wiary potrzebujemy i ozdobić się niczym oblubienice Jezusa.

Wielkie Sanktuarium, Symbol zwycięstwa ludzkości

Zaraz przed założeniem kościoła, Bóg pokazał mi wizję światowej misji oraz budowy Wielkiego Sanktuarium. W lipcu 1984 roku modliłem się i pościłem wraz z innymi członkami kościoła w sprawie nowego sanktuarium. Bóg odpowiedział na nasze modlitwy i poinformował nas szczegółowo o naszych obowiązkach w końcu czasów oraz o budowie Wielkiego Sanktuarium.

„Mój drogi sługo, zanim przyjdę pozwolę ci wybudować Wielkie Sanktuarium dzięki pracy ludzi na ziemi. Kiedy będziesz budował sanktuarium, ci, którzy nie rozumieją woli Bożej i nie mają wiary będą pytać, dlaczego wydajesz tak duże sumy pieniędzy na budowę budynku, zamiast na działalność misyjną.

Sanktuarium zostanie zbudowane z najpiękniejszych i najlepszych rzeczy, jakie znajdziesz u ludzi. Nie będziesz budował go swoją własną siłą; będziesz znany na całym świecie, a władcy narodów będą przed Tobą.

Ci, którzy mają umiejętności, poświęcą je, ci, którzy mają mądrość, poświęcą swoją mądrość; ci, którzy mają pieniądze, złożą dary. Niczego nie będzie brakować; będziecie pracować w obfitości. Ludzie budują piękne budynki dla człowieka oraz dla diabła, a jednak nie budują niczego dla Boga".

Kiedy jakiś kościół pragnie zbudować duże i wspaniałe sanktuarium, niektórzy pytają: „Czy nie lepiej wydawać pieniądze na misję oraz działalność charytatywną? Dlaczego mamy wydawać tyle pieniędzy na budynek?"

Na tym świecie wybudowano wiele budynków służących rozrywce i przyjemności człowieka, na które wydano olbrzymie sumy pieniędzy. Jednak odkąd Salomon wybudował Świątynię, nie było innego budynku zbudowanego jak Świątynia Boga.

Kiedy Salomon zbudował Świątynię Boga, Bóg poinformował go o dokładnym rozmiarze, strukturze, a nawet materiałach, jakich powinien użyć. Salomon sprowadził dobre drewno, złoto, srebro oraz inne cenne materiały z sąsiednich krajów. Pokryli budynek oraz jego małe elementy złotem, aby uczynić z niego najwspanialszy i najpiękniejszy budynek na świecie.

Kształt korony

Bóg pokazał Mojżeszowi wizję oraz dał mu objawienie, kiedy uczynił tabernakulum. Bóg poinformował również nas szczegółowo o Wielkim Sanktuarium. Ogólnie ma ono okrągły kształt, co oznacza, że wszechświat jest nieskończony.

W celu ukazania chwały i godności Bożej, Wielkie Sanktuarium będzie najlepszym oraz najwspanialszym sanktuarium w historii ludzkiej. Wysokość wyniesie 70 m od piwnicy do wieży w formie krzyża; jego średnica wyniesie 600 m. Jeden ornament pokaże piękno i moc Bożą. Można w nim będzie również zaobserwować chwałę miasta Nowe Jeruzalem oraz wyraz dzieła Bożego stworzenia.

Zewnętrzną linię sanktuarium będzie tworzyło dwanaście marmurowych filarów, które symbolizują dwanaście kamieni węgielnych Nowego Jeruzalem. Każdy z filarów będzie ozdobiony rzeźbami w postaci kwiatów, a kwiaty będą miały w środku klejnoty symbolizujące kamienie węgielne.

Między filarami będą znajdowały się bramy, jak bramy

perłowe w Nowym Jeruzalem. Każda brama będzie przyozdobiona dwiema wielkimi rzeźbami aniołów. Między dwunastoma wielkimi filarami będzie znajdowało się siedem małych filarów, a każdy z nich będzie ozdobiony rzeźbą, przedstawiającą jeden dzień stworzenia.

Na przykład pierwszy filar będzie przyozdobiony kolorami tęczy w jasnym świetle, aby pokazać kolejność stworzenia światła. Szósty filar będzie ozdobiony rzeźbami krów, baranów i innych zwierząt, oraz postaciami Adama i Ewy.

Kazalnica Wielkiego Sanktuarium będzie się obracać. Jego dach będzie otwierał się i zamykał w kształcie krzyża. Każde siedzenie w sanktuarium będzie wyposażone w indywidualny monitor oraz najnowsze technologie.

Z lotu ptaka sanktuarium będzie wyglądać jak korona. Tak, jak zwycięzca otrzymuje wieniec laurowy, sanktuarium jest symbolem zakończenia istnienia człowieka oraz zwycięstwa Bożego.

Bóg pragnie zbudować Wielkie Sanktuarium dzięki swoim dzieciom, które pielęgnują świętość w swoich sercach, których serca są świątynią. Bóg obdarzył nas ewangelią świętości oraz prowadzi nas, abyśmy pozbyli się wszelkich form zła oraz oczyścili swoje serca w świecie pełnym grzechu.

Ponieważ nasz kościół próbuje odciąć się od grzechu I uświęcić, wielu członków kościoła wzrasta duchowo dzięki szczególnej łasce Bożej. Bóg zaplanował wszystko w taki sposób, że ci, którzy przygotują się jak oblubienica na spotkanie Pana, przyjmą Go w Wielkim Sanktuarium.

Bóg pokazywał nam okrągłe tęcze jako znak tego, że jest z nami oraz że uda nam się zbudować Wielkie Sanktuarium. Często widzimy tęczę nad naszym kościołem lub podczas spotkań misyjnych kościoła Manmin na całym świecie.

Bóg pozwolił mi kilkukrotnie odwiedzić Dubaj oraz kilka innych krajów na Środkowym Wschodzie, abym mógł zbudować Wielkie Sanktuarium. Sprawił, że zawarłem przyjaźń z ważnymi osobami i biznesmenami. Również, ponad 10 000 kościołów na całym świecie uczestniczy w misji kościoła Manmin jako owocu misji światowej, którą do tej pory wykonywaliśmy.

Dopóki nie ogłosimy ewangelii na całej ziemi, nie zbudujemy Wielkiego Sanktuarium, w którym zamieszka Bóg, oraz nie doczekamy powtórnego przyjścia Jezusa, nadal będę zanosił modlitwy do Boga oraz służył Bogu bez przerwy.

Epilog

Niczym drzewo, które spogląda w niebo
Którego korzenie tkwią głęboko w ziemi
Nie tylko w jasnych promieniach słońca
Lecz również podczas burzy, wiatru i zimna.

Mija dwadzieścia sześć lat,
Odkąd klęczę w modlitwie z twarzą zwróconą ku niebu
Boże miłość prowadziła mnie
Do głębin duchowości;
On otworzył bramy
Duchowego królestwa o nowym wymiarze.
Opatrzność Jego trwa aż do czasu końca.

Mogę maszerować
Ze względu na prawdziwą miłość Boga,
Który jest i który zawsze będzie.
Choć wielu nie rozumie Jego dzieła
Lub są pełni zazdrości,

Rozpowszechniając fałszywe świadectwa

Modlę się do Boga jedynie,

Ponieważ prawda zawsze zostaje odkryta.

Maleńką cząstkę zostawiam w swym sercu,

O której nie mogłem powiedzieć wcześniej.

Wyznaję, że treść tej książki jest w pełni prawdziwa

I nie wstydzę się jej zupełnie.

Biografia oraz historia kościoła

1943. 04.   Urodziłem się w rodzinie jako ostatnie dziecko. Mam
            trzech braci i trzy siostry. Ojciec: Chabeom Lee i matka
            Gamjang Cho (Shinkil Ri, Heje Myeon, Muan Gun,
            prowincja Jeonnam)
1956. 02.   Ukończyłem szkołę podstawową Boonhyang w prowincji
            Jeonnam
1959. 02.   Ukończyłem szkołę podstawową Boonhyang w prowincji
            Jeonnam
1962. 02.   Ukończyłem szkołę średnią o kierunku przemysłowym
            Dan-guk w Seulu
1964. 09.   Zrezygnowałem ze studiów na kierunku inżynieryjnym na
            uniwersytecie Hanyang
1967. 04.   Odbyłem służbę wojskową
1968. 01.   Poślubiłem Boknim Lee,
            Choroba spowodowana dużą ilością spożytego alkoholu
            podczas imprezy domowej
1970. 11.   Narodziny pierwszej córki Miyoung Lee.
            Zrezygnowałem z pracy z powodu straty słuchu.
1972. 10.   Narodziny drugiej córki Mikyung Lee.
1974. 04.   Doświadczenie żyjącego Boga przy ołtarzu w Hyun Shin-
            ae oraz przyjęcie Pana
1974. 11.   Udział w nabożeństwie ewangelizacyjnym w kościele
            Sungdong w Oksu Dong oraz rozpoczęcie prawdziwego
            chrześcijańskiego życia
1975. 08.   Narodziny trzeciej i ostatniej córki Soojin Lee
1979. 03.   Przyjęcie do seminarium Holiness Theological Seminary
1982. 07.   Otwarcie Kościoła Manmin
1983. 02.   Ukończenie seminarium Holiness Theological Seminary
1986. 05.   Ordynowanie na pastora
1987. 06.   Świadectwo pastora Lee zostało przerobione i

transmitowane w stacji Christian Broadcasting System (CBS) przez miesiąc.

1990. Kazania pastora Lee transmitowane regularnie w stacji FEBC, Asia Broadcasting w Azji, oraz przez Washington Christian Radio System (radio chrześcijańskie w Waszyngtonie).

1990. 05. Mówca podczas misji Ducha Świętego zorganizowanej przez Misję Okręgu Yeongnam.

1991. 03. Mówca podczas ewangelizacyjnej misji w Daegu

1991. 07. Założenie kościoła United Holiness Church (kościół zjednoczonej świętości Jezusa) w Korei.

1992. 03. Założenie orkiestry Nissi Orchestra, w której mówcą jest starszy HyeonKyoon Shin
Konferencja dotycząca „Wymiarów" dla wszystkich członków kościoła pt. „Słuchaj, patrz i zrozum przez serce"
Artykułu pojawiające się w dzienniku *The Hankook Ilbo* (w Korei oraz USA).

1992. 05. Udział w narodowym śniadaniu poświęconemu modlitwie.

1992. 08. Współprzewodniczący światowej misji ewangelizacyjnej Ducha Świętego w 1992 roku

1993. 02. Centralny Kościół Manmin włączony do listy 50 najlepszych kościołów na świecie przez „ *Christian World* " (świat chrześcijański) w USA

1993. 05. Pierwsze szczególny dwutygodniowy zjazd ewangelizacyjny z pastorem Jaerockiem Lee

1993. 08. Mówca podczas misji w Waszyngtonie

1993. 09. Mówca podczas misji w Los Angeles
Honorowy przewodniczący 20-tych obchodów Dnia Koreańskiego w LA

Błogosławieństwo w Urzędzie Miasta LA
Przyznanie honorowego obywatelstwa od okręgu LA

1993. 10. Kazania opublikowane w gazecie Christian Newspaper

1994. 02. Przemowa zachęcająca dla szóstej dywizji w wojsku
koreańskim, nabożeństwo inauguracyjne kościoła Siloam

1994. 05. Mówca podczas misji w Waszyngtonie i Baltimore
Wprowadzenie na stanowisko przewodniczącego
chrześcijańskiego radia w Waszyngtonie

1994. 06. Mówca podczas konferencji przywódców kościoła w
Tanzanii oraz nabożeństwo w kościele zielonoświątkowym

1994. 07. Błogosławieństwo podczas misji Ducha Świętego w Seulu
w 1994 roku
Wyznaczenie pastora Lee na wice przewodniczącego
Stowarzyszenia Misji Biblijnej

1994. 09. Rozpoczęcie działania automatycznego systemu
telefonicznego modlitw za chorych

1994. 11. Mówca podczas misji Ida United w Japonii

1994. 12. Szczególny wykład w szkoleniowym centrum
ewangelizacyjnym, instytucji przyłączonej do Ruchu
Ewangelizacji Narodów (Nation Evangelization
Movement)

1994. 12. 40 rocznica CBS oraz specjalny program „Odnów nas"
nagrany w Centralnym Kościele Manmin

1995. 02. 149 konferencja wszystkich pastorów w Korei
zorganizowana przez grupę modlitewną pastorów w Korei

1995. 03. Zjednoczona misja w Seulu zorganizowana przez Ruch
Ewangelizacji Narodów
Kazania transmitowane do tydzień w CBS

1995. 04. Mówca podczas zjazdu Misji Światowej w LA w 1995
roku zorganizowanego przez Stowarzyszenie Ewangelizacji

Światowej

1995. 05. Kazania transmitowane przez CBS Chooncheon

1995. 07. Szczególna modlitwa podczas Krajowej Misji Modlitewnej zorganizowanej przez Krajowy Ruch Ponownego Zjednoczenia Ewangelizacji, pastor Lee przewodniczącym ruchu

1995. 08. Wizyta w Cheong Wa Dae, domu prezydenckim jako członek Jubileuszowego Kongresu Pokojowego Zjednoczenia z okazji 50 rocznicy niepodległości Korei Przygotowanie sprawozdania dla Jubileuszowego Kongresu Pokojowego Zjednoczenia z okazji 50 rocznicy niepodległości Korei jako przewodniczący ds. administracyjnych
Kazania transmitowane w koreańskim radio w Nowym Jorku, USA

1995. 09. Udział w 22 obchodach Dnia Koreańskiego w LA jako honorowy przewodniczący

1995. 10. Kazania transmitowane w Daejeon FEBC
Założenie Misyjnego Centrum Manmin w Afryce
Udział Centralnego Kościoła Manmin w oddawaniu krwi zorganizowanym przez ruch „Praktykuj miłość" (Practice Love Movement).

1995. 11. Misja ożywieniowa w Mizpah, na temat praktykowania skruchy i miłości
Regularnie publikowane artykuły w „The Christian Herald", tygodnik chrześcijański w USA

1995. 12. FEBC, program „Nasz Dobry Kościół", nagrany w Centralnym Kościele Manmin

1996. 02. Mówca podczas Misji Zjednoczonych Kościołów Koreańskich na Hawajach oraz konferencji dla pastorów w 1996 roku

1996. 03. Pastor Lee wyznaczony na współprzewodniczącego
Stowarzyszenia Ewangelizacyjnego

1996. 04. Kazania transmitowane przez CBS Daegu
Wyznaczony na wice przewodniczącego Światowej Grupy
Misyjnej 2002

1996. 06. Otwarcie Centrum Zdrowotnego Manmin

1996. 07. Misja w Argentynie oraz konferencja pastorów
14 Konferencja Pastorów
Wybrany jako jeden z „Ludzie, którzy poruszyli Koreę"
przez dziennik „ The Joong-ang Daily"

1996. 08. Inauguracja sanktuarium Guro Dong
Kazania transmitowane przez chrześcijańską stację w
Vancouver w Kanadzie
Udział w modlitewnej misji Korei i Japonii prowadzonej
przez Światową Grupę Misyjną w 2002 roku

1996. 09. Misja w Shinshu w Japonii

1996. 11. Drugi koncert uwielbieniowy dla domów dziecka
zorganizowany przez centrum Krajowego Ruchu
Ewangelizacyjnego

1996. 12. Wprowadzenie zwyczaju prowadzenia nabożeństw w tym
samym czasie we wszystkich kościołach Manmin w Korei
Kazania transmitowane co tydzień w stacji chrześcijańskiej
w Filadelfii w USA

1997. 03. Kazania transmitowane przez Korean Broadcasting w
Nowym Jorku
Kazania transmitowane przez Korean Broadcasting w
Auckland na Nowej Zelandii

1997. 07. Pastor Lee wyznaczony na przewodniczącego Krajowej
Zjednoczonej Misji Ewangelizacyjnej w 1998 roku

1997. 08.   Starszy Dan Marino, dyrektor akademii Parkway Christian w USA odwiedził kościół Manmin i wziął udział w spotkaniu ewangelizacyjnym

1997. 09.   Wielka Misja Ewangelizacyjna oraz konferencja pastorów zorganizowana przez chrześcijańskie radio w Waszyngtonie
Mówca podczas Zjednoczonej Misji Koreańsko-Amerykańskiej zorganizowanej przez Stowarzyszenie Kościołów Maryland

1997. 10.   Druga konferencja pastorów w Argentynie zorganizowana przez Misję Miłości w Argentynie

1998. 01.   Noworoczny specjalny program „Odnów nas" w stacji CBS

1998. 02.   Szczególne nabożeństwo ewangelizacyjne dla chorych
Mówca podczas „Misji Ducha Świętego dla Ocalenia Narodu" zorganizowanej przez Stowarzyszenie Światowej Misji Chrześcijańskiej
Wyznaczony na przewodniczącego Zjednoczonej Misji Krajowej

1998. 03.   Wyznaczony na przewodniczącego ds. administracyjnych dla Stowarzyszenia Ewangelizacyjnego
Mówca podczas misji przygotowawczej w Korei dla Międzynarodowej Misji w Tokio

1998. 05.   Pastor Lee otrzymał Odznakę Uznania od Misji Hosanna za jego wkład w rozwój organizacji misyjnej oraz ewangelizację narodu
Modlitwa podczas kampanii „Szkoły bez przemocy" zorganizowanej przez Stowarzyszenie Ewangelizacyjne

1998. 06.   Szósty koncert charytatywny w ramach prowadzonej ewangelizacji w więzieniu zorganizowany przez Misję

Onesimus
„Misja modlitwy o ocalenie narodu" zorganizowana przez
Stowarzyszenie Ewangelizacji Światowej
1998. 10. Nabożeństwo inauguracyjne dla Stowarzyszenia
Misyjnego Prawników w Korei oraz spotkanie modlitewne
1998. 12. Koncert charytatywny dla osób niepełnosprawnych
zorganizowany przez stowarzyszenie „Miłość w praktyce"
Obchody 44 rocznicy CBS
1999. 04. Koncert pochwalny dla domów dziecka w Sali
Koncertowej MBC w Masan
Kampania „Szkoły bez przemocy" zorganizowana przez
biuro prokuratora okręgowego w Seulu
1999. 07. Wyznaczony na przewodniczącego Stowarzyszenie
Misyjnego ds. chrześcijańskiego ożywienia na świecie
2000. 02. Kazania transmitowane w międzynarodowym radiu
Gospel (AM 1503) we Władywostoku
2000. 06. Kazania w języku angielskim transmitowane w Mabuhai
Radio Station (AM 1350) w Manili na Filipinach
2000. 07. Mówca podczas konferencji pastorów w Ugandzie oraz
zjednoczonej misji
Objawienie potężnego działania mocy Bożej w Ugandzie
transmitowane w CNN
2000. 09. Mówca podczas misji Nagoya w Japonii
2000. 10. Mówca podczas konferencji pastorów oraz zjednoczonej
misji w Pakistanie
S. K. Tressler, minister kultury, sportu, młodzieży i
turystyki bierze udział w piątkowym nabożeństwie
całonocnym w Centralnym Kościele Manmin
2001. 01. Założenie telewizji Manmin
2001. 06. Moc dzieła Bożego transmitowana w RPN TV na

Filipinach

Mówca podczas konferencji pastorów oraz zjednoczonej misji w Kenii

2001. 09.   Mówca podczas konferencji pastorów oraz zjednoczonej misji na Filipinach

2002. 07   Mówca podczas konferencji pastorów oraz zjednoczonej misji w Hondurasie

2002. 10.   Mówca podczas konferencji pastorów oraz festiwalu cudów i uzdrowień w Indiach

2003. 02.   Pastor Lee otrzymuje Odznakę Uznania od Stowarzyszenia Kościołów w LA oraz Ekumenicznego Stowarzyszenia Południowej Kalifornii za wkład w rozwój współpracy między kościołami koreańskimi i amerykańskimi oraz poświęcenie pracy ewangelizacyjnej

2003. 11.   Mówca podczas konferencji pastorów oraz festiwalu cudów i uzdrowień w Rosji

2004. 05.   Mówca podczas dwunastego dwutygodniowego zjazdu ewangelizacyjnego

2004. 10.   Mówca podczas festiwalu cudów i uzdrowień w Niemczech

2004. 12.   Mówca podczas misji w Peru
Zaproszenie na spotkanie z prezydentem Peru w pałacu prezydenckim

2005. 05.   David Waisman, wice prezydent Peru oraz były wice prezydent Peru Maximo San Roman odwiedzają Centralny Kościół Manmin

2005. 09.   GCN (Global Christian Network) rozpoczyna nadawanie

2005. 10.   23 Jubileusz kościoła oraz nabożeństwo inauguracyjne dla GCN

2006. 02.   Mówca podczas festiwalu cudów i uzdrowień

w Demokratycznej Republice Konga
Spotkanie z prezydentem Josephem Kabilą

2006. 05.   Dr Mikhail Morgulis, przewodniczący komitetu
organizacyjnego ds. misji w Nowym Jorku oraz urzędnik
administracyjny pastor Mark Bazelev odwiedzają
Centralny Kościół Manmin

2006. 06.   Trzecie międzynarodowa konferencja medyczne WCDN
na Filipinach

2006. 07.   Mówca podczas misji w Nowym Jorku w 2006 roku
Transmisja misji na żywo oraz retransmisje do ponad 200
krajów
Pastor Lee otrzymuje Odznakę Uznania od senatu oraz
zgromadzenia stanu Nowy Jork oraz od Urzędu Miasta
Nowy Jork

2007. 02.   Udział w 64 Kongresie oraz Wystawie NRB

2007. 04.   Konferencja pastorów w Ameryce Łacińskiej

2007. 07.   Czwarta międzynarodowa konferencja medyczna w
Miami

2007. 09.   Potwierdzenie bezpieczeństwa spożycia oraz pozytywnego
działania słodkiej wody Muan przez FDA (Amerykańska
Agencja ds. Żywności i Leków) w USA

2007. 10.   25. rocznica kościoła oraz 2. rocznica GCN

2007. 11.   Konferencja Medyczna Lekarzy Chrześcijańskich
południowo-wschodniej Azji zorganizowana w Jakarcie w
Indonezji przez WCDN

2008. 03.   Udział w 65 Kongresie i Wystawie NRB oraz 9 Kongresie
i Wystawie FICAP

2008. 04.   Wydawnictwo Urim Books wzięło udział w 14
Międzynarodowym Kongresie Książki w Seulu

2008. 05.   5Międzynarodowa Chrześcijańska Konferencja Medyczna zorganizowana w Trondheim w Norwegii

2008. 10.   26. rocznica kościoła oraz 3. rocznica GCN

2008. 11.   Seminarium dla pastorów oraz uzdrawiająca misja
zorganizowana w Chennai w Indiach przez pastora
Mikyunga Lee

2009. 01.   4. rocznica Misji Uchodźców w Północnej Korei

2009. 02.   Udział w 66 Kongresie i Wystawie NRB
Seminarium dla pastorów oraz uzdrawiająca misja na
Filipinach zorganizowana przez pastora Mikyung Lee

2009. 03.   Udział w 10 Kongresie i Wystawie FICAP

2009. 04.   Seminarium dla pastorów oraz uzdrawiająca misja w
Pakistanie zorganizowana przez pastora Taesik Gil

2009. 06.   Seminarium dla pastorów oraz uzdrawiająca misja w
Wietnamie zorganizowana przez pastora Rainbow Lee

2009. 07.   Nabożeństwo poświęcone plaży oraz basenowi w Muan

2009. 09.   Mówca podczas zjednoczonej misji w Izraelu w 2009 roku
pod tytułem „Bóg jest wielki”

2009. 10.   27. rocznica kościoła oraz 4. rocznica GCN

2009. 11.   6 Międzynarodowa Chrześcijańska Konferencja
Medyczna WCDN w Kijowie na Ukrainie

2010. 02.   Udział w 67 Kongresie i Wystawie NRB

2010. 03.   Udział w 11 Kongresie i Wystawie FICAP

2010. 05.   7 Międzynarodowa Chrześcijańska Konferencja
Medyczna WCDN w Rzymie we Włoszech

2010. 07.   4 obóz pt. „Poselstwo z krzyża” w Finlandii

Autor:
Dr. Jaerock Lee

Dr. Jerock Lee urodził się w 1943 roku w Muan, w prowincji Jeonnam, w Republice Korei. Kiedy skończył 20 lat cierpiał z powodu wielu różnych nieuleczalnych chorób przez siedem lat i czekał na śmierć zupełnie pozbawiony nadziei na wyzdrowienia. Pewnego dnia, wiosną 1974 roku, jego siostra przyprowadziła go do kościoła, i kiedy uklęknął, aby się pomodlić, Żywy Bóg natychmiast uzdrowił go ze wszystkich chorób.

Dzięki temu doświadczeniu, Dr Lee poznał prawdziwego żyjącego Boga, pokochał Go całym swoim sercem i w 1978 został powołany na sługę Bożego. Gorliwie modlił się o jasne i pełne zrozumienie woli Bożej, zrealizowanie Jego misji oraz posłuszeństwo wszystkim słowom Boga. W 1982 roku założył Centralny Kościół Manmin w Seulu w Korei, gdzie miały miejsce niezliczone dzieła Boże, łącznie z uzdrowieniami i cudami.

W 1986 roku Dr Lee został ordynowany na pastora podczas dorocznego zjazdu Kościoła Koreańskiego i cztery lata później, w 1990 roku, rozpoczęto emisję jego kazań w Australii, Rosji, na Filipinach i w wielu innych miejscach przez firmę Far East Broadcasting Company, Asia Broadcast Station oraz chrześcijańskie radio Washington Christian Radio System.

Trzy lata później w 1993 roku, Centralny Kościół Manmin został wybrany jako jeden z najbardziej popularnych kościołów na świecie przez amerykański magazyn chrześcijański „Christian World", a pastor Lee otrzymał tytuł doktora honorowego Honorary Doctorate of Divinity od chrześcijańskiego college'u na Florydzie w Stanach Zjednoczonych. W 1996 roku otrzymał również tytuł doktora od teologicznego seminarium Kingsway w Iowa, w Stanach Zjednoczonych.

Od 1993 Dr Lee zaczął prowadzić światową misję w Tanzanii, Argentynie, Los Angeles, Baltimore, Hawajach i w Nowym Jorku w Stanach Zjednoczonych, Ugandzie, Japonii, Pakistanie, Kenii, na

Filipinach, w Hondurasie, Indiach, Rosji, Niemczech, Peru, Demokratycznej Republice Kongo, Izraelu i Estonia. Informacja o jego misji w Ugandzie została wyemitowana w CNN, natomiast izraelskie ICC informowało o misji kościoła w Jerozolimie. Na antenie wygłosił komentarz, że Jezus Chrystus jest Mesjaszem. W 2002 roku został nazwany „pastorem światowym" przez największą chrześcijańską gazetę w Korei ze względu na jego prace misyjne na całym świecie.

We wrzesień 2013 Centralny Kościół Manmin miał już ponad 120,000 członków. Na całym świecie jest 10,000 kościołów, włączając w to 54 kościoły w wielkim miastach samej Korei. Na ten moment 129 ośrodki misyjne zostały założone w 23 krajach, takich jak na przykład Stany Zjednoczone, Rosja, Niemcy, Kanadam Japonia, Chiny, Francja, Indie, Kenia i wiele innych.

Dr Lee napisał już 88 książek. Wiele z nich stało się bestsellerami: *Poczuć Życie Wieczne przed Śmiercią, Moje Życie, Moja Wiara I & II, Przesłanie Krzyża, Miara Wiary, Niebo I & II, Piekło,* oraz *Moc Boża.* Jego książki zostały pretłumaczone na ponad 76 języki.

Jego artykuły publikowane są w: *The Hankook Ilbo, The JoongAng Daily, The Dong-A Ilbo, The Chosun Ilbo, The Munhwa Ilbo, The Seoul Shinmun, The Kyunghyang Shinmun, The Korea Economic Daily, The Korea Herald, The Shisa News,* oraz *The Christian Press.*

Dr Lee jest obecnie przewodniczącym wielu organizacji misyjnych oraz stowarzyszeń takich jak na przykład: Chairman, The United Holiness Church of Jesus Christ; President, Manmin World Mission; Permanent President, The World Christianity Revival Mission Association; Founder & Board Chairman, Global Christian Network (GCN); Founder & Board Chairman, World Christian Doctors Network (WCDN); and Founder & Board Chairman, Manmin International Seminary (MIS).

Niebo I & II

Szczegółowy opis wspaniałego życia, które jest udziałem mieszkańców nieba, cieszących się pięknem królestwa niebieskiego

Przesłanie Krzyża

Potężne przesłanie pobudzające do myślenia dla ludzi, którzy są w duchowym śnie! W niniejszej książce znajdziesz powód, dla którego tylko Jezus jest Zbawicielem oraz odczujesz prawdziwą miłość Bożą

Piekło

Przesłanie dla człowieka od Boga, który pragnie wyratować każdą duszę z głębi piekła! W tej książce odkryjesz nigdy wcześniej nie opisywaną okrutną rzeczywistość piekła

Moje Życie, Moja Wiara I

Niezwykły aromat życia duchowego wydobyty dzięki osobie, której życie rozkwitło w otoczeniu nieograniczonej miłości do Boga, pomimo ciążącego jarzma, ciemnośći i rozpaczy

Miara Wiary

Jakie schronienie, korona i nagrody czekają na Ciebie w niebie? Niniejsza książka da Ci możliwość, abyś z mądrością i wskazówkami Bożymi sprawdził swoją wiarę, aby następnie zbudować wiarę lepszą i dojrzalszą.